これからの土地家屋調査士の実務と課題

—境界紛争ゼロ宣言の実現を目指して—

著　相場 中行（弁護士）

新日本法規

推薦のことば

　土地家屋調査士は，不動産に関する権利の明確化のため，不動産の表示に関する登記及び土地の筆界を明らかにする業務の専門家としての使命を担っております。しかしながら，土地家屋調査士を取り巻く環境は厳しさを増しており，今後，自己研鑽による業務の改善・進歩が不可欠であることは言うまでもありません。そのためには，土地家屋調査士が，取得時効その他幅広い知識を身に着け，国民の期待に応えられる資質の向上を目指すことが必要となります。

　本書の著者である相場中行弁護士は，公益財団法人日弁連法務研究財団において，認定土地家屋調査士のための特別研修開始当初から，研修委員・考査委員として土地家屋調査士の資質向上のためにご尽力頂いており，不動産の表示に関する登記及び土地の筆界に関する問題についても幅広い視野と豊かな見識をお持ちの方です。また，当会においても，法務委員として，各種の諮問に対し弁護士のお立場から貴重なご意見を賜っております。

　今般，相場先生が著された本書は，民間紛争解決手続業務の推進のための絶好のガイドブックであるばかりでなく，土地家屋調査士が不動産の表示に関する登記及び土地の筆界を明らかにする業務を行うにあたっての，法律的な基礎知識をわかりやすく説いたものであり，すべての土地家屋調査士にとっての必携書であると考えますので，茲にご推薦申し上げる次第です。

　令和2年1月

日本土地家屋調査士会連合会

会長　國　吉　正　和

推薦のことば

　不動産登記制度は，不動産取引の安全を確保するためのものであるが，登記簿の記載や登記所備付地図が現況と一致していることが不可欠の前提である。これが不十分であると，不動産取引をめぐる紛争が引き起こされ，公共事業の円滑な推進にも大きな障害となる。しかし，筆界の確定等には測量技術に止まらず，法的素養，当該不動産に係る権利者の意識や地域の歴史に係る理解が必要である。

　こうした観点から，不動産の表示に関する登記および筆界の明確化に係る専門家として着実に業務を発展させてきた土地家屋調査士に対して大きな期待が寄せられている。とりわけ，「平成地籍整備」構想以降，地籍整備事業への積極的関与が求められ，筆界特定制度やＡＤＲ境界問題相談センターを通じた民間紛争解決にも専門的職能の発揮が求められるなど，その権限と責任は飛躍的に拡大している。

　今般，相場中行弁護士が，公益財団法人日弁連法務研究財団における認定土地家屋調査士のための研修のご経験を踏まえて，土地家屋調査士の幅広い業務を遂行する上で不可欠の法的素養の涵養に向けた本書を公刊されたことは誠に時宜に適したものであり，これを慶賀するとともに，すべての土地家屋調査士が本書を座右の書とすることを強く期待し，推薦のことばとする。

　令和2年1月

公益財団法人　日弁連法務研究財団

理事長　鎌　田　　　薫

は　し　が　き

　平成17年法律第29号の不動産登記法及び土地家屋調査士法の大改正により，境界紛争の解決手段は，訴訟上の解決手段として筆界確定訴訟と所有権確認訴訟，訴訟外の解決手段として筆界特定手続と調査士法3条1項7号の筆界ＡＤＲというメニューが出揃った（なお，この改正により筆界確定訴訟は形式的形成訴訟と解してほぼ問題がなくなったように思われる。）。このうち，筆界特定手続はそれなりに利用されており，その反面筆界確定訴訟の提起件数は漸減しているようである。これに対し，筆界ＡＤＲは国民に対する司法サービスの拡充と調査士業務の多様化を目的として創設されたものであるにもかかわらず，その利用は遅々として進んでいない状況にある。

　他方，不動産取引における境界確定は近時ますます重要性を増しており，土地家屋調査士の活躍の場は広がっているはずであるにもかかわらず，業界全体としては閉塞状況にあると言って過言でない。その原因は，ひとえに，境界紛争解決のメニュー全体において，各手続がどのような意義があり土地家屋調査士の活躍の余地がどこにあるのかが十分に理解されていない，という点にあると思われる。土地家屋調査士の立場から言えば，上記の大改正により従来の表示の登記に関連する業務から一気に業務範囲が拡大したが，その拡大した分野をうまく利用できていないということになる。もちろん，土地家屋調査士の中核的な業務が真正な筆界の発見にあることに変わりはない。しかし，筆界ＡＤＲを含めた様々な境界紛争解決のためのメニューを使いこなすためには，個々の土地家屋調査士が幅広い研鑽を積んでスキルアップを図る必要があるにもかかわらずそれが実現できていないのが実情であるように思われる。

　筆者は，公益財団法人日弁連法務研究財団研修委員として，土地家

屋調査士特別研修の立ち上げ及び教材の作成にかかわって早いもので15年が経過した。土地家屋調査士業務に関する書籍には，各手続に関する解説書も筆界の調査及び地図の作成に関する技術的な書籍もふんだんにあるが，境界紛争の解決メニュー全体において，筆界と所有権界がどのように関連しているのか、各手続において土地家屋調査士にどのような役割が期待されているのか，そもそも筆界ＡＤＲはどのような場合に利用価値があるのか，そして，そういった期待に応えるためにはこれからの土地家屋調査士はどうあるべきか，と言った本質的な問題から解き起こして，土地家屋調査士業務の実務的課題を分析した書籍は見当たらない。このことが，筆界ＡＤＲを含む新しい土地家屋調査士業務の利用が進展しない理由の一つであることは否定できないように思われる。

　そこで，浅学を顧みず本書の執筆を思い立った次第である。

　なお，本書においては，可能な限り注釈を避けて，関連する法律問題，判例の解説などについては別途「コラム」ないし「参考判例」として掲載することとした。

　最後に，本書刊行の機会を与えてくださった新日本法規出版の編集部の各位，バックアップを頂いた日本土地家屋調査士会連合会研修部の諸先生方にこの場を借りて御礼を申し上げたい。

　令和2年1月

　　　　　　　　　　　　　　弁護士　相 場 中 行

著 者 略 歴

相 場 中 行

・東北大学法学部卒，弁護士（第一東京弁護士会　42期），弁護士法人
アクトワン法律事務所（代表社員弁護士）
松嶋総合法律事務所にて都市銀行・ノンバンク・リース会社・クレ
ジット会社・カード会社等を担当し，金融法・担保法・不動産取引
を主として執務。司法研修所民事弁護所付，法務研究財団研修委員，
司法書士簡裁代理関係業務認定考査委員等を歴任。

・上場企業の監査役，独立委員会委員，ファンドの投資委員会委員な
どの経験を通じて，企業法務を得意分野とする。

・公益社団法人全日本不動産協会の全日住宅ローンアドバイザーの有
識者委員，公益財団法人日弁連法務研究財団研修委員，日本土地家
屋調査士会連合会の法務委員などを務めている。

＜主要著書等＞

　『区分所有とマンションの法律相談』（共著，学陽書房，1987），『借
地借家の法律』（共著，ビジネス教育出版社，1994），『不動産紛争・管
理の法律相談』（共著，青林書院，1994），『問答式マンションの法律実
務』（共著，新日本法規出版，1991），『簡裁民事実務NAVI第2巻・第3
巻（紛争類型別要件事実の基本1・2)』（共著，第一法規，2011），『境
界紛争事件処理マニュアル』（共編，新日本法規出版，2015）他多数

略　語　表

＜法令等の表記＞

根拠となる法令等の略記例及び略語は次のとおりである（〔　〕は本文中の略語を示す。）。

土地家屋調査士法第3条第1項第2号＝調査3①二
昭和45年10月23日建設省告示第1552号
　＝昭45・10・23建告1552
平成17年12月6日民二第2760号民事局長通達
　＝平17・12・6民二2760

調査〔調査士法〕	土地家屋調査士法	租特	租税特別措置法
調査規〔調査士規則〕	土地家屋調査士法施行規則	宅地建物	宅地建物取引業法
		民	民法
		〔改正民法〕	平成29年法律第44号による改正後の民法
不登	不動産登記法	民訴	民事訴訟法
不登規	不動産登記規則	労基〔労基法〕	労働基準法
個人情報〔個人情報保護法〕	個人情報の保護に関する法律	倫理〔調査士倫理〕	土地家屋調査士倫理規程
裁判外紛争解決〔ADR基本法〕	裁判外紛争解決手続の利用の促進に関する法律	準則〔準則〕	不動産登記事務取扱手続準則（平17・2・25民二456）
測	測量法		

＜判例の表記＞

根拠となる判例の略記例及び出典の略称は次のとおりである。

最高裁判所平成8年11月12日判決，最高裁判所民事判例集50巻10号2591頁＝最判平8・11・12民集50・10・2591

判時	判例時報	法学	法学（東北大学法学会誌）
訟月	訟務月報	民集	最高裁判所民事判例集

参考文献一覧

- 山野目章夫『不動産登記法（増補）』（商事法務，2014）
- 新堂幸司『民事訴訟法（第2版補正版）』（弘文堂，1990）
- 我妻栄＝有泉亨『民法講義2　物権法（新訂版）』（岩波書店，1983）
- 浦野雄幸『判例不動産登記法ノート(4)』（テイハン，1997）
- 広中俊雄『債権各論講義（第5版）』（有斐閣，1979）
- 司法研修所編『増補 民事訴訟における要件事実　第一巻』(法曹会，1986)
- 司法研修所編『民事訴訟における要件事実　第二巻』(法曹会，1992)
- 司法研修所編『紛争類型別の要件事実（改訂版)』（法曹会，2006）
- 測量法研究会編『〔逐条解説〕測量法』（大成出版社，2005）
- 藤原勇喜『公図の研究（5訂増補版）』（朝陽会，2018）
- 日本土地家屋調査士会連合会研究所編『土地家屋調査士の業務と制度（第2版）』（三省堂，2010）
- 山野目章夫ほか編著『境界紛争解決制度の解説：筆界特定・ＡＤＲのポイント』（新日本法規出版，2006）
- 境界紛争実務研究会編『境界紛争事件処理マニュアル』(新日本法規出版，2015)
- 司法書士倫理研究会編『注釈司法書士倫理』（日本加除出版，2004）

目　次

第1章　土地家屋調査士と不動産登記制度

第2章　筆界と所有権界

第3章　不動産の表示の登記に
関する業務

第4章　新しい土地家屋調査士業務

第5章　土地家屋調査士の義務と業務範囲

第6章　土地家屋調査士倫理

第8章　これからの調査士業務の 展望と課題

参考資料

第 1 章

· ·

土地家屋調査士と
不動産登記制度

2

第1節　土地家屋調査士法改正と土地家屋調査士業務

1　不動産登記法及び土地家屋調査士法の改正

　土地家屋調査士は，平成17年法律第29号の不動産登記法及び土地家屋調査士法の大改正までは，不動産の表示の登記に関する登記代理及びその調査，測量を主たる業務としていた。したがって，土地家屋調査士の役割は，対象となる不動産の内容を把握して正確に表示の登記に反映させることであり，不動産の「筆界」についても，真実の筆界を発見し認識することが土地家屋調査士の職責であると認識されていたし，現在でもそのような認識を有している土地家屋調査士は少なくない。

　しかし，少なくとも土地の境界に関する業務については，この平成17年の不動産登記法の大改正により，筆界特定制度が導入され（不登123以下），土地家屋調査士法3条1項7号以下に「民間紛争解決手続代理業務」（以下「ＡＤＲ代理業務」という。）が導入されるに至った。

　さらに，令和元年成立の土地家屋調査士法改正においては，土地家屋調査士法人についていわゆる一人法人が認められる予定となっている（令和元年の土地家屋調査士法改正については，令和元年6月12日に公布され，施行日は「公布の日から起算して1年6か月を超えない範囲内において政令で定める日」とされている。なお，改正内容については，巻末＜参考資料＞を参照）。なお，本書においては，以下，土地家屋調査士を単に「調査士」，土地家屋調査士法を「調査士法」と表記する。

2　新しい土地家屋調査士業務

　それでは，こういった法改正によって新たに調査士に認められた業務は，一体，どのような意義があり，調査士の役割にどのような展開

をもたらすのであろうか。

　以上の新制度のうち，筆界特定制度の目的は明らかである。すなわち，隣地所有者との間で筆界確認書の作成ができない場合であっても，筆界確定訴訟によらずに地積更正登記，分筆登記などを可能にするための制度であり，制度的な作り込みは異なるものの，従来の表示の登記に関する調査士業務の延長線上にあると言ってよい。これに対し，筆界ＡＤＲは，調停手続における当事者間の合意の形成により，必ずしも筆界すなわち公法上の境界によらない柔軟な解決を目指すものであり，後述するようにその利用価値は非常に高い（**第4章第2節以下参照**）。そして，こういった制度を通じて，調査士には，単に筆界の調査，確認だけでなく，その知識とスキルを活かして広い意味での「境界紛争」の解決を担うという役割が期待されていると言うことができる。

　これに呼応するように，日本土地家屋調査士会連合会（以下「日調連」という。）も「境界紛争ゼロ宣言」というスローガンを掲げており，新しい調査士業務のうち筆界特定制度はそれなりの利用もなされ，ある程度期待された機能を果たしていると言ってよい。しかしながら，筆界ＡＤＲについては遅々としてその利用が進んでいないのが現状である。そして，その原因は，調査士が筆界ＡＤＲの利用価値とそこで期待される自らの役割について，十分な理解が進んでいないことにあると言わざるを得ない。

　以下，本書においては，今後，調査士に期待される役割とその実務上の課題について詳述する。

第2節　表示の登記に関する業務の概要

　まず，「表示の登記」とは，法律上，どのような意味があり，調査士業務はどのような役割を果たしているのかについて，以下，概観する。

1　不動産登記制度はなぜ存在するのか

　不動産登記情報は，当該不動産の内容，形状等を表す表題部と，権利に関する事項が表示される甲区，制限物権が表示される乙区からなるが，そもそもなぜそのような区分があるのか。不動産登記情報は，個人情報保護の重要性が指摘される現在にあって，また，公開されている最大の個人情報データベースであるが，なぜ公開する必要があるのだろうか。

　結論から言えば，「不動産登記制度は取引の安全を守るための制度であるから」である。

　すなわち，本来土地は一続きのものであり，どこまでが1個の所有権の対象かは一見しただけではわからない。そこで，不動産の取引を安心して行うためには，一個の権利の対象となる土地の内容を広く公示することが必要となる。建物についても同様で，建物が築造されてもその内容や誰が権利者かはわからないので，これを取引しようとする者がどのような建物か，誰でも情報を取得するような制度を作らないと安心して取引ができないことになる。

　このような取引の安全の要請は，一番根本まで考えると「一物一権主義」という考え方に行き着く。現代の社会は，難しく言えば財貨の交換すなわち取引によって成り立っているのであるが，どういう取引の仕方をすれば取引の対象物の権利を取得できるのか，取引の相手方が履行しないときにはどのような保障が受けられるのか（債務不履行に基づく損害賠償請求）と言った情報が取引する者に把握され，合理的な予測可能性が確保されていないと取引社会は成り立たない。こういった予測可能性が成り立つためには，一つの物には一つの所有権が成立する，ということが大前提になる。一つの物に二つ以上の所有権が成立すると，一つの物に対して二人以上の正当な権利者がいるということになりかねない。これでは，取引の安全を守ることはできない。

　ところが，不動産特に土地については，そもそもどこまでが一個の
所有権つまり取引の対象なのかは一見してはわからない。そこで，登
記制度によって，どこまでが一つの所有権の対象となる一筆の土地な
のかを公示，すなわち広く誰にでもアクセスできる情報として公開す
る必要が生じる。

2　不動産登記情報の意義

　こういった要請に基づいて不動産登記制度が存在するのであるが，
不動産登記情報においては表題部でその権利の内容が表示される。土
地であれば，種類，地積，そして所在を特定するために地番と地図と
の結びつけが表示されることになり，建物であれば所在（土地との結
びつけ），種類，構造，床面積などが表示される。

　次に，甲区には権利者（所有権の移転の登記ないし仮登記），権利を
主張する者（仮差押，仮処分）などが表示され，乙区に抵当権，地上
権，地役権などの制限物権が表示される。

　このうち，表題部における表示の登記に関する業務を行うのが調査
士であり，権利の登記に関する業務を行うのが司法書士である，とい
うことになる。ここに，従来から，調査士の最も重要な職責は真正な
筆界の発見であるとされる根拠があるのであり，その重要性は，新し
い調査士業務が導入された後もいささかも変わりはない。

第3節　新しい土地家屋調査士業務と関連する制度

1　筆界特定手続

　平成17年の不動産登記法改正により新たな境界紛争解決手段として
導入されたのが，筆界特定手続（不登123以下）である。従来，筆界線を
定めて表示の登記を申請するためには筆界に隣接する権利者による筆
界確認書を添付する必要があったが，筆界特定手続により筆界確認書

が徴求できない場合でも，登記申請する方法が認められた。筆界特定手続を利用すれば，筆界特定登記官が「特定」した筆界線に基づいて登記申請すれば，当該登記申請は受理されることになる。この特定の法的性質は明らかでないが，法務局における一種の「調定」（内部的意思決定）行為ではないかと解される。

　筆界特定手続の問題点としては，まず，関係土地も含めた確定測量が必要となるためコストがかかる，という点を指摘することができる。次に，実は筆界の特定は，筆界に関する筆界特定登記官による調停行為にすぎないので，あくまで行政庁である法務局による筆界の「特定」にすぎない。したがって，取得時効の成否などに起因して所有権の範囲についての争いがある場合には，境界紛争の抜本的解決にはならない。また，その裏返しとして筆界特定そのものは行政処分ではないので，行政処分の取消訴訟の対象とはならない（なお，**第2章第4節6**参照）。

　筆界特定の結果を争う方法としては筆界確定訴訟しかないが，これにはコストも時間的にも当事者の負担となる。さらに，最終的な筆界の決定を行う裁判所には，筆界に関する知識や能力があるのかも問題である（なお**第2章第4節**参照）。

2　筆界ＡＤＲ

　調査士法の平成17年4月13日の改正（法律第29号）により，3条1項7号及び8号において，調査士は，「土地の筆界…が現地において明らかでないことを原因とする民事に関する紛争に係る民間紛争解決手続…であつて当該紛争の解決の業務を公正かつ適確に行うことができると認められる団体として法務大臣が指定するものが行うものについての代理」（調査3①七）及び「前号に掲げる事務についての相談」（調査3①八）を業務範囲とされた。これらを「民間紛争解決手続代理関係業務」と称する（調査3②）。ただし，7号に規定する業務は弁護士との共同受任

でなければ行うことができないとされている。この調査士法改正に基づく民間紛争解決手続代理権限の付与は，司法改革のプログラムにおける一連の弁護士周辺士業への代理権付与の流れに沿ったものであり，国民への司法サービスの充実という観点から推進されたものである。

　ここにいう「民間紛争解決手続」とは，いわゆる裁判外紛争解決手続（ADR，Alternative Dispute Resolution）の一つであるが，私人が任意に調停機関を設置できる，ということではない。公正に当事者の利害調整を行い，当事者の満足すべき解決を得るためには，まずADRの運営そのものが公正になされる必要があるし，実際に利害調整に当たる調停委員も十分な知識とスキルを有している必要がある。ところが，こういった民間紛争解決機関のいわば「性能」は，利用者である一般人からは判別が困難であって，民間紛争解決機関を野放しにした場合，営利事業のポータル（入口）として利用されるなど利用者の利益を害する可能性も否定できない。

　そこで，「裁判外紛争解決手続の利用の促進に関する法律」（通称「ADR基本法」）が制定され，公正な運営体制が確保されている民間紛争解決機関については法務省が認定するという制度となっている（なお，一定の業種，例えば，不動産業，銀行，証券業などについては，ADR基本法に基づいて紛争解決のためのADRを指定することが要請されている。）。

　そして，調査士法に基づき法務大臣が指定する団体として，各都道府県において土地家屋調査士会に「境界問題相談センター」が設置され，「認証紛争解決事業者」として法務大臣の認証を受け，地域の弁護士の協力の下で運営されている。

3　土地家屋調査士法人

　平成17年の調査士法改正により，調査士にこういった新たな業務分

野が認められるとともに，調査士業務を目的とする法人の設立が認められるに至った。

　一連の司法改革で，法律系の3業種，すなわち弁護士，司法書士，調査士の各業務範囲について，従来，専権事項に属する業務を目的とする法人の設立が認められることとなった（調査26以下）。これらの制度は，平成13年3月30日に閣議決定された「規制改革推進3か年計画」に基づくものであり，「各種業務分野における競争の活性化を通じたサービス内容の向上、価格の低廉化、国民生活の利便向上を図る。」ことが目的とされている。

　これらの法人のうち，弁護士法人は現在では広く利用され，複数の支店を設置して全国規模のサービス展開を行っている法人も多数存在する。また，司法書士法人も，法人化により全国展開したものもいくつか存在し，金融業務特に住宅ローンに関連した抵当権の設定ないし抹消業務については価格の低廉化も実現している。しかし，調査士業務の法人化は遅々として進展していない。

　その理由の一つが，後述の地図（地積測量図）の作成名義との関係で（第3章第2節参照），調査士業務の効率的な執行が進展しにくいところにあると思われるが，最大の原因は，調査士自身が，新しい調査士業務を十分に活用することができず，従来どおりの表示の登記に関する業務に終始していることにあると思われる。このことは，単に調査士の業務領域の拡大，業界全体の発展の阻害要因となっているだけにとどまらず，司法改革によって期待された国民に対するサービスを十分に果たしていないことを意味している。今後，調査士業務の活性化を実現し，境界紛争ゼロを実現するためには，調査士法人などの形態を活用して業務の合理化を図り，同時に競争原理の導入を図ることが不可欠となる。

4　土地家屋調査士倫理

　最後に，以上のような変革を通じて，「土地家屋調査士倫理」（以下「調査士倫理」という。）が制定されるに至った。

　調査士法の制定から，本年（令和元年）で70年近くになるが，その間ほとんど職業倫理が意識されることはなかった。ところが，平成17年の不動産登記法改正に伴って筆界特定制度が導入され，筆界ＡＤＲの新設によって，調査士が明確に利益相反という事態に直面するに至った。そこで，平成21年6月日調連において，「土地家屋調査士倫理規程」が制定された。

　本来，調査士の中核的業務は，表示の登記に関する申請の代理と調査及び相談である。そして，これらの業務においては，そもそも依頼者は権利者のみであり受任する調査士にとっても「対立当事者」という意識が希薄であった。また，表示の登記に関する業務は登記申請の原因は法律行為ではなく，土地の形状，地積などの客観的事項であって，周辺土地の利害関係人を含めても利害対立が顕在化する場面が少なかった。それゆえ，調査士倫理は，せいぜい不実の調査，測量の禁止とか，守秘義務などが認識されているにすぎなかった。

　ところが，新たな業務範囲においては，調査士は，従来の業務と全く異なる場面に遭遇することになった。

　まず，筆界特定制度は，そもそも当事者間で任意に境界の確認ができない場合に登記可能な筆界線を明らかにすることを目的とする制度である。したがって，筆界特定申請を行う場合には推定筆界線に関係する当事者間において利害対立が顕在化していることが前提となっている（例えば隣地の所有者が境界確認書に署名，押印してくれないので分筆登記申請ができない，など）。

　さらに，筆界ＡＤＲでは，端的に調査士の依頼者と相手方（隣地の権利者）との間に利害対立が生じていて，単に筆界線を決定するだけでなく，様々な方法によって利害調整を行って柔軟な解決を目指す制

度である。

　この点，弁護士は，従来，訴訟代理という当事者間において究極の利害対立が生じている場合の法律行為の代理を中核的な業務としており，求められる職業倫理としても最も厳格な倫理規程が定められている。調査士も，弁護士倫理ほどではないものの，新たな業務との関係において利益相反その他の倫理規程を整備し，自己研鑽し，これを厳格に遵守する必要性に直面している。

　しかし，よく考えてみると，調査士の通常の表示の登記に関する業務においても従来から倫理的な問題が生じる可能性があった。例えば，甲土地の所有者Aから隣地乙土地との境界の調査を依頼された場合において，調査による推定筆界線が乙土地の所有者Bにとって不利な結果だったため，Bから署名押印がもらえなかったというケースを想定した場合，以前はこれ以上業務を遂行できないというにすぎなかったが，実はAB間には利害対立は発生している。そして，現在では筆界特定手続又は筆界ADRという手段があるため，専門家倫理としての調査士倫理を明確化する必要が生じたということにすぎないのである。そのため，調査士倫理は調査士業務全般について定められ，特に利害対立が明らかになっている筆界特定手続と筆界ADRについては特段の規程を置いていると理解することができる。

　このように考えたとき，調査士倫理は，今後調査士が新たな業務範囲を拡大し，業態を広げて国民の信頼に応えていくためにも，最も重要なコンテンツであるということができる。

コラム1	司法書士の「立会義務」

　平成17年の不動産登記法改正に伴って，大きく変革を遂げた業種が司法書士である。調査士が表題部についての登記代理を中核的業務とするのに対し，司法書士は従来権利登記の代理を中心的業務としていたが，

　平成18年以降，簡裁代理関係業務（司法書士法3①六）が認められること
となり，いわゆる過払金返還訴訟において司法書士が活躍の場を広げた
ことは記憶に新しい。そして，簡裁代理関係業務に伴って司法書士倫理
が制定された。

　しかし，司法書士が従来から行ってきた権利登記については登記権利
者と登記義務者が存在しており，司法書士は，本来利害対立すべき双方
の当事者から代理権を与えられて登記申請を行っている。だから，素直
に考えれば権利の登記の申請に関する代理業務についても利益相反行為
が生じる可能性があるように思われる。

　この点，通説的見解によれば，登記申請行為の代理は，私人間の法律
行為ではなく行政庁である法務局に対する準法律行為ではあるが，権利
の登記の申請の時点で既に売買契約，抵当権設定契約などの実定法上の
契約（登記原因）が成立し，権利の変動が生じているので利益相反には
該当しないというのである。例えば，売買契約に基づいて不動産の所有
権の移転の登記を申請する場合を考えてみると，売買契約によって売主
は目的物の権利を移転すべき義務の一環として登記の移転義務を負って
おり，買主は所有権移転登記請求権があるので，売買によって双方の権
利の移転の登記についての権利義務が確定している。であるからこそ，
司法書士は売主，買主双方の登記代理をしても利益相反にならないので
ある。

　そして，この裏返しとして司法書士は，立会義務すなわち登記権利者，
登記義務者の双方に対して，原因関係となる売買などの実体的な法律行
為があったのかどうか，そしてそれに伴う登記権利と登記義務を認識し
て登記代理権を委任するのかどうかを確認する義務がある，ということ
になる。そして，このことが，権利の登記の代理について司法書士に双
方代理が許される実質的な根拠なのである。

　このように考えると，調査士の最も根源的な職責が不実の測量及び登
記申請をしないことにあるのに対応して，司法書士の一番の職責は権利
変動の伴わない不実の登記申請の代理を行わない，と言うことができる。

第 2 章

筆界と所有権界

14

　以下，令和元年の調査士法改正を含む調査士の権限拡大に基づく新しい業務について，その活用によってどのような新たな業務ないし実務が展開できるのか，また，そのような新展開に当たって，どのような点に留意すべきなのか，について解説するが，その前提として，まず境界紛争と不動産登記制度その他法律上の諸制度との関連及び筆界ないし所有権界といった基本的な概念について整理・検討することとする。

第1節　不動産登記の意義と機能

　まず，筆界は，後述のとおり登記上定められた公法上の境界であるが（本章第2節参照），そもそも，不動産登記制度にはどのような意義があり，我が国の法律制度を前提として，不動産取引においてどのような機能を営んでいるのかについて，以下，概観しておく（詳しくは山野目章夫『不動産登記法（増補）』2頁以下（商事法務，2014）参照）。

1　取引の安全と「一物一権主義」

　そもそも「筆界」を公法上定める必要があるのは，「一物一権主義」と密接に関連している。一物一権とは，前述のとおり一つの物の上には一つの所有権しか成立しないという建前であり（第1章第2節1参照），取引の安全を保護するために不可欠の前提である。すなわち，現代社会は，売買，賃貸借，請負などの取引によって成り立っているが，何らかの取引によってどのような結果が得られるのかという予測可能性を確保するためには，一物一権主義が不可欠である。つまり，一つの物には一つの所有権のみが成立するからこそ，誰が売主なのか，誰が賃貸人なのかなどを把握することができ，合理的な予測可能性の下に取引が成立することになる。なお，所有権には「共有」という状態

もあるが，これは一物一権主義に反するものではなく，共有者が同一物の所有権を量的に分有している状態であると説明されている。すなわち，各共有者は各自が一個の所有権を有し，各所有権が一定の割合において制限し合って，その総和が一個の所有権の内容と等しくなっている状態である（この場合において，各共有者の権利の割合を「持分」という。）。

　ところが，土地は本来，例えば本州であれば全て一続きの土地であって，どこからどこまでが一個の所有権の対象となるかは明らかではない。そこで，不動産登記によって一個の所有権の対象となるべき土地の範囲を画するのである。これにより取引対象となる土地が登記上特定され，権利登記によって誰が所有者でありどのような制限物権が付着しているかが公示される（なお「公示」については後述する。）。そして，不動産登記上の地番によって特定された土地は，本来は不動産登記法14条1項によって備置される地図によって場所と形状及び面積が特定され，更に表題部の記載により種類も公示されることになる。これにより，地番が判明すれば，当該土地がどこに所在し，どのような形状か，どの程度の面積でどこが境界か，などについて広く情報開示されることになる。

　他方，筆界は，いわゆる「原始筆界」によって定められ，原則としてこれを承継することによって，その過程で原始筆界が分筆又は合筆され，あるいは区画整理が実施されて（なお，土地の所有権が原始取得される例として保留地に注意。）現在の筆界に至るのである。したがって，このように当初国によって設定された原始筆界は，法務局に対する申請によってのみ異動されて現在に至るのであるから，公法上の境界である筆界が所有者の合意によって変更し得ないことは理の当然である。

　なお，所有権界と筆界との間にずれがある場合，両者を一致させるためには，当該部分を分筆の上所有権の移転の登記手続を行う必要が

あるが，その際には，「売買」,「贈与」,「時効取得」といった登記原因の記載が必要となる。

> キーワード：一物一権主義
> 　一つの物には一つの権利だけが成立し，二つ以上の権利が成立することはない，とする建前

2　登記の公示力と公信力

　筆界と所有権界の区別は，こういった不動産登記上の登記事項には「公信力」がないという点にも関連する。

　公信力とは，権利の存在を推測できるような登記などの外形がある場合には，真実の権利が存在しないときであっても，その外形を信頼して取引をした者に対し，真実の権利が存在したのと同様の効果を認めることを言う。仮に，不動産登記に公信力があれば，筆界と所有権界の乖離があっても，登記を信頼して当該不動産を取得しようとする者は，その土地の筆界がどこであるかだけに注意すれば相当程度取引の安全が保たれることになる。なぜなら，売買の対象となる土地は筆界によって画される範囲の土地であり，登記上表示された権利者からその所有権を取得した場合には，仮に他に当該土地の一部又は全部について所有権を主張する者がいたとしても，買主は当該筆界の範囲について所有権を取得することができるからである。

　ところが，我が国の登記には公信力がない。すなわち，我が国の私法制度上「意思主義」が採用されており，当事者の合意によって物権変動つまり所有権その他の権利の得喪変動が生じるが，その物権変動は取引の安全の観点から広く公示される必要が生じる。そこで，不動産取引及びその内容を「公示」するものとして登記制度が存在するの

であり，我が国の登記制度は公示力しかないということになる。

　したがって，我が国においては登記上権利者と公示されている場合であっても，実は真の権利者ではない可能性も否定できない。この場合，このような登記上の不実の権利者から権利を取得した者は，権利を取得できないことになる。

キーワード：公信力

　権利の存在を推測できるような登記などの外形がある場合には，真実の権利が存在しないときであっても，その外形を信頼して取引をした者に対し，真実の権利が存在したのと同様の効果を認めること

3　善意の第三者の保護

　それでは，仮に実体を反映していない権利の登記があった場合，登記を信頼して取引をした第三者はどのように保護されるのであろうか。以下，表示の登記の問題ではないが，我が国の登記制度に公信力がないことによって生じる問題点が，法律上どのように調整されるのかについて概観しておこう。

（1）　取引行為の瑕疵についての第三者の善意の保護

　権利の登記が実体を反映しない原因として，最も一般的なのが権利移転の原因行為に瑕疵があって，当該法律行為の効力が失われることである。そのような法律行為の瑕疵については詳細に解説することが本書の目的ではないので省くが，瑕疵ある取引行為に基づく第三者（主に転得者）を保護する制度としては，以下のようなものがある。

①　売買契約における解除と第三者

　民法545条1項は，「当事者の一方がその解除権を行使したときは、各当事者は、その相手方を原状に復させる義務を負う。ただし、第三者の権利を害することはできない。」と定める。ここにいう「第三者」に該当するためには，保護要件として当該権利の登記が必要であると解されており，例えば，売買契約で土地の所有権を取得した後に，前主の権利がそれ以前の所有者との売買契約が解除されたことによって覆されても，善意の第三者は解除の効果を対抗されないことになる（解除前の第三者）。

　なお，売買契約が解除され，登記が売主に戻される前に登記を信頼して当該不動産を売買した善意の第三者については（解除後の第三者），後述のとおり（**本章第2節参照**），民法177条によって，権利の移転登記を得た場合には，解除の効果を対抗されないことになる。

②　詐欺又は強迫による取消しと善意の第三者

　民法96条1項は，「詐欺又は強迫による意思表示は、取り消すことができる。」と定めており，詐欺又は強迫によって意思表示がなされて，その後当該法律行為が取り消されたときは，法律上は当該法律行為に基づく権利移転もまた効力を失うことになる。ところが改正民法96条3項は「前二項の規定による詐欺による意思表示の取消しは、善意でかつ過失がない第三者に対抗することができない。」と定めており，詐欺又は強迫による取消しは善意の第三者に対抗できないことになる。

　この他にも，善意の第三者の保護のための制度は，いわゆる表見代理（民109・110・112）などがあるが，登記の公示力との関連性は希薄なのでここでは解説を差し控える。

（2）　民法94条2項の類推適用

登記の公示力との関係で重要な制度は民法94条の通謀虚偽表示であ

る。通謀虚偽表示とは,「相手方と通じてした虚偽の意思表示」であり,民法94条1項により無効とされる。しかし,同条第2項は「前項の規定による意思表示の無効は、善意の第三者に対抗することができない。」と定めて善意の第三者を保護している。こういった通謀虚偽表示は,例えば強制執行免脱のために,不動産の所有権の登記名義を何ら登記原因がないのに第三者に移転してしまうケースなどがあるが,実務上さほど多くあらわれるものではない。

　しかし,学説上は,民法94条2項は「真実と異なる外観が存在し、真の権利者がその外観作出についての帰責性がある場合には、その外観を信頼した善意の第三者を保護するために外観どおりの法律上の効果を認める。」という法理論（権利外観法理）を定めた趣旨と解する考え方が通説的立場であり,したがって,不実の登記を信頼し,その登記と外観概観について真の権利者に帰責事由がある場合における善意の第三者の保護のために類推適用されるべきであると解されている（最判昭29・8・20民集8・8・1505参照）。

第2節　筆界と所有権界

　このように登記は公示手段として機能し,登記が真の権利関係を反映するとは限らない,と考えられている。しかし,一筆の土地として登記上表示された範囲が筆界によって画されることは否定する余地のないところである。

1　筆界と所有権界の意義
　一般に土地の「境界」とは,登記された土地とこれに接する他の土地との境界であるといわれている（民209①・223・224・229・230①・234～238）。従来,不動産登記法上土地の筆界に関して定義規定はなかったが,平

成17年3月7日に施行された現行不動産登記法は,「筆界」を「表題登記
のある一筆の土地とこれに隣接する他の土地との間において、当該一
筆の土地が登記された時にその境を構成するものとされた二以上の点
及びこれらを結ぶ直線をいう」と定義した（不登123一）。これに対して,
ある土地の所有権の範囲，すなわち，所有権の境界は「所有権界」と
いわれている。一般に，筆界を「公法上の境界」，所有権界を「私法上
の境界」ともいう。

　そして，筆界は公法上定められた境界であり，当事者間の合意によ
って異動することはできないとされているのに対し，所有権界は土地
の所有権の範囲として当事者間で合意された範囲であり，当事者の合
意ないし契約によって変動させることができる。

2　登記と対抗要件（民法177条）

　したがって，所有権界すなわち所有権の範囲については，当事者が
自由に合意によって定めることができるので，本来，一つの所有権の
対象として画された一筆の土地の一部を譲渡することも可能である
し，ある土地の一部を時効取得することも可能である。後に述べるよ
うに（本節5参照），こういった取引も筆界と所有権界が乖離する原因
なのであるが，こういった筆界として区画されていない土地の所有権
と一物一権主義を調整する機能を果たしているのが「対抗要件主義」
である。

　民法177条は，「不動産に関する物権の得喪及び変更は、不動産登記
法（平成16年法律第123号）その他の登記に関する法律の定めるところ
に従いその登記をしなければ、第三者に対抗することができない。」と
定める。つまり，一つの土地について複数の者が所有権その他の権利
の取得を主張する場合には，登記を先に備えた者が権利を取得する（他
の者に対して所有権を対抗することができる。）ことになる。この場
合，一筆の土地の一部の所有権の取得を主張する者は，当該部分を分

筆して所有権の移転の登記をする必要があることは，前述のとおりである（本章第１節１参照）。

　このように，民法上不動産の登記（権利の登記）は公示手段としての対抗要件として機能しており，自由競争原理を前提として，最も勤勉である者すなわち最初に公示手段たる登記を備えた者が確定的に所有権を取得することになる。つまり，誰でもが知り得る登記情報にいち早く自分の権利を公示したものが，競争相手に対しても自分の権利を主張することができるのである。

キーワード：対抗要件主義
　一つの権利について複数の者がその取得を主張する場合，登記その他公示手段を先に備えた者が当該権利を取得する，とする建前

３　背信的悪意者

　以上のような対抗要件主義の例外として，「背信的悪意者」に対しては登記その他の公示手段（対抗要件）を具備しなくても権利の取得を主張することができる，とするのが背信的悪意者の理論である。

　不動産登記法5条1項は「詐欺又は強迫によって登記の申請を妨げた第三者は，その登記がないことを主張することができない。」と定める。この規定は，民法177条に定める「第三者」の範囲を制限するものであって「背信的悪意者」と呼ばれる。

　さらに，民法177条における「第三者」の範囲については，不動産登記法5条を「類推適用」して，不動産登記法5条の背信的悪意者及びこれに類する登記の欠缺（けんけつ）を主張する正当な利益を有しない者は，民法177条の第三者に含まれないと解釈するのが通説的見解である。

　前述のとおり，民法177条は，自由競争を前提として，公示手段（登記）を先に備えた者を最も勤勉な者として権利の確定的な取得を認める趣旨であるが，先に取引関係にある者の存在を知りながら，これを害する意図で利害関係を生じて先に対抗要件を備えた者など，そもそも公正な自由競争の範囲外であって民法177条の保護に値しないと考えるのである。

　学説上は，このような背信的悪意者の理論は広く認められ，特に不動産の相隣関係についてはそもそも民法177条の適用は排除される又は占有者がいることを認識していた場合には背信的悪意者に当たるとしている。ただし，判例上背信的悪意者と認められた事例は多様であって，「登記の欠缺を主張する正当な利益を有しない者」とは，不動産登記法5条の範囲を超過して具体的にどのような場合にまで認められるか，について明確な基準が存在しているとは言い難い。

キーワード：背信的悪意者
　民法177条に基づき，相手方に対抗要件がないことを主張する正当な利益を有しない者

4　物権と債権の区別

　調査士がこういった民法上の理論を理解するに当たっては，本来筆界は当事者の合意では異動できない，とされているのに，所有権の範囲は当事者の合意で決することができる，という建前を奇異に思うかもしれない。

　筆界と所有権界の異同を理解するためには，物権と債権の相違について理解する必要がある。物権とは，対世的つまり誰に対してもその権利を主張できる権利であり，絶対効つまり第三者から侵害され又はそのおそれが生じてもその排除を求める，あるいは賠償請求すること

ができると解されている（物権的請求権）。これに対して，債権とは当
事者の合意つまり契約によって成立する権利であり，契約当事者間に
おいてのみ当該債権を主張することができる。債権と言うとつい金銭
債権を思い浮かべがちであるが，売買契約に基づく物の引渡請求権も
債権であるし，賃貸借契約に基づく目的物の利用権も債権である（た
だし，借地借家法の適用がある場合には，当該賃借権は物権化してい
る，と言われる。）。

　これを筆界と所有権界の異同に即して考えると，まず筆界は，登記
された所有権や抵当権など物権の対象を示すために公法上定められた
土地の範囲であって，正確に言えば公示の対象として国が定めたもの
であるから，私人間で勝手に変更することができたのでは対世効を有
する物権の範囲が不明確になってしまう（ただし，登記されている権
利者が必ずしも真の権利者であるとは限らないことに注意。）。

　これに対し，売買契約などによって，一筆の土地の一部の所有権を
移転する，という債権的な合意をすることが有効であるのは契約自由
の原則上当然である。他方，売買契約に基づいて目的物の所有権が移
転する時期については，実務上は，売買契約に基づく代金支払，登記
又は引渡しがなされたときと解されているが（広中俊雄『債権各論講義（第
5版）』57頁（有斐閣，1979）），この実務上の有力説に従えば，例えば一筆
の土地の一部のみを対象として売買契約を締結し，登記手続完了前に
代金全額を支払った場合には，一筆の土地の一部の所有権が買主に移
転するという結論になる。しかし，そのような所有権の移転はまだ公
示されていないから，いわば完全に所有権が移転しているのではなく，
民法177条に従って当該目的物の所有権を主張する第三者に「対抗」さ
れてしまう可能性がある。例えば，その一部の土地の属する一筆の土
地全体を売買契約によって取得した者が出現し，最初の買主が分筆登
記を行う前に（分筆登記手続は，原則として売主が行うことに注意を
要する。），第2の買主が全体の土地の所有権の移転の登記を経由して

しまった場合には（後掲概略図参照），第2の買主が背信的悪意者に該当しない限り，最初の買主（一筆の土地の一部の買主）は所有権を取得できない結果となってしまう。ここで，先に説明した対抗要件主義が機能して，一つの物について複数の買主が出現することが回避されることになる。

キーワード：契約自由の原則

　契約の内容は，「原則として当事者が自由に決めることができる」とする建前

概略図

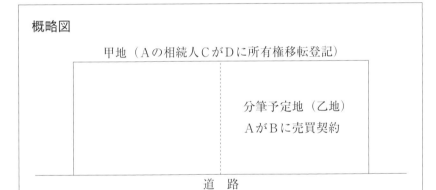

甲地（Aの相続人CがDに所有権移転登記）

分筆予定地（乙地）
AがBに売買契約

道　路

① 　甲地の所有者AがBに対し，乙地を分筆の上売却する契約を締結。
② 　Bが代金全額を支払ったが，分筆前にAが死去。
③ 　甲地をCが単独相続し，相続に基づく所有権移転登記。
④ 　CがDに対し，甲地全体を売却し，Dが所有権の移転の登記。
　上記の場合，②の時点で甲地の一部である乙地の所有権はBに移転する。しかし，Dが対抗要件（所有権移転登記）を具備したことによりDが確定的に所有権を取得することとなる（民177）。

5　筆界と所有権界の乖離

　以上のとおり，筆界と所有権界は理念的には全くの別物であり，両者を観念的に区別することが可能である。しかし，調査士業務において境界紛争が生じるのは，筆界と所有権界が密接に絡み合っているからである。境界紛争は，当初から当事者が係争している事例はまれであって，そのほとんどは，何らかの必要性から筆界調査ないし地積測量を実施したところ，占有範囲と筆界にずれがあることが判明したことを契機とする。つまり，多くの場合，占有範囲は当事者の認識する所有権界とほぼ一致しているが推定される筆界と異なっており，そのずれた範囲について取得時効などの成否が問題となるため境界紛争が生じる（なお，取得時効については**第4章第7節**参照）。

　それでは，なぜ筆界と所有権界が乖離するというと，その原因はおおまかに言えば以下のとおりとなる。

　(1)　筆界そのものが不明確であること

　筆界と所有権界の乖離の原因としてまず挙げられるのは，筆界そのものが不明確であることが多いということである。

　理論的には，筆界は当初原始筆界として定められてその後合筆や分筆によって異動する都度，地積測量図が添付されるはずである。しかし，①筆界線が誕生した当初の測量技術が稚拙であったこと，②地券の発行が課税と直結したために正確な図面が作成されにくかったこと，③分筆の際に残地測量を必要とされなかった時期があったこと，などにより原始筆界の確定が困難となっている。

　このように，そもそも原始筆界自体がどこであったかを確定することは非常に困難であり，過去の登記記録においては，再現可能な地積測量図も添付されていないことが多い。

　(2)　主に取得時効による所有権界の乖離

　一筆の土地の一部を外形上区分することによって独立性を与えるこ

とができると解されているので（我妻栄＝有泉亨『民法講義　物権法（新訂版）』12頁（岩波書店，1983）），一筆の土地の一部の所有権が承継取得される場合には，登記手続が未了であれば筆界と所有権界が乖離することになる。しかし，売買などによって元の所有者から次の所有者へ一筆の土地の一部の所有権が承継される場合には，移転登記が対抗要件であることは周知の事実であるので，契約上は承継の対象となる部分を分筆して移転登記手続をすることになる。

　したがって，筆界と乖離して一筆の土地の一部の所有権が第三者に移転してしまうのは，ほとんどの場合取得時効が原因となる（一筆の土地の一部を占有継続していた場合には，占有範囲についてのみ取得時効の成立が認められることになる。）。

　ところが，時効取得の成否については，一義的に判断できる事柄ではなく（時効取得の要件については**第4章第7節参照**），実際には，訴訟提起してみないと取得時効が成立しているかどうか判明しないことも多い。なお，公法上の筆界が確定したことを前提として，例えば取得時効の成立を原因として純粋に所有権界の問題として訴訟を提起する場合には，所有権確認訴訟ないし分筆及び移転登記手続請求訴訟として訴訟提起されることになる。ただ，その場合でも，当該分筆登記の対象となる土地を登記可能な推定筆界線によって区分するためには，調査士による筆界調査が不可欠である。

6　筆界と所有権界の絡み合い

　このように，理念としては筆界と所有権界は区別することができるが，実際の境界紛争においては筆界の問題と所有権界の問題が密接に絡み合うことになる。

　例えば，隣接する土地の当事者間で所有権界も含む境界に関する何らかの紛争が生じたときに，当事者は，まずできる限り自らに有利な

主張を行うので，所有権界のみの紛争として主張するよりも，係争部分は自分の所有する土地に属する，つまりまず筆界の問題として争うことがほとんどである。そして，二次的に仮に筆界線が係争部分の内側（自分にとって不利な）であった場合であっても，承継取得又は時効取得によって所有権（登記上相手方の土地として登記されている土地の一部の所有権）を有している，と主張することになる。

　本来，原始筆界が定められた時点においては，筆界と所有権界は一致していたはずであるが，前述のような理由で（**本節5参照**），両者の不一致が恒常的に起こっており，また，筆界の調査の過程でも同様の理由でその発見が非常に困難で曖昧さを残すことになる。他方で，筆界調査（又は筆界特定）の結果，事後的に筆界が明らかになった場合であっても，当事者の主張は，当初ほぼ確実に筆界の問題として提起されるため，通常の境界紛争においては，筆界の争いと所有権界の争いが区別のつかない形で顕在化してくるのである。

　そして，一般的に言えば，弁護士などの法律家は筆界の問題を軽視する傾向があり，筆界の調査能力を有する調査士は，所有権界に関連する法律問題について理解が不十分である。したがって，「境界紛争ゼロ宣言」を実現するためには，筆界の専門家である調査士が自己研鑽して，さらにスキルアップし，境界紛争においてより積極的で重要な役割を果たすことが期待されるのである。

【**参考判例1**】：最判昭31・12・28民集10・12・1639
　＜事案の概要＞
　本件は，山林の買主が隣地の所有者から当該山林を購入したが，その後，売主を被告として「境界確定訴訟」を提起したところ，原告（買主）の主張する筆界を認めない判決を得た。そこで，原告は，被告が売買の際に「鑑定書」を交付し，当該鑑定書に添付された実測図における境界線が原告の主張する筆界線であり，そのような実測図を作成して売買し

た以上，売買の際に当事者間において実測図記載の境界を筆界とすることが合意されている，と主張して上告した，という事案である（なお，原審判例集未登載のため，詳細な事案は不明である。）。

＜判示事項＞
　本判決は，「上告人の主張は，…一筆の土地たるａ番山林の隣地ｂ番のｃ山林との境界を所論の線と指示して引渡を了したというのであるから、右にいう境界とは異筆の土地の間の境界である。しかし、かかる境界は右ａ番がｂ番のｃ山林と区別されるため客観的に固有するものというべく、当事者の合意によって変更処分し得ないものであって、境界の合意が存在したことは単に右客観的境界の判定のための一資料として意議を有するに止まり、証拠によってこれと異なる客観的境界を判定することを妨げるものではない。」と判示して上告を棄却した。

　なお，この裁判においては，原告（上告人）は所有権の確認を求めた事案ではないようであり，原告の主張する境界線に従って取得時効が成立しているかどうか，は明らかでない。

第３節　原始筆界と所有権紛争

　ここまで，筆界は原始筆界によって決まることを前提として論述を進めてきたが，調査士はともかく，一般の方は「土地の境界（筆界）は，原始筆界と言って明治時代の初め頃に定められているのだ。」という話を聞くと奇異に思うし，弁護士の中にもそういった考え方自体を知らない者も少なくない。
　しかし，法律上も原始筆界を想定しないと，所有権紛争を含む土地の境界に関する紛争の解決のための制度が成立しないと考えられる。そこで，以下原始筆界と所有権紛争について説明を加える。

1　原始筆界とは

　筆界は，一般には，明治6年の地租改正（太政官布告第272号）に基づく地券発行の際に初めて筆界が定められはじめ，地券の発行及び地券台帳の整備が進められたと言われている。これにより，近代的な土地の私的所有が認められることとなったが，当初の目的は土地に対する課税にあった。その後，明治22年に地券台帳が土地台帳となるまでの間，現在の筆界の前提となる原始筆界が確定して土地台帳付属地図が作成されたと理解されている。それゆえ，調査士は，場合によっては公図等を調査して原始筆界にまで遡り，その他収集し得る限りの資料を基に正確な公法上の筆界を発見し，これを登記記録に正確に反映することが本来の業務であると認識されている。

　しかし，地租改正前の段階で，原始筆界が調査によって認識可能な形で特定されていたのか，は直ちに疑問を生じるところである。この点について，そもそも原始筆界が存在したのか，については調査士にも疑義を呈する者もあり，登記官にも原始筆界は一定の幅を持ったものではないか（吉野衛「境界紛争の法的解決(1)」登記研究516号14頁）との意見もある。また，弁護士の立場からすれば，約150年も前に定められた「原始筆界」なるものを確定する手段はないのではないか，との疑念が直ちに湧くところであり，そのような立証が著しく困難な存在よりも，当事者の合意を優先すべきではないかとの疑問も生じる。

　しかし，そもそも一個の所有権の対象となる筆界は行政的に定まり，所有権は当事者の合意によって定めることができる，という二元論を貫徹する現在の制度的な建付においては，原始筆界があったと仮定することが不可欠である。というのは，現在の所有権紛争に関する裁判実務においても，ともあれ原始筆界が存在したことを前提としないと，訴訟上主張すべき要件事実が確定しないからである。なお，原始筆界が一定の幅を持ったものと考えることは，単に確定すべき筆界線が2倍になるだけにすぎない。

2　土地所有権訴訟の要件事実

　そこでまず，以下において所有権訴訟（所有権確認訴訟ないし分筆
登記手続及び所有権移転登記手続請求訴訟）が，裁判実務上どのよう
な組立てとなっているかについて解説を加える。

　まず，裁判（訴訟）を提起する前提として，現在の我が国の裁判実
務においては，権利は直接には法律の規定に基づいて生じるとされて
いる。そして，その権利の存否つまりあるかないかを決めるのが裁判
手続であり，訴訟においては一定の事実（要件事実）の存在を主張・
立証して，何らかの実定法上の規定に基づいて一定の債権が発生して
いるとか，何らかの権利（物権）が移転している，と主張することに
なる。

　ところが，土地の所有権についてはそもそも法律上どういう場合に
発生するかという規定が存在しない。建物については，例えば請負契
約の解釈として，判例においてどのような場合に請負人が所有権を取
得するのか，注文主が所有権を取得するのはどのような場合か，とい
った基準が示されているが，土地についてはそもそも所有権が突然発
生するということがほとんどない（例外として保留地に留意）。そこ
で，例えば，ＡＢ間において甲土地の所有権がどちらに帰属するかに
ついて訴訟となっている場合，原告であるＡとしては，甲土地の所有
権の径庭を遡って，ある過去の時点においてＣという者が甲土地を所
有していたのだけれど，それをＡが売買によって承継取得したのだ，
というような主張をするほかない。被告Ｂの主張としても，Ｃが甲土
地を元所有していたことは認めるが，Ｃと売買したのは自分の方だと
いうような主張をすることになる。

　このうち，Ｂが甲土地は過去のある時点においてＣの所有であった
ことは認める，というのがいわゆる「自白」に該当することになる。
自白とは,「自己に不利な事実を認めて争わないこと」を意味するので

あるが，この場合，Bは，事実ではなく，Cに権利があったことを認めているので「権利自白」が成立することになる。

　すなわち，現在の裁判実務においては，原告は，土地の所有権については，権利自白が成立するところまで遡って元所有を主張し，そこからの承継原因事実が請求原因事実となると解されている（司法研修所編『紛争類型別の要件事実（改訂版）』47頁以下（法曹会，2006））。この場合，権利自白の対象となる所有権は筆界ごとに主張されることになり，少なくとも原始筆界まで遡ればどこかで権利自白が成立することになる。したがって，原始筆界があったと仮定しないと，所有権紛争の基礎が成り立たなくなってしまう。例えば，係争土地が隣接するいずれの土地の筆界にも属しないと，所有権の承継取得を主張することができなくなってしまうのである。

　したがって，原始筆界が存在したという一種の「擬制」は，土地所有権に関する法的紛争解決制度の枠組みとして不可欠なものであると考えることができる。

キーワード：自白
　訴訟等の裁判手続において，相手方の主張する不利な事実を認めて争わないこと

3　時効取得による所有権の喪失

　所有権訴訟においては，ほとんどの場合，時効取得の成否があるいは主位的に，場合によっては予備的に主張されることになる。取得時効制度については第4章において概説することとするが，所有権紛争との関係でとりあえず以下の点だけ留意しておきたい。

　すなわち，一筆の土地の一部についても時効取得が成立し得るが，

時効取得による所有権の取得は，法律上は，承継取得ではなく原始取得と解されている。すなわち，時効による所有権の取得は，取得時効の完成によって突如時効の起算点に遡って所有権が発生する。そして，その反射的な効力として元の所有者が，時効取得の成立した範囲の所有権を喪失することになる。しかし，この時効取得を主張する者が当該占有範囲を特定するためには，筆界を前提として一定の範囲を主張する必要が生じる。そうでないと，仮に時効取得による所有権の取得が認められた場合においても，判決に基づいて一部の土地の分筆登記手続及び所有権の移転の登記手続が実行できないことになってしまう。

　このように考えれば，取得時効の制度も前述した所有権訴訟の基本構造と矛盾するものではなく，例えば，原告が「元所有」による権利自白成立からの承継取得を成立するのに対して，被告は，仮に原告が承継取得したとしても，係争土地については時効取得が成立している，と主張することになる。これを要件事実として捉えれば，所有権紛争における時効取得の主張は権利自白を前提とする請求原因事実と相容れないものではなく，時効取得を主張する者が立証責任を負う「抗弁事実」（相手方が主張，立証責任を負う請求原因を覆す主要事実）なのである（なお，「否認と抗弁」の区別については，本章末尾 コラム2 参照）。

【参　考】　所有権紛争の一例

① 甲土地は、元Z所有
② ZがYに対し甲土地を譲渡（未登記）
③ ZがXに対し甲土地を二重譲渡（登記済み）

Xの主張　　　　　　　　　　　　　　Yの主張

Xの主張	Yの主張
㋐　甲土地は元Z所有。 ㋑　XはZから甲土地を購入。 ⇒よってYは甲土地を明け渡せ。	⇒㋐は認める。⇒権利自白 が成立！ ⇒㋑は不知。

抗弁1に対する再抗弁　　　　　　　　抗弁1

抗弁1に対する再抗弁	抗弁1
Xは所有権移転登記を備えている。 ⇒対抗要件の主張	←　YはZから甲土地を購入。 ⇒Zの所有権喪失

抗弁2に対する再抗弁　　　　　　　　抗弁2

抗弁2に対する再抗弁	抗弁2
無過失を争う。 ⇒有過失の評価根拠事実を主張	←　㋐　Yは善意無過失でZから甲土地の引渡しを受けた。 ㋑　Yは10年間占有を継続。 ⇒時効取得の主張

第4節　筆界確定の訴え

　境界紛争において，「筆界確定の訴え」ないし「筆界確定訴訟」という用語がよく用いられるが，まず筆界確定訴訟とはどのような訴訟であるのかについて，以下，解説を加える。

1　裁判を受ける権利

　訴訟とは，前述したように，権利の発生，消滅等を定める法律の規定に定められた事実（要件事実）の存否を立証して，それによって権利の存否を確定する手続である（**本章第3節2参照**）。

　そうすると，そもそも権利とは何かという疑問に突き当たるが，講学上は困難な問題を含むものの，実務上は，憲法を頂点とする法規範によって権利が定められ，したがってまた，実定法（ないし実定法に根拠を置く慣習法）が裁判官を拘束する法規範であるということになる。そして，そういった権利の存否は厳格な手続の定められている民事訴訟によって判断され，そのために「裁判を受ける権利」（憲法32）が保障されることになるのである。

　他方，ここまで説明してきたように，理念的には筆界と所有権界は区分することができ，筆界は公法上定められた一筆の土地の範囲を定める境界であり，所有権界は私法上の所有権の範囲の問題である。そう考えると筆界を定める訴えは，私法上の所有権の範囲とは無関係であり，所有権確認訴訟ないし移転登記手続請求訴訟が正に権利の存否を定める訴訟であるのに対し，筆界確定訴訟は，そもそも他の民事訴訟とは性質が異なるということになる。すなわち，筆界確定訴訟は「形式的形成訴訟」と言われるやや特殊な訴訟類型に属すると解されている。

2　形式的形成訴訟とは

　一般に民事訴訟の類型としては，以下の3つの類型があると解されている。

① 給付訴訟

　まず，債権，物権を問わず何らかの請求権を行使するのが「給付訴訟」であり，損害賠償の支払を求める訴訟，不動産の引渡請求訴訟などはいずれも給付訴訟の類型に属する。

② 確認訴訟

　次に確認訴訟は，何らかの権利関係（債権も含む。）ないし法律上の地位などの存否の確認を求める訴訟である。このうち，訴訟物が存在しないことの確認を求める訴訟は「不存在確認訴訟」と呼ばれる。

③ 形成訴訟

　「形成訴訟」とは判決によって一定の法律関係の形成を求める訴訟類型である。というのは，法律関係の得喪変動には判決を得ることが必要とされる場合があるからである。例えば，離婚訴訟(民770)，債権者取消訴訟（民423）などである。

　以上に対して，法律関係ないし権利関係とは無関係な事実関係について，（後見的に）裁判所の判断を求める訴訟類型が「形式的形成訴訟」と呼ばれ筆界確定訴訟はこれに属する。形式的形成訴訟とは，何らかの権利関係・事実関係などについて法律上要件が定められていない類型の訴訟であり，裁判所の判断によって何らかの権利関係・事実関係が事実上形成される点において形成訴訟に類似するが，判決によって権利関係の得喪変動が生じるものではない。例えば，父を定める訴え，共有物分割訴訟（民258）などがこれに属する。

民事訴訟の類型
① 給付訴訟
② 確認訴訟

③　形成訴訟＋形式的形成訴訟

　形式的形成訴訟においては，「弁論主義」（民事訴訟において当事者の主張しない事実を判決の基礎にしてはならないとする建前）の適用はないので，裁判所は当事者の主張に拘束されないと言われる。例えば，筆界確定訴訟において，判例は，裁判所が当事者の主張する筆界がいずれも適当でないと認めたときは，当事者の主張以上に有利か不利かは問うべきでない（当事者が主張していなくても当該客観的な境界を定めるべきである）と判示している（最判昭38・10・15民集17・9・1220）。

　しかし，形式的形成訴訟においても裁判所は常に職権で証拠資料を収集できるわけではないので，裁判所の後見的判断の前提となる証拠については原則として当事者が提出し，これに基づいて判断がなされる。筆界確定訴訟においても，裁判所は当事者の主張する筆界に拘束されないものの，その前提となる地積測量図その他の資料は当事者が証拠提出するので，実際上，裁判所が当事者の思いもよらない筆界線を定めることは考えにくいということができる（なお，筆界特定手続との関係については，**第4章第1節参照**）。

　やや注意を要するのは，登記手続を求める訴訟である。「登記」は，法律上物権でも債権でもなく，登記手続請求訴訟は，被告に対し，所定の法務局に対する登記手続（登記申請）という意思表示を求める訴訟である。権利の登記手続においては，登記権利者と登記義務者が存在し，その双方が登記手続を申請して初めて権利の得喪変動が登記に反映される（権利登記に関する「双方申請主義」（不登60））。そして，登記権利者が登記義務者に対し，一定の登記手続を提起しその旨の確定判決を得た場合には，登記義務者は判決に基づいて登記申請することができるが（不登63），理論的には登記権利者の登記申請と判決による登記義務者の登記の意思表示が存在するので，双方申請の原則は満たしていることになる。それゆえ，実務上，登記手続請求訴訟において

は,「…登記せよ」ではなく「…登記手続せよ」という請求の趣旨を記載して訴訟を提起することになる。

判決上登記手続を命じる判決がなされた場合,それが意思表示を命じる判決であることは不動産の表示の登記についても同様である。例えば,一筆の土地の一部を時効取得したことを原因として「…の範囲の土地の所有権移転登記手続をせよ」との判決を得た場合,債権者は,その判決に基づいて相手方による分筆登記の代位登記手続(民423,不登59①七)が実行できると解されるが,これも一筆の土地の所有者に代位して分筆登記申請という法務局に対する意思表示を行っていることになる。したがって,このような判決には再現可能な筆界点で特定された分筆部分の土地の地積測量図が添付されている必要がある。

3 登記請求権

ここで,筆界確定訴訟とは直接の関係はないが,意思表示を求める判決である「登記手続請求訴訟」について,簡単に解説を加えておく。

一般に,相手方(被告)に対し,登記手続を求めるためには原告が「登記請求権」を有することが必要となるが,講学上,登記請求権には幾つかの種類があると解されている。

① 物権的登記請求権

物権的登記請求権とは,実際の権利の所在と登記が一致しないときに,この不一致を除去するために物権そのものの効力として発生する登記請求権である。すなわち,権利の所在と登記が一致しないときは登記によって物権が妨害されているので,物権的登記請求権は理論的には「妨害排除請求権」となる。

② 債権的登記請求権

債権的登記請求権とは,売買契約,抵当権設定契約など物権の移転や設定を目的とする契約の内容として,当事者が登記手続を行う場合に発生する登記請求権で,一定の類型の抹消登記手続請求権などがこれに当たる(最判昭36・4・28民集15・4・1230参照)。

③　物権変動的登記請求権

　　物権変動的登記請求権とは，物権変動（権利の得喪，移転など）
の過程や態様が登記と一致しないときにその不一致を除去するため
に認められる登記請求権である。

　　以上のうち，本書との関連で問題となる時効取得に基づく移転登
記請求権については，時効により所有権が原始的に取得されるので
物権的登記請求権に属すると解される。

登記請求権の種類

①　物権的登記請求権

②　債権的登記請求権

③　物権変動的登記請求権

4　筆界確定訴訟の法的性質

　　実は，現行法上筆界確定訴訟について定める法律上の明確な根拠規
定は存在しない。

　　旧民事訴訟法（明治23年法律第29号）においては，「経界」確定訴訟
という用語が使用されていたが（旧民訴22①。なお，旧裁判所構成法（明治
23年法律第6号）14条にも「彊界ニ関スル訴訟」という用語がある。），これも実
定法上の根拠規定はなく，したがって，筆界確定訴訟（経界確定訴訟
を含む。）が，実定法の規定を持たない形式的形成訴訟に属すること
については疑う余地のないところである。すなわち，筆界確定訴訟は形
式的には形成訴訟の形態をとっているが，実体的な関係として法律関
係を新たに形成するものではなくその意味で形成原因を欠いている。
したがって，その本質は非訟事件であり，形式上民事訴訟として取り
扱われる「形式的形成訴訟」にすぎない，とする見解である。この見

解に立てば，裁判所は，当事者の主張する筆界線が不明確な場合であっても何らかの筆界を認定する必要があるし，当事者の主張する範囲外の筆界を認定することも可能である。

　しかし，筆界の問題と所有権の問題は密接に絡み合っているため，筆界確定訴訟の法的性質については，従来，形式的形成訴訟説，複合訴訟説，二元論など様々な見解があった。すなわち，筆界の問題と所有権界の問題は不可分に絡み合っており，筆界確定訴訟も単なる形式的形成訴訟ではなく所有権紛争としての性質も有する特殊な訴訟類型である，というのである。

　しかしながら，平成17年の不動産登記法改正以降，筆界特定制度などが整備されたこともあって，実務上はほぼ形式的形成訴訟として取り扱われていると言ってよい（ただし，学説上は異論のない状況となっているとは言い難い。）。また，不動産登記法においては，「筆界の確定を求める訴え」という用語が用いられており（不登147以下），同法は，筆界確定訴訟という制度の存在を前提としているということができる。そのため，平成17年の不動産登記法改正以降は，「境界確定訴訟」という呼称は実務上ほとんど用いられなくなっている。

　以上のように筆界確定訴訟は，形式的形成訴訟と言う類型に属し権利の範囲（所有権界）と直接の関連性を持たない訴訟類型であるので，理論的には，筆界確定訴訟においては裁判所が後見的に筆界の所在についての判断を示すということになる。

　しかしながら，筆界確定訴訟は他の形式的形成訴訟とはやや異なる特殊性があり，境界紛争ばかりか所有権紛争の前提問題となる訴訟類型であり，形式的形成訴訟ではあっても民事訴訟の類型として不可欠の訴訟類型であるということができる。なぜなら，前述のとおり原始筆界というものがあったことを想定しないと所有権に関する民事訴訟の基礎が成り立たないからである（**本章第3節2参照**）。しかし，現実には原始筆界が定められた明治時代においては，測量技術が稚拙であ

ったり，再現可能な地積測量図が残っていないなどの問題点があり，
原始筆界を確定しようとしても困難であることがほとんどである。そ
うすると，筆界が不明確である場合にこれを法律上確定する手続が必
要であるが，その機能を担っている訴訟類型が「筆界確定訴訟」であ
ると理解することができる。この意味では，筆界確定訴訟は，形式的
形成訴訟ではあっても，土地の所有権に関連する紛争解決のために不
可欠な制度であると理解するべきである。

5　筆界確定訴訟の効力

　以上のとおり，筆界の問題と所有権界の問題は理念的には区別され
るが，紛争実体としては密接に絡み合っている。そして，筆界確定訴
訟は筆界の問題が所有権界と理念上は区分されることに起因して，法
的性質としては形式的形成訴訟であると解されている。しかし，筆界
確定訴訟は，原始筆界も含めて筆界が不明なことに起因する所有権紛
争解決の前提となる不可欠な訴訟類型で，かつ筆界の確定に関する最
終的な解決手段であるということになる。

　調査士は，筆界特定がなされ，又は不動産登記法14条1項の地図が備
置された場合には筆界が確定したと認識しがちであるが，それは行政
庁である法務局の判断として筆界が確定したにすぎず，いわば「筆界
の一応の確定」というべきものである。何人も争えないような形で筆
界を確定するには筆界確定訴訟によるしかない。

　このような筆界確定訴訟については，その判決に以下のような効力
があることに留意を要する。

① 　筆界確定訴訟の判決には対世効がある。

　　民事訴訟法115条1項は，

　「確定判決は、次に掲げる者に対してその効力を有する。

　一　当事者

　二　当事者が他人のために原告又は被告となった場合のその他人

三　前二号に掲げる者の口頭弁論終結後の承継人

四　前三号に掲げる者のために請求の目的物を所持する者」

と定めており，民事事件の判決は，当事者間においてのみ効力を有するのが原則である。裁判手続においては，当事者には自らの権利を守るために十分に主張・立証する手続的保障が必要となるが，判決の効力もその範囲でしか生じないのが原則なのである。

　これに対し，筆界確定訴訟は「対世効」があると解されている。すなわち判決の効力が当事者だけではなく第三者にも及ぶ（なお，一定の行政訴訟には第三者効（対世効）が認められている（行政事件訴訟法32①参照）。）。すなわち，筆界確定訴訟においては当該訴訟によって決められた筆界が当事者によって異なることとなったのでは筆界を確定する意味がなく，境界の所在について相反する判決が複数存在したのでは公法上の境界である筆界の所在について混乱を招き，ひいては登記手続に支障を来すことになる。このように考えると，筆界確定訴訟の効力は広く第三者を拘束すると解する必要があるのである。したがってまた，隣地の権利関係が共有である場合には，筆界確定訴訟は，当該共有者全員を相手方として提起する必要がある（必要的共同訴訟）。

②　筆界確定訴訟の判決は登記官を拘束する。

　次に，筆界確定訴訟において判決があった場合，その判示内容は登記官も拘束する。したがって，筆界確定訴訟の確定判決表示の地積測量図に従って地積更正登記を申請すればそれは無条件で受理される。また，筆界確定訴訟の確定判決で示された筆界は法律上も確定して争うことができないのであるから，当該判決添付の地積測量図に基づいて不動産登記規則16条の地図訂正を求めることができる。

③　筆界確定訴訟には取得時効の更新（中断）効がある。

　判例（最判昭38・1・18民集17・1・1）は，「境界確認の訴え」が提起さ

れた後に，所有権確認訴訟に交換的変更がなされた事案において，境界確認の訴え提起時点に遡って，係争部分の土地の取得時効の「中断」を認めた。この結論は，筆界確定訴訟が所有権訴訟としての一面を持っていると考える余地もある。なぜなら，形式的形成訴訟であれば単に公法上の境界の確定を求める手続であり，所有権に基づく権利行使にはならないと考えられるからである。しかし，どのような権利行使によって時効の更新（中断）の効果を認めるかは，民法147条1項の解釈の問題であって，筆界確定訴訟の成立と必ずしも論理必然の関係にはないと考えるべきである（なお，**第4章**参照）。

　また，後掲本節6の【**参考判例3**】（最判平元・3・28判時1393・91）は，「境界」確定訴訟と明渡請求訴訟が併合提起された場合において，境界確定訴訟に時効中断効を認めておらず，近時，筆界確定訴訟は，実務上，純粋な形式的形成訴訟であると解されていることを考え併せると，筆界確定訴訟の提起によって当然には係争部分の取得時効が更新（中断）するとは限らないと考えるべきである。

　このように，形式的形成訴訟である筆界確定訴訟には対世効が認められ，処分権主義も適用されない（上記②参照）という特徴がある。しかしながら他方，形式的形成訴訟といえども通常の民事訴訟の手続によって行われるのだから，当事者の主張する範囲外の筆界を認定しようとする場合，当該境界線を判決書において図面を添付するなどして特定する必要があることは当然である。そして，そのように確定された筆界についての図面は，何らかの形で証拠資料となっていないと判決書に利用できないはずである。したがって，裁判所が当事者の主張する以外の筆界を認定する場合であっても，裁判所は，心証を得た境界について何らかの手続によって証拠資料化する必要がある。この場合，当該検証等の証拠調べ手続には当事者が参加するのであるから，形式的形成訴訟であるとしても，実務上は手続保障の侵害となるおそれはさほど大きくないと考えられる。

キーワード：判決の対世効
　判決の効力が当該訴訟の当事者だけではなく第三者にも及ぶこと

【参考判例2】：最判昭58・10・18民集37・8・1121
＜事案の概要＞
　甲地の所有者Xが隣地乙地の所有者Yを被告として「境界確定の訴え」を提起したところ，Yは係争部分を時効取得したとの予備的主張を提出した（主位的には筆界を争う，と主張）。原審（大阪高裁）は，取得時効についてはYの主張を認め，甲地と乙地の筆界については，Xの主張する筆界線の一部を認定した。
　これに対しXが，係争部分について時効取得が認められる以上，甲地と乙地は境界を接していないことになるから，Yは境界確定の訴えについて原告適格がない，したがって，甲地と乙地の境界を示した原判決の判断は不適法であると主張して上告した。

＜判示事項＞
　これに対し，本判決は，以下のとおり判示してXの上告を棄却した。
　すなわち，公簿上甲地と乙地は相隣接する関係にあり，係争土地は公簿上甲地の一部である。そして，時効取得の成立する部分がいかなる範囲で甲地又は乙地に属するかは，両土地の境界がどこにあるかが明確にされることによって定まる関係にあり，甲地と乙地の境界が不明確なままでは紛争の抜本的解決はあり得ない。例え係争土地についてYが取得時効によって所有権を取得したことが明らかになったとしても，係争部分を第三者に譲渡する場合には当該土地部分をYにおいて甲地から分筆して所有名義を変更した上，その所有権移転登記手続をする義務があり，その手続のためにも両土地の境界が明確にされていることが必要とされ

る。そうすると，甲地と乙地境界を確定する必要があり，Xは，境界確定の訴えにつき当事者適格がある。

　この判決については，「甲、乙両地の境界線は、X、Yの所有地の範囲とは関係なしに、形成的に客観的に確定されるべきものであ」る，とする判例評釈がある（浦野雄幸『判例不動産登記法ノート(4)』44頁（テイハン，1997））。

　現在，本件のような境界紛争が生じたときには，そもそも筆界確定の訴えにおいて取得時効の主張をなし得るのか，が問題となると思われる。

6　筆界特定と筆界確定訴訟

(1)　筆界特定を争う方法

　筆界特定制度における実務上の留意点については**第4章第1節**で述べるが，筆界の特定がなされた場合，当該筆界の特定は行政処分ではないので行政処分の取消訴訟などの手段によって争うことはできないと解されている。すなわち，筆界特定手続における筆界特定登記官の判断は，不動産の表示の登記に関する登記申請の受理権限のある登記官が，筆界の所在について「特定」したものであって処分性はないので行政処分に該当しない。したがって，こういった筆界特定の結果を争うためには筆界確定訴訟を提起する以外に方法はない。

　なお，その他の登記官による処分については，不動産登記法156条1項において，「登記官の処分に不服がある者又は登記官の不作為に係る処分を申請した者は、当該登記官を監督する法務局又は地方法務局の長に審査請求をすることができる。」と定めるが，同条2項において「審査請求は、登記官を経由してしなければならない。」とされており，当該登記官に対して、審査請求することができる。なお，これは，処分した登記官に対して再考を促す趣旨であり（山野目章夫『不動産登記法（増補）』511頁（商事法務，2014）），行政不服審査法の特則となっている。したがって，手続保障の侵害となるおそれはさほど大きくないと考えられる。

> キーワード：審査請求
> 　行政庁による判断に対し，当該判断を下した行政庁又はそれ以
> 外の行政庁に対して不服申立てを行うこと

(2)　筆界確定訴訟の問題点

　以上のとおり，筆界確定訴訟を提起すれば筆界特定の結果も覆すことができその確定判決は登記官も拘束する。したがって，筆界確定訴訟は，一連の筆界紛争に関する制度の中で究極の筆界確定手段であると解されるのであるが，筆界確定訴訟が筆界紛争の解決手段として万能であるとは限らない。

　実務上，筆界確定訴訟を提起するためには登記可能な図面（地図）を添付する必要があるが，最終的に筆界が確定されるのは対象土地の権利者との間であり，訴訟告知などの手続が取られない限り関係土地の権利者は当該訴訟には参加しない。ところが，筆界確定訴訟の判決は対世的な効力を持つのであるから，関係土地についても当該判決は効力があり，関係土地所有者は自らの関与しない筆界確定訴訟の結果を争えなくなる。

　また，そもそも裁判所は証拠の評価については厳密な手続によって事実認定するが，筆界の所在の判断に関しては必ずしも登記官よりも能力が高いとは言い切れないと言ってよい。

　他方，現在の制度においては，筆界特定の申請又は筆界ＡＤＲを経ないで筆界確定訴訟を提起することは妨げないが，制度的には，一旦筆界特定を申請し関係土地も含めた確定測量を行った上で筆界の特定がなされないと筆界確定訴訟を提起できないという制度にするか，又は実務上そのように取り扱うことが望ましい。もちろん，まれにではあるが一旦なされた筆界特定の結果が筆界確定訴訟によって覆されることもあるが，筆界は公法上の境界である以上，一旦は筆界を管理する行政庁である法務局の判断を前提として筆界確定訴訟を提起した方が合理的である。

　なお，不動産登記法147条は，筆界特定がなされた場合において筆界
確定訴訟が提起されたときは，裁判所は「登記官に対し，当該筆界特
定に係る筆界特定手続記録の送付を嘱託することができる。」として
おり，筆界確定訴訟において当該資料を前提として判断することがで
きる。実務上の運用としても，筆界特定がなされないまま筆界確定訴
訟が提起された場合には，当事者に筆界特定申請を行うよう促すこと
が合理的である。

　また，古い時代になされた再現性の低い地図の添付された筆界確定
訴訟の結果をどのように取り扱うかも問題となり得る。この問題点に
ついて論じた文献は見当たらないが，筆界確定訴訟の判決が確定して
いても，当該判決に添付された地図が再現不可能あるいは著しく困難
である場合には筆界特定申請が可能であると解する余地はあるように
思われる。

　なお，現状，不動産登記法14条1項地図が備置される最大の機序は，
国土調査，区画整理などによって，一団の土地の測量がなされその結
果が法務局に送付されることであるが，これらの地図との関係でも上
記と同様の問題は生じる。筆界確定訴訟の判決に表示された地図は登
記官も拘束すると解されているのであるから，勝訴判決を得た当事者
は判決に基づいて地図訂正が可能なはずであり，その場合，国土調査
の結果によって備置された関係土地の同法14条1項地図との矛盾が生
じる可能性が否定できない。

　【参考判例3】：最判平元・3・28判時1393・91
　＜事案の概要＞
　1　前訴の経緯
　　本件係争土地は，a番bの土地から分筆されたものであるが，a番b
　の土地については，分筆前の所有者Aがa番cの土地との間において境
　界の確定を求める訴えを提起するとともに,本件土地の明渡しを求めた。
　これに対し，被告Bは，両土地の境界がAの主張する線であったとして
　も，本件土地部分を時効取得した，と主張した。この訴訟については，

前訴でAが境界確定及び明渡しを求めて訴えを提起し，前訴の控訴審である京都地裁（第一審は京都簡裁）は，境界については，Aの主張を認めた上で，Bの取得時効の抗弁を認めて明渡請求を却下し，当該判決は確定した。

2　訴訟の概要

そこで，Bは所有権を時効取得した，として，時効取得を原因とする所有権の移転登記請求を行ったのが本件訴訟であるが，A（の承継人）は，筆界確定訴訟には時効中断の効果があると解されるところ，Aの提起した前訴においてAの主張する境界を確認する判決がなされ，それが確定しているのであるから，判決確定のときから新たに取得時効が進行することになり，本件土地については取得時効が完成していない，と主張した。

＜判示事項＞

このような事案において，原審は，Aの主張を認めて取得時効の完成を認めなかったのであるが，本件判決は，「一般に、所有者を異にする相隣接地の一方の所有者甲が、境界を越えて隣接地の一部を自己の所有地として占有し、その占有部分につき時効により所有権を取得したと主張している場合において、右隣接地の所有者乙が甲に対して右時効完成前に境界確定訴訟を提起していたときは、右訴えの提起により、右占有部分に関する所有権の取得時効は中断するものと解される」として，従前の判例の立場を踏襲した上で，「土地所有権に基づいて乙が甲に対して右占有部分の明渡を求める請求が右境界確定訴訟と併合審理されており、判決において、右占有部分についての乙の所有権が否定され、乙の甲に対する前記明渡請求が棄却されたときは、たとえ、これと同時に乙の主張するとおりに土地の境界が確定されたとしても、右占有部分については所有権に関する取得時効中断の効力は生じないものと解するのが相当である。」と判示して，Bの主張する取得時効については，中断が生じていない旨を指摘し，原審に一部破棄差戻しとした。その理由としては，「乙の土地所有権に基づく明渡請求訴訟の提起によって生ずる当該

明渡請求部分に関する取得時効中断の効力は、当該部分に関する乙の土地所有権が否定され右請求が棄却されたことによって、結果的に生じなかつたものとされるのであり、…これと併合審理された境界確定訴訟の関係においても、当該部分に関する乙の所有権の主張は否定されたものとして、結局、取得時効中断の効力は生じないものと解するのが、境界確定訴訟の特殊性に照らし相当というべきであるからである。」と判示している。

　この判決の射程距離は明らかでないが，現時点では，筆界確定訴訟と所有権確認ないし所有権に基づく明渡訴訟が併合提起された場合において，所有権が認定されなかったときは筆界確定訴訟にも「時効中断」の効力はない，と判示したにとどまると考えるべきであろう。

コラム２	否認と抗弁

　本章第４節で述べたとおり，裁判手続は権利の存否を確定する手続であり，実務上権利は法律の規定によって得喪変動する。そして，訴訟を提起する者（原告）は，訴訟物の根拠となる法律上の規定に定められた請求原因事実を主張・立証する必要がある。

1　請求原因と相容れる事実・相容れない事実

　これに対して，被告としては，請求原因事実の存在を争うか，請求原因事実に係る権利が消滅した又は発生に当たって障碍があったなどの事実を証明して争うことになる。裁判実務上，前者を「否認」というが，否認に当たってはその理由となる具体的事実を主張することになり（否認理由），この否認理由は請求原因事実と相容れない事実（矛盾する事実）となる。これに対し，後者は請求原因事実と相容れる事実であり，「抗弁」と言われる。つまり，請求原因と相容れない事実を主張することは理由

付否認であり，相手方が立証責任を負う事実を争うことを意味し，請求原因事実と相容れる事実を主張するのが抗弁であり，主張する者が立証責任を負う。

　さらに抗弁に対し，同様に相容れる事実を主張してその効果を争うのが再抗弁であり，実際の訴訟は，主要事実を否認し，仮定的に抗弁，再抗弁などが主張されて，複雑に要件事実が絡み合っていくことになる。

2　否認と抗弁の具体例

　少しわかりにくいので，具体的な事例で説明しよう。

　例えばAがBに対して，売買契約に基づく所有権の移転の登記手続を求めて訴訟提起した場合を考えよう。Aがこのような訴訟を提起するに当たっては，

「BはAに対して，令和○○年○○月○○日，別紙物件目録記載の土地を代金○○万円で売った。」

という具体的な事実を主張・立証する必要がある。

　これに対して，被告となったBは，このような売買契約は存在しない（例えば，第三者がBの名義を冒用して売買契約書を偽造した。）と主張して争うこともできるが（否認），Aが売買代金を支払わないので売買契約を解除した，と主張することもできる。後者の場合，Bは，Aが履行遅滞に陥った事実（例えば，履行期の定めとその経過）と解除の意思表示がAに到達した事実を主張・立証することになるが，こういった事実は，売買契約そのものと矛盾するものではなく，売買契約があったことを前提として，更に解除によって売買契約の効力が失われたことを主張することになる。したがって，Bの解除の主張は抗弁ということになる。

第 3 章

不動産の表示の登記
に関する業務

　以上の整理に基づいて，まず，現在調査士の中心的な業務となっている不動産の表示の登記に関する業務について，実務上の問題点を検討しておくこととする。

第1節　不動産の表示に関する登記に必要な調査又は測量（土地家屋調査士法3条1項）に基づく売買契約に伴う測量等の実施

　調査士法3条1項1号は，「不動産の表示に関する登記について必要な土地又は家屋に関する調査又は測量」を調査士の業務とする。他方で，調査士は，土地の売買契約に当たって筆界に関する調査測量を依頼されることが多いが，結論から言えば土地などの売買契約に当たって対象土地の筆界に関する調査ないし測量を依頼された場合において，必ずしも地積更正登記，分筆登記等の登記申請代理に至らなかった場合でも，調査士法3条1項の業務として行うことができる，と解すべきである。

1　土地売買契約の実際

　そこでまず，不動産特に土地の取引（売買契約の締結及びその実行）が，どのような手順で行われるかについて見ておこう。現在，不動産仲介業者（宅地建物取引士）を通じて最も一般的に行われている土地売買の手順は，おおむね以下のとおりである。

① 　不動産業者を通じた取引情報に対して，購入意図のある買主が不動産業者から情報を取得する。大規模な不動産取引においては，情報の開示に当たって守秘義務契約（「ＮＤＡ」又は「ＣＡ」）が締結されることになる。

② 　買主が購入を希望する場合，価格を提示し，不動産業者が売主と
の間の価格を調整する。

　　この過程で行われる不動産業者の仲介行為は，法律的には「仲立」
行為である。仲立行為は何らかの合意の成立に向けて尽力すること
を意味し，不動産業者は売主，買主いずれの代理人でもない。それ
ゆえ，不動産業者は，売主，買主双方から法定の仲介手数料を収受
することも許される。なお，買主側にも仲介業者が存在する場合，
仲立行為は，不動産業者間において行われる。

③ 　売買価格に折り合いがついた場合には，引渡日時，決済方法など
の売買契約条項の詳細についての打合せがなされ，不動産売買契約
書のドラフトが提示される。不動産仲介業者が介在する場合には各
業界団体（公益社団法人全国宅地建物取引業協会連合会，公益社団
法人全日本不動産協会など）を通じて，国土交通省（以下「国交省」
という。）の監督下で制定された売買契約書のひな形を利用するの
が通常である。

④ 　売買契約の締結に先立って，買主に対して，宅地建物取引士の作
成した「重要事項説明書」が交付され，宅地建物取引士からその内
容が説明される（宅地建物35〜37参照，いわゆる「読み聞け」）。

　　この重要事項説明書は，我が国の不動産取引において営む機能は
極めて重要である（なお，後掲本章末尾　コラム3　参照）。そして，
重要事項説明書においては，土地が対象の場合，その境界の状況に
ついても記載することが求められている。

⑤ 　重要事項説明書の交付が終わると，売買契約が締結され契約内容
に従って手付金等が収受される。売買契約に当たって，相当額の手
付金が収受される場合には，所有権の移転の仮登記がなされること
があり，その場合は売買契約の締結に司法書士が立ち会うことにな
る。

　手付については，我が国における取引慣行では，売買代金総額の20％程度が一般的であり，10％程度を手付金とする場合には仮登記による保全を行わないことが多い。手付の法的性質については，解約手付すなわち売買契約の解除権の留保及びこれに伴う損害賠償額の予定であると解するのが一般的である。したがって，売買契約において引渡し又は移転登記手続等の履行の着手がない限り，買主は手付又は売買代金額の20％相当を支払って，売主は受領した手付金を返還した上で売買代金額の20％相当を支払って，解除事由がなくても当該売買契約を解除することができる，と約定されるのが一般的である。

⑥　最終的に，売買契約に従って決済がなされるが，その際には司法書士が立ち会って，担保権者からの担保解除書類を受領し，売主，買主双方の依頼を受けて売買契約に基づく所有権の移転の登記手続を実行することになる。

⑦　こういった売買契約が，いわゆる住宅ローンを利用する場合には，住宅ローンの審査が通らなかったときは，無条件に当該売買契約は効力を失う旨の条項が約定されることがある（ローン条項）。住宅ローンの審査においては，当該不動産の価値及び債務者（買主）の支払能力などから住宅ローンの可否が機械的に審査されるので，この条件を満たさないときは売買契約の効力が喪失する旨の条項には合理性があると解される。

キーワード：ローン条項

　住宅の売買契約において，住宅ローンの審査が通らなかったときは，無条件に当該売買契約は効力を失う旨の解除条件が約された条項

2　近時の不動産取引と「境界確定」

　以上のような不動産取引において，近時ますます重要性を増しているのが境界（筆界）の状況である。20〜30年ほど前の不動産売買契約においては，境界が完全に特定はできないことを前提として契約が締結される傾向があり，対象土地の境界については「売主は境界を明示するものとする。」と言った条項で済まされることが多かった。しかし，近時は「隣地の所有者との間で境界を確認し，その書面（境界確認書）を提出するものとする。」と言った境界の何らかの「確定」が要求されるようになっている。

　しかし，不動産取引で言われている「境界の確定」は，必ずしも調査士が筆界を調査しその結果に基づいて筆界確認書を作成することは意味しておらず，不動産業界においては現況の占有範囲に基づいて地積測量図を作成しこれを確認すれば足りるという認識が一般的である。しかし，このような「境界」を表示した図面に当事者が署名，押印した場合にどの程度の効果があるかは極めて疑問である。前述（第２章参照）のとおり，当事者間の合意によっては筆界を異動することはできない上，所有権界の確定についてもさほど有効な手段ではないと言わざるを得ない（なお，本章第２節参照）。

3　土地家屋調査士法3条2項との関係

　他方，調査士の業務に関しては，後述の測量法との関係で測量士との間の業際問題が存在するが（本章第３節参照），まず，地積更正登記，分筆登記など不動産の表示に関する登記の代理の依頼を受け，これを受任した場合，調査士が当該土地の調査及び測量を行うことができるのは明らかである。後述（本章第２節参照）のとおり，地積更正登記，分筆登記などの登記申請の本質的な要素は地積測量図にあるというべ

きであり，それらの登記申請代理権限は当該土地の測量権限及びその
前提となる筆界の調査権限を前提とするからである。

　したがって，明確に登記申請の代理を依頼された場合において，筆
界の調査を行った結果，結果的に登記申請に至らなかった場合であっ
ても，当該調査士の行った調査ないし測量は，調査士法3条1項による
ものではなく同条2項の業務として行われたものであると考えられる。

　というのも，もし仮に調査士が，何らかの不動産についての測量な
いし調査を不動産の表示の登記に関する登記の申請代理を前提として
しか取り扱えないのであると仮定した場合，調査士法3条2項による調
査士の権限は登記申請代理を前提とした調査ないし測量を含んでいる
から，同法3条1項の規定は全く不要となってしまうからである。

　このように考えれば，調査士法3条1項1号に定める「土地又は家屋に
関する調査又は測量」とは，「不動産の表示に関する登記の申請手続又
はこれに関する審査請求の手続についての代理」（調査3①二）には該当
しないが，「不動産の表示に関する登記について」の必要な土地又は家
屋に関する調査又は測量を意味すると考えることができる。他方，地
積は不動産の表示の登記において最も重要な登記事項の一つであり，
かつ筆界の確定によって当該土地の地積が変動することを考えると，
「表示に関する登記の申請…の代理」を前提としない，売買のための
筆界の調査ないし地積測量の依頼は，同法3条1項の業務として調査士
の業務権限に属すると考えるべきである。

　ただし，筆界の調査を必要としない現況測量については，後述の測
量法との関係で調査士の権限に属するのか疑問が残るので（**本章第3
節参照**），そのような依頼の受任に当たっては注意を要する。すなわ
ち，筆界の調査を含む依頼であるかどうか，依頼者の依頼の趣旨を確
認することが必要となる。この点，一筆の土地の範囲は公法上の境界

である筆界によって画されるので，「12番地3の土地」の地積測量を依頼された場合，当該土地の範囲がどこまでかを調査の上判断する必要があるから，特段の事情がない限り筆界調査を含む依頼として調査士法3条1項1号の業務の依頼であると解することができる。

第2節　不動産の表示に関する登記の代理（登記申請代理人と地積測量図作成者の一致）

　次に，調査士法3条1項2号は，調査士の業務として「不動産の表示に関する登記の申請手続又はこれに関する審査請求の手続についての代理」を定め，これが調査士業務の中核的な業務となっていることは間違いない。しかし，今後調査士の業務範囲を拡大し，不動産取引における調査士の地位をより確かなものとするためには，現在の調査士実務において行われているやり方も問題がないとは言えない。

1　不動産の表示の登記に関する登記申請行為の本質

　まず，現状，例えば地積の更正の登記申請に当たって調査士が代理人として申請する場合において，地積測量図の作成者は登記申請の代理人と一致する必要があるが，この事実は，一般にも，不動産業者にもあまり知られていない。

　この取扱いは，法律ないし省令などの根拠があるものではないが，よく考えてみると不動産の表示に関する登記申請行為の本質的な要素から導かれる当然の取扱いである。すなわち，権利の登記に関しては，当該権利変動があったかどうかについて司法書士が確認義務（立会義務）を負っているが（第1章末尾 コラム1 参照），不動産の表示に関

する登記については，登記義務者，登記権利者を観念する余地はない。不動産の表示に関する登記は，表題部に表示された事項について正確な内容に変更ないし更正することを目的としており，少なくとも地積更正登記，分筆登記，合筆登記に関しては，当該申請書に添付された地積測量図が登記申請の最も本質的な要素である。それゆえ，「申請代理人が地積測量図を作成しなければならない。」のではなく，「地積測量図の作成者が登記申請書を作成しなければならない。」と理解すべきである。

　この点に関連して，弁護士は，その権限としてあらゆる法律行為の一切について代理権を有するので理論的には不動産の表示に関する登記申請の代理人となることができるはずである。ただし，上述のように考えれば，その場合，登記申請代理人となっている弁護士自身が測量を実施し，弁護士の作成名義にかかる地積測量図を作成して添付する必要がある。それでは，例えば弁護士法人に勤務している調査士（現時点ではそのような例はないが）が作成した測量図を添付して，弁護士法人が申請代理人となって不動産の表示の登記の申請を行った場合はどうか。理論的には，測量図を作成した法人が申請代理人となっているのであるから，この登記申請は受理されてよいはずであるが，このような事例が実際に問題となったことはないし，また，仮に申請されたとしても不受理となる可能性が大であるように思われる。

　なお，同様の問題は，土地家屋調査士法人と使用人たる調査士との間にも生じる（詳しくは**第7章第2節参照**）。

2　境界の「確定」

　次に，近時の不動産取引との関係でやや問題があるのは「筆界確認書」の作成による筆界の確定の効果である。

① 一応の確定

　まず，隣地所有者との間で調査した推定筆界線に基づき筆界確認書を作成して，当該推定筆界線に基づく登記申請が受理された場合，又は筆界特定手続によって筆界線が特定された場合には，当該筆界線に基づく不動産の表示に関する登記の申請が可能となる。その意味で，このようなケースにおいては，筆界は「一応の確定」はしている，と言ってよい。一応の確定というのは，特定の登記申請が法務局によって受理されたことは当該筆界線を行政庁が認めたことを意味するにすぎず，筆界確定訴訟によって当該筆界線が覆される可能性があるからである。なお，本書においては，以下，このような段階の筆界の確定を「一応の確定」と呼ぶ。

　この場合において，現況の占有範囲と推定筆界線との間に離齬を来すことが十分に考えられ，そのことが境界紛争の原因ともなっているのである。

② 法律上の確定

　これに対して，筆界確定訴訟が提起されて筆界が法律上も確定したときは，判決に表示された筆界線は対世的効力を有しており判決当事者以外の第三者も争うことができなくなる。また，当該筆界線に法務局も拘束されることになる(筆界確定訴訟の効力については，第2章第4節参照)。したがって，この場合筆界は法律上も疑義を挟む余地なく確定しているというべきである。

③ 不動産取引における確定（占有範囲の確定）

　以上に対して，ほとんどの不動産業者を含む現状の不動産取引においては，筆界の確定（前述の一応の確定を含む。）についての意識がほとんどない。現況の占有範囲を前提として測量を行って地積測量図を作成し，これに利害関係人の確認を受ければ境界問題は解決する，といった程度の問題意識しか有していない。しかし，そもそ

も境界問題は，現状の占有範囲と公法上の境界がずれているからこそ生じるものであり，このような合意によって筆界を変動し得ないことは前述のとおりである（第2章参照）。

3 不動産取引と境界確認書

不動産の取引実務において，このような取扱いが慣行的になされているのは，一つには筆界は当事者の合意によっては異動できないという基本的な事柄についての無理解が原因であり，さらに，占有範囲を確認することによって，多くの場合取得時効によって所有権界が確定することを期待しているのではないかと推測される。しかし，所有権界との関係においても，現況の占有範囲を測量しこれに基づく地積測量図に確認を受けても，時効援用権喪失の効果をもたらすとは限らないのであって所有権界の確定には至らない，と考えられる（なお，第4章第7節参照）。

このように，不動産取引における実務慣行としては，現況測量図に基づく地積測量図を「境界確認書」ないし「筆界確認書」などとして，これをもって筆界が確定したとする取扱いを行っていることが少なくない。このような不動産取引における誤謬の原因としては，調査士による境界問題に対する啓蒙活動が不十分であることも考えられ，今後，境界紛争ゼロの実現に向けて，調査士業界から情報発信していくことが重要である。

第3節 土地家屋調査士法3条と他の規定との関係

1 測量法の定める測量業務

以上のような調査士の不動産の表示の登記に関する業務は，筆界の

調査とともに調査の結果得られて推定筆界線に基づいた対象土地の地積測量を伴うことになる。そこで，まず，測量法が「測量」業務についてどのように定めているかを，以下概観する。

　測量法3条は，「この法律において「測量」とは、土地の測量をいい、地図の調製及び測量用写真の撮影を含むものとする。」と定めており，調査士の行う調査士法3条に基づく測量及び地積測量図の作成も測量法にいう「測量」に該当する。さらに測量法は，測量の種類として以下のものを定義する。

① 基本測量

　「基本測量」とは，すべての測量の基礎となる測量で，国土地理院の行うものをいう，と定義される（測4）。

② 公共測量

　「公共測量」とは，基本測量以外の測量で，その実施に要する費用の全部又は一部を国又は公共団体が負担し又は補助して実施する測量（測5①一）及び基本測量又は前号の測量の測量成果を使用して特定の事業のために実施する測量で国土交通大臣が指定するもの（測5①二）を言うとされる。

③ その他の測量（基本測量及び公共測量以外の測量）

　「基本測量及び公共測量以外の測量」とは，基本測量又は公共測量の測量成果を使用して実施する基本測量及び公共測量以外の測量をいう，とされる（測6）。ここでいう「基本測量又は公共測量の測量成果」とは，基準点を含む測量標その他の基本測量及び公共測量の結果得られたあらゆる情報を意味すると解される（なお，測量法研究会編『（逐条解説）測量法』（大成出版社，2005）には，「測量成果」についての解説はない。）。

　したがって，調査士が実施する不動産の表示の登記に関する測量
も，本来は，測量法6条に定める「測量」に該当すると考えられる。

測量法の定める「測量」行為の種類

① 　基本測量（測4）

② 　公共測量（測5）

③ 　その他の測量（基本測量及び公共測量以外の測量）

2　測量法の適用除外

　他方で，測量法2条は，「土地の測量は、他の法律に特別の定めがある場合を除いて、この法律の定めるところによる。」と定めるが，調査士法3条1項において測量を調査士の権限と明確に定めている以上，調査士の行う同法3条1項各号に基づく調査士の業務は，測量法2条に言う「他の法律に特別の定めがある場合」に該当することは明らかであって，同法3条に基づく調査士の業務は測量法の適用除外となる。

　他方で，土地家屋調査士法施行規則（以下「調査士規則」という。）29条は，調査士法人の業務範囲（調査規29）について定める。調査士規則29条の定める業務は，調査士法3条1項1号から6号までの業務を基本としており，個人としての調査士と調査士法人とでその業務範囲を異にする理由はないから，個人としての調査士について明文の規定はないものの，調査士規則29条の定める業務は個人としての調査士も遂行することができると考えられる。ただし，調査士規則29条の定め自体「土地の筆界の資料及び境界標を管理する業務」（調査規29二），「調査士又は調査士法人の業務に関連する講演会の開催、出版物の刊行その他の教育及び普及の業務」（調査規29三），「法第3条第1項各号及び前各

号に掲げる業務に附帯し、又は密接に関連する業務」(調査規29五) とい
った抽象的な規定にとどまっており，調査士法3条1項1号の業務の限
界がどのあたりかについては，具体的な基準とはなり得ていない。

3　その他の法律との関係

　他方で，測量法2条にいう「他の法律」には，都市計画法，自然公園
法，河川法，土地収用法などが該当するとされているが (測量法研究会
編『(逐条解説) 測量法』28頁 (大成出版社，2005))，農地法 (特に農地転用
許可手続)，都市再生特別措置法なども上記各法令と特段区別する合
理性はなく，同条にいう「他の法律」に当たるというべきである。し
たがって，これらの法律に基づく開発主体ないし事業主体等は，測量
法の適用除外として対象土地の「測量」を実施することができる。

　問題は，これらの測量法の適用除外を受ける実施主体から，調査士
が委託を受けて測量を実施することができるかである。この点，測量
法は「委託その他いかなる名義によるかを問わず，報酬を得て測量の
完成を目的として締結する契約は請負契約と、これらの契約に係る測
量を行なう営業は測量業とみなして、この法律の規定を適用する。」と
定めているが (測59)，そもそも調査士が各事業者から受託できる業務
範囲は，調査士法3条1項各号の業務であると解される。したがって，
当該事業者が筆界の調査を伴う一応の確定を必要とする場合又は測量
の結果地積更正登記を行う可能性がある場合，具体的には，調査士法
3条1項1号の業務あるいは「これに附帯し，又は密接に関連する業務」
として，調査士の業務範囲にあると解することができる (なお，**本章
第1節**参照)。

4　測量行為と土地家屋調査士業務の棲み分け

　以上のとおり，調査士法と測量法においては現況測量その他筆界ないし境界との関連性のない測量については測量士の業務とし，土地の表示の登記に関する調査，測量及びこれに附帯し，又は密接に関連する業務として測量を行う場合は調査士の業務範囲であると棲み分けしていると理解される。なぜなら，測量士筆界の調査権限もその知見も有していないと解されるからである。

　他方，非調査士が現況の占有範囲に基づいて，境界確認書ないし筆界確認書を作成することは，調査士法68条及び同74条に抵触することになる（なお，調査士法68条は「業とする」を要件としており，対価の有無を問わないことに注意を要する。）。

　これに対し，筆界の調査を伴わない測量業務（現況の占有範囲に基づく地積測量は，当該不動産の地積更正登記その他表示の登記とは無関係であることに注意を要する。）は調査士法3条に基づく調査士の権限外となる。したがって，調査士が依頼者から地積測量を含む業務を受託するに当たってはこの点に十分に留意すべきである。

5　不動産登記事務取扱手続準則72条2項

　本章で取り扱う問題の最後に，不動産登記事務取扱手続準則（以下単に「準則」という。）72条2項の問題について簡単に触れておく。準則72条2項は，「分筆の登記を申請する場合において提供する分筆後の土地の地積測量図には，分筆前の土地が広大な土地であって、分筆後の土地の一方がわずかであるなど特別の事情があるときに限り、分筆後の土地のうち一筆の土地について規則第77条第1項第5号から第8号までに掲げる事項（同項第5号の地積を除く。）を記録することを便宜省略して差し支えない。」と定める。

　土地の分筆登記の申請に当たっては，近時（平成17年不動産登記法

改正以降）分筆後の従前地の地積測量図を添付することが要求されて
いるが，この取扱いは上記準則72条の反対解釈により導かれる。

　準則72条2項の運用については，登記官の裁量によるところも影響
していると思われるが，同条にいう「特別の事情」については，分筆
後の土地と直接に関連性のない筆界について境界紛争がある場合など
はこれに当たらないというべきである。なぜなら，他の境界について
筆界確認書が徴求できないため従前地の残地について地積測量ができ
ない場合には，筆界特定手続又は筆界ＡＤＲによるべきであって「分
筆前の土地が広大な土地であって，分筆後の土地の一方がわずかであ
る」といったケースとは基本的に異なるからである。こういった場合
も含めて，「特別の事情」の適用については慎重に検討される必要があ
る。

コラム3	重要事項説明書の意義と機能

　我が国における最も一般的な不動産取引の手順は，**本章第1節1**に概
説したとおりであるが，海外特に英米法系の国における不動産取引は全
く様相が異なる。

　アメリカなどにおいては，そもそも我が国のような不動産登記制度が
なく，取引対象不動産の内容を把握するためには不動産取引の記録がフ
ァイリングされたデータベースを調査するしかない。そして，売買にお
いても，いわゆる「エスクロー・エージェント」が一方で買主から売買
代金の預託を受け，他方で対象不動産についての「デュー・デリジェン
ス」（詳細調査，以下「デューデリ」という。）を行って，その上で最終
的な取引金額を決定して決済されることになる。なお，このデューデリ
には，所有権の所在，環境調査（環境デューデリ）なども含むことが一

般的であり，我が国においても大手デベロッパーなどによる大規模開発などにおいてはこれに近い取引形態がとられることがある。

　それでは，我が国においては，なぜこういったエスクロー取引は行われていないのかというと，その原因として，まず不動産登記制度が充実していることを指摘することができる。我が国の不動産登記には公信力（権利の存在を推測できるような登記などの外形がある場合には，真実の権利が存在しないときにも，その外形を信頼して取引をした者に対し権利が存在したのと同様の効果を認める効力）は認められないものの，平成17年の不動産登記法改正以降は，登記原因証明情報，本人確認情報などの制度が整備され，権利に関する登記については，登記上表示された権利者が真正であると信じてほぼ問題のない状況に至っている（いわゆる成りすましによる大規模な詐欺事件が世情を騒がせたことがあるが，こういった事例は，運転免許証等の本人確認書類の偽造が行われるか，担当司法書士の本人確認義務に落ち度があったか，いずれかの事案であるとしか考えられない。）。

　次に，不動産の表示の登記の登記事項は，必ずしも実体を正確に反映していないし，表示の登記に記載される事項以外にも当該不動産の性状，品質ひいては価値を決定する要素は多数存在する。例えば，電気・ガス・水道の利用状況，公租公課の金額，都市計画上の指定地域の区分，建築制限の有無，接道状況などである。そして，これらの不動産価格の形成に影響を与える要素を表示して，買主に情報提供する機能を営んでいるのが「重要事項説明書」なのである。重要事項説明書の記載事項は国土交通省の省令により詳細に定められており，その不実記載ないし過誤記載は当該仲介業者に対する損害賠償請求の対象となる。そして，一般的には不動産業者は業界団体を通じて保証会社と契約し，取引当事者に生じた損害は相当の確度をもって賠償されることとなっている。したがって，不動産の買主は，重要事項説明書に記載された不動産情報をほぼ信頼することができ，このことが我が国における不動産取引の安全の確保に大きく寄与している。

　したがって，我が国における宅地建物取引業法に基づく重要事項説明書の制度は，一種の簡易デューデリの機能を営んでいると言って差し支えない。そして，その裏返しとして，不動産仲介業者には3％（ただし，取引額400万円以上）という仲介手数料の収受が認められ（宅地建物46，昭45・10・23建告1552（令和元年8月30日国土交通省告示493号により改正）），他方で重要事項説明書を交付しない，又はその内容に虚偽記載があった場合には罰則が適用されるということになるのである。

第 4 章

新しい土地家屋調査士
業務

70

第1節　筆界特定手続

1　筆界特定手続の概要

　こういった境界に関する紛争解決手段として，平成17年の不動産登記法改正により新たに「筆界特定手続」制度（不登123以下）が新設された。

　不動産登記法上，「筆界」とは，一筆の土地と隣接する土地の境であり，「当該一筆の土地が登記された時にその境を構成するものとされた二以上の点及びこれらを結ぶ直線」である（不登123一）。そして，筆界特定とは，「一筆の土地及びこれに隣接する他の土地について、…筆界の現地における位置を特定すること」である（不登123二）。

(1)　筆界特定手続の申請

　筆界特定申請の申請人となり得るのは，土地の所有権登記の名義人，利害関係人（担保権者，用益権者，仮登記名義人等）などである（不登131①）。なお，当該土地が共有であるときは共有者の一人も筆界特定申請を行うことができる（平17・12・6民二2760）。

　筆界特定手続は，当該筆界の登記名義人等の申請によって開始されるが（不登131①），申請に当たっては，申請者は，登記官に対して，不動産登記法131条2項所定の筆界特定添付情報を提供しなければならない（なお，不登規209参照）。なお，調査士は特別の資格を要せず，筆界特定申請の代理業務を行うことができる（調査3①四〜六）。

　この筆界特定に係る隣接する土地が「対象土地」であり，「対象土地以外の土地…であって、筆界特定の対象となる筆界上の点を含む他の筆界で対象土地の一方又は双方と接するもの」が「関係土地」である。

　なお，筆界特定申請は，電子申請によって行うことも可能である。

(2)　筆界特定の審査，公告及び通知

　筆界特定申請があると，筆界特定登記官による審査がなされる。申請に伴う筆界特定情報が不動産登記法132条所定の要件を満たさないときは当該筆界特定申請が却下されるが，申請人は筆界特定登記官の定める相当期間内に補正すれば筆界特定申請は受理されることになる。筆界特定申請が受理された場合には，筆界特定登記官は，法務局の掲示場その他の場所にその旨掲示して公告する（不登133①）。さらに，筆界特定登記官は，①申請土地の所有者等の登記名義人であって申請者以外の者，②関係土地の所有権の登記名義人等に対して通知をすることを要する（なお不登規217）。関係人等に当該通知が到達しないときは，公示催告に準じた手続を行うことができ，公示（掲示）から2週間を経過したときは当該通知が利害関係人等に到達したものとみなされる（不登133②）。

　なお，筆界特定申請に対して，これが不受理となった場合には行政不服審査請求の対象となる（行政不服審査法2，なお不登156②参照）。

(3)　筆界調査委員による調査手続

　筆界特定申請が受理されると，法務局又は法務局長が指定する「筆界特定登記官」（不登125）によって手続が進められる。そして，「筆界調査委員」（不登134①）が指定され，筆界調査委員は，当事者に資料の提出を求め，必要に応じて事実の調査を行う（不登135）。この調査に当たって，筆界調査委員は，必要に応じて対象土地又は関係土地その他の土地の測量又は実地調査を実施し，申請人若しくは関係人等から事情聴取をすることができる（不登136）。

　他方，筆界特定登記官は，筆界特定までの間に，筆界特定の申請人ないし関係人等に対し，意見を述べ，資料を提出する機会を与えなければならない（不登140）。この意見聴取期日は，民事訴訟の口頭弁論期日等とは異なる性質のものであるが，筆界特定手続が境界紛争の解決

を目的とし，当事者に資料及び意見を提出する権能を付与したことから考えれば，当事者に十分にその機会を与える必要がある（山野目章夫『不動産登記法（増補）』267頁（商事法務，2014））。なお，意見聴取期日の経過については，筆界特定登記官が調書を作成して記録される（不登140④）。

（4）　筆界の特定

こういった筆界調査委員による事実の調査を経て，筆界調査委員は筆界特定登記官に対し，書面又は電磁的記録によって意見書を提出する（不登142，不登規230）。そして，最終的に筆界特定登記官が筆界調査委員の意見を踏まえて，「筆界特定書」を作成して筆界を特定する（不登144）。筆界特定書には，特定された筆界を表示する「筆界特定図面」が添付されるばかりでなく，「理由の要旨」として，当事者の主張する筆界線及びこれに対する判断が示される。このようにして，筆界特定登記官により筆界が「特定」された場合には，当該筆界特定図面に表示された筆界に従った表示の登記に関する登記申請は受理されることになる。また，筆界が特定された旨が不動産登記情報の表題部に登記されることになる。

また，筆界特定登記官は，筆界特定書の認証文のある写しを作成して交付することとされ（不登規232①），さらに，遅滞なく筆界特定した旨を公告するとともに利害関係人に対して，その旨通知することとされている（不登144①）。

2　筆界特定の効果

（1）　筆界特定と所有権界

このような筆界特定手続は，筆界特定登記官が筆界を「特定」するにすぎず，行政行為ないし行政処分には当たらない，と解されている。したがって，登記官による特定には，当該筆界を法律上「確定」する

効力はなく，筆界特定手続が申請されていても筆界確定訴訟を妨げないし，逆に筆界確定訴訟により筆界が確定済みの範囲については，筆界特定申請を行うことはできない。しかしながら，このような筆界特定手続は，裁判所よりも更に専門的な筆界特定登記官及び筆界調査委員によって行われるものであるから，事後的に筆界確定訴訟が提起された場合であっても，筆界特定の結果が重要な影響を与えることは否定できない。この観点から，筆界特定手続においても，隣地所有者等の利害関係人に立会い・意見聴取の機会が確保されるなど，その保護が図られている（不登136・139・140など）。

　なお，筆界特定手続の結果は所有権界を確定する効力はない。また，筆界特定がなされた場合には，当該土地の表題部にその旨表示されることにも留意を要する。

　(2)　筆界特定手続と筆界ADRの選択

　以上のような筆界特定手続の利用価値としては，まず，立会いによって当事者間における筆界確認ができなかった場合が考えられる。こういった場合，筆界調査の上確認を求めた推定筆界線と現況の占有範囲が一致しているにもかかわらず，相手方が署名，押印に応じないのであれば筆界特定手続を選択することになる。これによって，不動産の表示に関する登記申請が可能となれば依頼者の目的は達成するからである。これに対して，相手方に不満があっても筆界特定がなされている以上，相手方がその結果を争うには筆界確定訴訟を提起するほか手段はない。これに対して，立会いにおいて確認を求めた推定筆界線と占有範囲に乖離がある場合には取得時効が問題となる可能性が高い。したがって，そういった場合にはとりあえず筆界ADRの申立てを行うことが有力な選択肢となる。

　他方，事前に筆界特定手続を利用して紛争をある程度絞り込んだ上で，事実上所有権界を確定するために筆界ADRを利用するケースも

想定できる。この場合，筆界特定手続によって筆界が最終的に確定するものではないので，当該筆界に争いがある限り，筆界特定制度の利用によって筆界ADRの要件を満たさなくなるものではない。すなわち，筆界ADRは「筆界が現地において明らかでないこと」に起因する境界紛争を申立ての対象としているが，筆界特定手続による筆界の「特定」は，行政的に筆界が特定され当該筆界線に従って登記申請可能となったことを意味するにすぎず，当事者が特定された筆界について異議を唱えている場合には，筆界ADRの申立ては可能であると解すべきである。なお，特定された筆界線自体には異議はないが，取得時効が成立した旨の主張がなされている場合には，筆界特定を前提として，一般民事調停などの他のADR手続の申立てを行うことも可能である。

　また，筆界ADRが不調となり訴訟手続を利用することとなった場合でも，当該紛争の本質が筆界の確定にある場合には筆界確定訴訟を選択することになるだろうし，所有権紛争が中心となる場合には所有権確認訴訟（ないし明渡請求や移転登記請求）など直接に実体紛争を解決する訴訟提起を選択することになる。その意味で，土地家屋調査士会ADRは，仮に紛争解決に至らなくても，紛争の争点を明確化しその後の紛争解決手段の絞り込みが可能になるのであれば，十分にその機能を果たしている，と言ってよい。

　(3)　筆界特定制度と筆界確定訴訟の関係

　近時，筆界確定訴訟は，提起される数が激減しているようであるが，このことには筆界特定制度が大きく影響していると思われる。もちろん，筆界特定手続によって「特定」された筆界が，筆界確定訴訟によって覆される事例もまれに存在するが，筆界特定制度が境界紛争の性質を言わば振り分ける機能を有していると考えることができる。すなわち，筆界の特定によって，当事者間の紛争が，特定された筆界を前提として所有権を争う紛争であるのか当該筆界そのものに関する紛争

なのかが明確にされることになる。前者の場合は，所有権確認訴訟，移転登記手続請求訴訟（場合によっては分筆登記を前提とすることになる。）ないし土地明渡し請求訴訟を提起すればよいことになり，後者については筆界確定訴訟が提起されることになる。

　なお，一旦筆界確定訴訟の判決が確定し法律上筆界が確定された場合には，筆界特定の申請をすることはできない（不登132①六）。

3　土地家屋調査士と筆界特定手続

　平成17年の不動産登記法及び調査士法改正後，地積更正登記手続及び分筆登記手続に当たっては，周囲の土地の所有者の同意を得た上で推定筆界線に基づく地積測量図の作成が必要となる（ただし，準則72条に例外があることは周知のとおりである。）。その場合，隣地所有者が筆界確認書に署名，押印しないときは，登記申請に必要な書類がそろわないことになるが，筆界特定を行えば筆界特定登記官による「特定」がなされるのであるから，当該特定に係る筆界線に基づき登記申請することが可能となる。その意味では，筆界特定手続は調査士にとって便利な手段であることは間違いない。

　しかし，筆界特定手続においては所有権に関する当事者の主張は全く反映される余地はない。ところが，実際の境界紛争は，筆界の紛争と取得時効をはじめとする所有権界と筆界が密接に絡み合っている。したがって，特定された場合でも所有権界の問題は全く解決されず，必ずしも境界紛争そのものの解決につながるとは限らない。これからの調査士は，単に依頼者の要請に応じて筆界を発見するにとどまらず，境界紛争そのものの解決を目指すべき立場にあり，その観点からは，紛争の具体的な内容に応じて筆界特定手続と筆界ADRを適宜使い分けるというスキルが必要となる。

第2節　筆界ADRの代理業務

1　筆界ADRの概要

　平成17年の不動産登記法改正によって新設された制度として，筆界ADRがある。筆界ADRは，正確には「土地の筆界〔中略〕が現地において明らかでないことを原因とする民事に関する紛争に係る民間紛争解決手続（民間事業者が、紛争の当事者が和解をすることができる民事上の紛争について、紛争の当事者双方からの依頼を受け、当該紛争の当事者との間の契約に基づき、和解の仲介を行う裁判外紛争解決手続〔中略〕をいう。）」とされている（調査3①七）。一般的に，「裁判外紛争解決手続」は「ADR」と呼ばれているので，この手続を以下「筆界ADR」という。

　筆界ADRにおいては，最終的な目的は紛争当事者間に和解（私法上の和解）を成立させ，もって境界紛争を解決することにあるが，調停委員が当事者双方から主張（言い分）を聴取し，更に当事者から提出された証拠（資料）を検討して，当事者間において合意が形成されるよう働きかける。そして，一定の要件の下に，「認定土地家屋調査士」（以下「認定調査士」という。）が筆界ADR手続において，当事者の代理人となることができるとされているのである。

　認定調査士の詳細については後述するとして（本章第3節参照），まず調査士法3条1項7号に定める要件について，以下，概説する。

2　筆界ADRの要件（土地の筆界が現地において明らかでないことに起因する民事に関する紛争）

　ここで注意を要するのは，まず，筆界ADRの対象となる紛争について，不動産登記法123条1号によって定義される「土地の筆界」が「現

地において明らかでないことに起因する民事に関する紛争」が要件とされていることである。したがって，文言上は，筆界ADRの申立てを行うためには，境界紛争の生じている複数の土地の間において筆界が確定していないこと，が必要となるように思われるが，前述のとおり，「境界の確定」という言葉は明確に定義することが困難である（**第3章第2節2参照**）。この場合は，当事者間で境界に争いがあるから，「一応の確定」（当事者間で合意した境界に基づいて登記申請が可能な状態。以下同じ。）に至っていないことは明らかであるが，登記記録上不動産登記法14条1項の地図が備置され，又は筆界特定がなされていた場合（一応の確定がなされた状態）でも，筆界確定訴訟によって覆される余地があるという意味では完全に筆界が確定しているわけではない。

　また，調査士による調査の結果，特定の推定筆界線が有力であり，依頼者の主たる主張は取得時効が中心になるであろうと予想されたとしても，筆界ADRの当事者となる依頼者に最も有利な主張を選択すると，代理人としては，まず筆界に関する主張を提出せざるを得ない。こういった場合であっても，当事者が筆界に関する主張を提出している限り，調査士法3条1項7号の要件は満たすというべきであり，「土地の筆界が現地において明らかでないこと」という要件については，実務上，広く解されるべきである。

　このように，新しい調査士業務においては調査士の業務内容に質的な変化が生じている。すなわち，従来，調査士法3条1項1号ないし3号の業務においては，調査士は正しい筆界を発見することを至上命題としていたが，筆界ADRにおいては，専ら依頼者のために働く立場になり，何らかの合理的根拠がある限り当事者に最も有利な主張を選択すべき立場に立つことになる。

3　和解の仲介を行う裁判外紛争解決手続

(1)　ADR基本法

　次に，境界紛争を生じた当事者間において「和解の仲介」を行うと
しても，どのような機関が仲介してもよいわけではない。端的に，法
的な知識が十分でないものや，筆界に関する調査能力がないものが仲
介して和解が成立したとしても，当事者の利益を害するおそれもある
し，報酬を収受すれば非弁行為（弁護士法72条違反行為）に該当する
おそれも大である。

　他方で，和解による紛争解決を目指す場合には，決定的な利害対立
になる前に早い段階で当事者間の妥協が可能かを探ることが重要であ
ると言われており，裁判という究極の法的紛争の解決手段を取る前に
何らかの和解による紛争解決を目指すメリットは大である。

　そのような和解の仲介機関としては，従来は民事調停程度しかなか
ったのであるが，紛争解決のための十分な知識と能力を有し，かつ当
事者に公平な機関による裁判外紛争解決手続の必要性が認識されるよ
うになり，平成16年に「裁判外紛争解決手続の利用の促進に関する法
律」（平成16年法律第151号，令和元年法律第37号で改正，通称「ADR
基本法」）が制定された。すなわち，ADR基本法は，裁判外紛争解決
手続を「訴訟手続によらずに民事上の紛争の解決をしようとする紛争
の当事者のため、公正な第三者が関与して、その解決を図る手続をい
う。」と定義し（裁判外紛争解決1），「裁判外紛争解決手続〔中略〕が、第
三者の専門的な知見を反映して紛争の実情に即した迅速な解決を図る
手続として重要なものとなっていることにかんがみ、裁判外紛争解決
手続についての基本理念及び国等の責務を定めるとともに、民間紛争
解決手続の業務に関し、認証の制度を設け、併せて時効の中断等に係
る特例を定めてその利便の向上を図ること等により、紛争の当事者が
その解決を図るのにふさわしい手続を選択することを容易にし、もっ

て国民の権利利益の適切な実現に資することを目的とする。」と定める（裁判外紛争解決1）。そして，裁判外紛争解決手続の基本理念として，「裁判外紛争解決手続は、法による紛争の解決のための手続として、紛争の当事者の自主的な紛争解決の努力を尊重しつつ、公正かつ適正に実施され、かつ、専門的な知見を反映して紛争の実情に即した迅速な解決を図るものでなければならない。」（裁判外紛争解決3）とする。そして，民間紛争解決手続を業として行う者は法務大臣に申請して認証を受けるものとされており（裁判外紛争解決5以下），これにより，業務内容，運営体制など中立性が担保され公正なADRの運営が担保されることになる。

　現在では，ADR基本法に基づき，各弁護士会における仲裁手続，金融ADR，証券ADRなどが設立されている。このことからもわかるように，ADRの存在意義は，裁判所における一般民事調停を超えた特に専門的知見を要する分野において，当該分野の専門家の知識，知見を活用して早い段階で当事者の妥協による紛争解決を探ることにあり，金融取引，証券取引などの和解の仲介ないしあっせんのために専門的知見を要する取引分野については特に有効である。

キーワード：和解

　紛争当事者が互いに譲歩して，当該紛争を修了させる旨の契約を結ぶこと

（2）　筆界ADR

そして，筆界ADRも，このADR基本法に基づく裁判外紛争解決手続であり，筆界の調査という調査士の専門的知識ないし知見を活用して紛争当事者間の和解の成立による境界紛争の解決を目的とした仲

介，あっせんを実施する機関である。いわゆる境界紛争については，筆界に関する調査能力の点では裁判所ですら法務局ないし調査士の調査能力を上回っているのか疑問であり，弁護士においても，筆界は私人間の同意によっては異動できないとの認識を有していない者も少なくない。このような実情を踏まえると，境界問題について調査士の能力を活用し，柔軟な解決を図る裁判外紛争解決手続を設立する必要性は，国民に対する司法サービスの拡充の観点からも極めて大きいと評価することができる。

　このような平成17年の調査士法改正を経て，現在では，47都道府県の各土地家屋調査士会に「境界問題相談センター」が設置されており，いずれもADR基本法に基づく裁判外紛争解決機関として法務大臣の認証を受けている。そして，その運営は，調査士と各地の弁護士会の協力の下で行われている。

第3節　認定土地家屋調査士

1　民間紛争解決手続代理関係業務認定のための特別研修

　このような筆界ADRにおいて，当事者の代理人となるためには，「認定土地家屋調査士」であることが必要とされる。調査士法3条1項7号の定める業務を「民間紛争解決手続代理関係業務」というが，同条2項は，これを行うことができる調査士として，以下の要件を定めている。

認定調査士の要件
① 民間紛争解決手続代理関係業務について法務省令で定める法人が実施する研修であって法務大臣が指定するものの課程を修了した者であること。

②　前号に規定する者の申請に基づき法務大臣が民間紛争解決手続代理
　関係業務を行うのに必要な能力を有すると認定した者であること。
③　土地家屋調査士会の会員であること。

　この「法務省令で定める法人が実施する研修であって法務大臣が指
定するものの課程」が「特別研修」と呼ばれており，研修終了後に行
われる「考査」の結果に基づいて，法務大臣が調査士法3条1項7号の業
務を行う資格を認定した者が「認定土地家屋調査士」と呼ばれる。令
和元年現在，既に14回の研修が実施され，調査士のうち6,000名以上が
認定調査士の資格を有している。

2　特別研修の実施主体

　特別研修の実施主体及びその課程については，調査士法3条3項1号
において，以下に該当すると認められる研修についてのみ指定をする
と定め，さらに，調査士規則9条は，調査士法3条3項1号の基準につい
て，詳細に以下のように定めている。

調査士法3条3項1号
①　研修の内容が，民間紛争解決手続代理関係業務を行うのに必要な能
　力の習得に十分なものとして法務省令で定める基準を満たすものであ
　ること。
②　研修の実施に関する計画が，その適正かつ確実な実施のために適切
　なものであること。
③　研修を実施する法人が，前号の計画を適正かつ確実に遂行するに足
　りる専門的能力及び経理的基礎を有するものであること。

調査士規則9条1号
①　次に掲げる事項について，講義及び演習を行うものとする。
　⑦　民間紛争解決手続における主張及び立証活動

　㋑　民間紛争解決手続における代理人としての倫理
　㋒　その他法3条2項の民間紛争解決手続代理関係業務を行うのに必要
　　な事項
②　講義及び演習の総時間数は，45時間以上とする。
③　民間紛争解決手続における代理人として必要な法律知識についての
　考査を実施するものとする。

　このような調査士法及び調査士規則の要求する基準を満たした研修
を実施する法人として，日本土地家屋調査士連合会（以下「日調連」
という。）が法務大臣の指定を受け，研修の実施主体となっている。そ
して，日調連からの委託により，公益財団法人日弁連法務研究財団（以
下「法務研究財団」という。）がカリキュラム及び教材の作成に当たっ
ている（カリキュラム及び教材の概要については後述**本章第4節**参
照）。

　また，特別研修においては，座学（講義）だけでなく起案及びその
講評を実施しているが，これは，上記の調査士規則9条1号に定める「演
習」に当たる。なお，特別研修における起案問題の原案は法務研究財
団において作成され，起案添削及び講評に当たる講師は，各地の弁護
士会から推薦された弁護士がこれに当たっている。

　研修終了後には「考査」が実施されるが，これは正確には「試験」
ではなく，「研修を修了」したと言えるかどうか，を判定するための手
続であり，その結果に基づき研修の実施主体である日調連から法務大
臣に対して研修結果の報告が行われ，これに基づき法務大臣が認定す
ることになる。

　なお，研修受講者のうち，おおむね70％〜80％が法務大臣の認定を
受けている。

第4節　特別研修の概要

1　特別研修の目的及び教材

　このような特別研修は，認定調査士が民間紛争解決手続代理関係業務において，専ら当事者（依頼者）の代理人として業務を行うという観点から，業務の遂行のために必要不可欠な最低限の知識と知見を身に付けることを目的として実施される。さらには，筆界ADRにおいては従来の調査士業務と異なり当事者間の利害対立が顕在化しており，当事者の代理人として業務を行うために，「土地家屋調査士倫理」の内容を理解することが不可欠となる。

　なお，「土地家屋調査士倫理」（以下「調査士倫理」という。）は，平成17年の不動産登記法及び調査士法改正により，筆界特定手続及び筆界ADRについての業務が認められたことに伴って，平成21年6月に日調連決議として定められたものである（巻末＜**参考資料**＞参照）。これからの新しい調査士の業務範囲を有効に活用するためにも，調査士倫理は重要であるとともに，その理解は，認定調査士以外の調査士にとっても不可欠である（詳細は**第6章**参照）。この点にも，平成17年調査士法改正による調査士業務の新たな側面が顕著に現れているといえよう。

　このような観点から，特別研修においてはまず境界紛争のための法的枠組み，要件事実の基礎，特に取得時効の要件と事案への当てはめ，更には簡単な起案及び倫理に関する講義（総合講義）などを中心にカリキュラムが構成されている。

　なお，調査士法3条2項後段は，「この場合において、同項第7号に規定する業務は、弁護士が同一の依頼者から受任している事件に限り、行うことができる。」と定めており，調査士が，ADRの代理を受任するに当たっては，弁護士との共同受任が必要とされている。しかし，筆界ADRにおいては，常に筆界の所在が問題となり，推定筆界線の表

示された地積測量図等の地図を資料として提出することが不可欠である。したがって，筆界ADRにおいては，提出する主張書面のチェックなどは弁護士が行うとしても，認定調査士が主要な役割を担うことが期待されており，その意味でも，こういった研修は筆界ADRの代理人となるために不可欠なのである。

2　カリキュラムの概要

　令和元年現在のカリキュラムは，概要，以下のように構成されている。

① 基礎研修（講義）

　特別研修開始当初に，まず憲法，民法，民事訴訟法及び筆界確定訴訟などについての講義がなされる。しかし，その目的としては弁護士ないし裁判官と同等の知識を身に付けることが期待されているわけではなく，法的紛争の解決手段としての全体的な枠組みを理解するためのものである。

　具体的には，令和元年現在，以下のような基礎研修が実施されている。

基礎研修の概要

㋐　憲法（120分）
㋑　ADR代理と専門家責任（120分）
㋒　民法（180分）
㋓　所有権紛争と民事訴訟（240分）
㋔　民事訴訟法（240分）
㋕　筆界確定訴訟の実務（120分）

---

② 起　案

　起案は，筆界ADRの申立書の起案と，答弁書の起案の2本が実施

されている。事案としては，必ずいわゆる予備的主張として時効取得を主張すべき事案となっており，民法上の時効取得の要件，取得時効の起算点，自主占有と他主占有との区別などの理解が求められる。こういった境界紛争に関係する法的な基礎的知識については，これからの調査士業務にとって，筆界ADR代理業務のみならず，表示の登記に関する業務についても不可欠な知識である。

③　起案講評

受講者の起案した申立書及び答弁書に対しては，弁護士の講師による起案講評が実施される。起案講評に当たっては，起案のドラフト内容だけでなく，取得時効をはじめとする要件事実の理解，事案の分析及び問題点の把握などについて，講師である弁護士の経験に基づいて解説及び講評が実施される。

④　総合講義（調査士倫理）

調査士は，近年まで倫理の問題，特に利益相反の問題に直面しておらず，調査士倫理の理解は，筆界ADR代理業務に限らず今後の調査士業務の進展にとって極めて重要である。その観点からも，特別研修においては調査士倫理の理解にカリキュラムの相当部分があてられている。

3　考査の概要

研修終了後，一定の期間を置いて「考査」が実施されるが，基本的には考査問題は研修で実施した内容から出題される。

考査は，択一式（15問）と記述式からなるが，択一式は，憲法（2問），民法（10問），民事訴訟法（2問），土地家屋調査士法（1問，特に業務範囲に関する問題）が出題範囲となっている。記述式は，おおむね設例問題によるが，1問は訴訟物，要件事実，取得時効の成立要件，ないしそういった事実認定のための間接事実の理解が問われ，もう1問は，調査士倫理からの出題となる。

　この考査結果に基づいて，最終的に法務省が認定の判断を決定することとなる。

第5節　筆界ADRにおける認定土地家屋調査士の役割

1　境界紛争の解決手段としてのADRの意義

　それでは，なぜ，境界紛争の解決手段として筆界ADRが重要性を持つのであろうか。

　筆界ADRは，調停手続つまり民間における話合いによって当事者間に和解を成立させ，これによって境界紛争の解決を目指すが，周知のとおり，筆界は私人間で変更することはできない。しかし，筆界の問題として最終的に確定するためには，少なくとも一応の確定のためには筆界特定が必要となるし，その結果に不満がある場合には筆界確定訴訟を提起することとなり，筆界の確定までには多大な時間とコストを要することとなる。さらに，筆界が確定したとしても取得時効の成否の問題は別途裁判を経ないと解決することはできない。

　この点，ある程度筆界は明らかなのではないかと思われるような事案であっても，境界紛争における当事者の主張としては，まず，第1に筆界の問題として争って，予備的に筆界は自分の主張するとおりではないとしても取得時効が成立している，という主張の組立てになることが一般的である（**本章第2節**参照）。

　このように考えると，取得時効の問題も含めて，更には金銭的な解決も視野に入れたうえで，当事者間の話合いによって境界紛争を解決する手続が，境界紛争の解決手段として極めて有効な解決手段となることは自ずと明らかである。そして，調査士は，従来，筆界の調査能

力は高くても，取得時効の成否，相続などの法律問題の理解能力が決して高いとは言えない状況にあった。これに対して，弁護士は，現実に筆界の調査ないし測量をするスキルを有していない。そこで，弁護士と調査士が協力して，調停期日を開いて当事者間の話合いを仲立ちし，和解に向けて尽力する手続が筆界ADRなのである。そして，そのような筆界ADRにおいて，調査士が当事者の代理人として業務を行うためのスキル（法律の基礎的知識及び調査士倫理の理解）を身に付けるための研修が，特別研修であると位置付けられる。

2　具体的事例に即した筆界ADRの意義

　以下，筆界ADRの有効性について，具体的な紛争事例に即して解説を加える。

　(1)　紛争事例①（土地の明渡しを求める場合）

　認定調査士Xは，甲地の所有者Aから甲地の地積を測量してほしいとの依頼を受けた。ところが，調査の結果Aの現況の占有範囲と推定筆界は微妙にずれており，隣地乙地の所有者Bの占有範囲が甲地に少し食い込んでいると思われた。Aは，Bによる甲地の占有部分を明け渡してほしいと希望しているが，Bはこれに納得せず，筆界確認書に署名押印を拒否した。XはどのようにAとBとの境界紛争を解決すべきか。

【筆界特定による解決】

　この事例を筆界特定によって解決しようとした場合，関係土地も含めた確定測量が必要となるので，コストを要することは明らかである。この場合，仮にXの調査した推定筆界線のとおりに特定がなされたとしても，Bがどうしても納得しない場合には，筆界確定訴訟にまで発展するおそれもある。さらに問題となるのは，Bの占有部分について

時効取得が成立しているかどうかである。

　仮に、あくまで訴訟手続によってこの事例を解決しようとすれば、筆界確定訴訟の判決が確定した後であっても、別途時効取得に基づく移転登記手続請求訴訟が提起される可能性も否定できない。

【筆界ADRによる解決】

　これに対して、筆界ADRによって当事者間の和解によって解決する場合には二つの方向性が考えられる。

　その第1は、AがBに対して一定の金銭を支払ってAの主張する推定筆界線をBが承認した上で、Bの越境部分を明け渡すという解決である。第2は、仮に、推定筆界線がXの調査したとおりであったとしても、逆にAがBから一定の金銭の支払を受けて、Bが越境している部分を分筆して所有権移転登記するという解決である。

　そのいずれによるかについては、当該事案における推定筆界線の確からしさの程度や、Bの主張する取得時効の成立の見込みなどによることになるし、こういった事項やその周辺の地価などが解決金の金額に影響を与えることになる。したがって、筆界ADRの代理業務を受任した認定調査士としては、最終的には共同受任した弁護士の意見に従うとしても、少なくとも取得時効が成立する可能性があるかどうかについても理解しておくことが不可欠である。

　また、筆界ADRにおいては、調停委員に認定調査士が選任されるし、相手方Bにも代理人認定調査士が就くことも考えられるので、Xの調査した推定筆界線が覆る可能性も否定できない。

　筆界ADR業務における認定調査士は、こういった可能性を勘案しながら、かつ場合によっては調停委員の意見も取り入れつつ、当事者間の妥協によって柔軟な解決を目指すことになる。

(2)　紛争事例②（取得時効の成立を主張する場合）

> 　認定調査士Yは，丙地の所有者CからDの所有する隣地丁地との境界がはっきりしないので調査してほしい，との依頼を受けたが，調査の結果，現況のCの占有範囲が隣地丁地に越境していることが判明した。ところが，YがCに対し，推定筆界線について説明したところ，Cは，現況の占有範囲をどうしても維持したい，と言っている。
>
> 　Yは，Cの希望する解決を実現するためにはどのような手続を取るべきか。

【筆界特定による解決】

　この事例においては，Yが筆界特定を申請した場合，依頼者であるCの希望に沿った解決が実現する可能性は低い。もっとも，Yの想定する推定筆界線が筆界特定された場合でも，その上で弁護士を紹介して取得時効に基づく分筆登記手続請求訴訟を提起するという手段もあるが，紛争解決までにコストも時間も要することになる。

【筆界ADRによる解決】

　この事例において，Yが筆界ADRの申立てをする場合には，まず，薄弱であっても何らかの根拠のあるCにとって最も有利な筆界線を特定して，これが丙地と丁地の筆界線であると主張することになる。その上で，予備的に，例え筆界線がそうでないとしても，Cは取得時効の成立によって係争部分の所有権を取得している，と主張することになる。

　この場合，Cがどうしても係争部分の所有権を取得したいのであれば，CがDに対して相当額の解決金を支払ってCの主張する「境界」をDに認めてもらうほかない。そのためにも，Yは，一次的には可能な限りCに有利な推定筆界線を主張する必要がある。

3　筆界ADRにおける認定調査士の役割

(1)　筆界ADRの有効性

　以上のとおり，境界紛争は，単に筆界の所在を明確にすれば直ちに解決するとは限らない。現実の紛争は，取得時効などに関連して，所有権の範囲（所有権界）とも密接に関連する。さらに，境界紛争の解決を使命とする調査士にとって重要なのは，筆界ADR即ち和解によって解決した場合，係争部分の明渡し，又は分筆登記の履行について，当事者がその解決内容に納得しているので任意の履行が期待できるということであり，筆界や時効取得の成否を確定するまでもなく早期の解決も期待できる，ということである。

　当事者が「納得」する和解を実現するためには，中立的立場にある調停委員の意見も重要であり，その意味でも，筆界ADRは紛争解決手段として非常に有効であると言うことができる。

(2)　弁護士との役割分担

　筆界ADRにおいては，弁護士との共同受任が要件とされているが，現実には，弁護士は筆界調査の能力もないし推定筆界線を示した地図を作成することもできない。

　他方で，取得時効の要件，特に占有開始時点の認定，自主占有か他主占有か，占有開始時点における善意無過失の判断，などについては，取得時効を原因とする移転登記手続請求訴訟においても，その判断は微妙な問題となることが多く，認定調査士であってもこういった法的な事実認定に関する判断は容易でない。したがって，事案の理解，主張の組立て，主張書面の内容などについては，共同受任した弁護士に相談し，あるいはチェックを受けることが必要不可欠となる。

　しかし，筆界ADRにおいて最も重要なのは，推定筆界線や占有範囲を明らかにする地図であって，筆界ADRにおいては，認定調査士が主要な役割を果たすことが期待されている。したがってまた，認定調査

士は，本来筆界ADRのポータル（窓口）としての役割を果たすべきで
あり，多様な解決手段を駆使して境界紛争の早期かつ終局的な解決を
目指すべき立場にあるのである。

　(3)　筆界ADRと認定調査士の立場

　前述本節2の事例解説からも明らかなように，筆界ADRにおいて
は当事者間に明確な利害対立が生じており，その代理人たる認定調査
士は，依頼者のために業務を行い依頼者の利益の極大化のために最大
限の努力を払う義務を負っている。

　ここに，筆界ADRにおいて調査士倫理が重要性を有する理由があ
る。もっとも，表示の登記に関する代理などでも，実は筆界を接する
隣地所有者との間においては潜在的な利害対立が存在しており，平成
17年の不動産登記法改正，調査士法改正によって筆界特定手続及び筆
界ADRが業務範囲になるまでは，倫理の重要性が相対的に低かった
だけにすぎない，と考えるべきである（なお，第6章参照）。

　他方，残念ながら筆界ADRの利用は，各調査士会に認定ADRがそ
ろった以降も遅々として進展してないのが現状であるが，その主たる
原因は，認定調査士も含めた調査士において筆界ADRの利用価値に
対する理解，ひいては取得時効制度（本章第7節参照）についての理
解が不十分であることに起因すると言って過言でない。

　(4)　筆界ADRにおける認定調査士の業務

　本節の最後に，筆界ADRにおいて現実に認定調査士が行うべき業
務について概説する。

　筆界ADRは，前述のとおり「筆界が現地において明らかでないこと
に起因する」紛争を対象とするので，まず，筆界を調査して依頼者の
主張する推定筆界線を決定し，これに基づく地図を作成することにな
る。この場合，認定調査士は依頼者の利益のために業務を行うのであ
るから，依頼者及び共同受任する弁護士の了解を得た上で地図を作成

する必要がある。

　また，前述本章第3節のとおり，筆界ADRにおいては認定調査士が主導的な役割を果たすことが期待されており，調停申立書（申立人代理人の場合），答弁書（相手方代理人の場合）もとりあえず認定調査士がそのドラフトを作成し，共同受任する弁護士のチェックを受ける必要がある。

　申立書及び答弁書作成に当たっての注意点は，以下のとおりである。

①　調停申立書

　　申立書には，申立人の主張する筆界線とその根拠を示すことが不可欠なのは当然であるが，さらに，取得時効の成立を主張する場合には，取得時効の要件に従った具体的事実を主張する必要がある（なお，取得時効の要件については本章第7節参照）。これに対し，相手方が取得時効の成立を主張することが予想され申立人がこれを争うときは，取得時効が成立しない具体的な根拠（時効の更新（中断），他主占有，有過失などが考えられる。）について具体的事実を摘示する必要がある。

　　筆界ADRが不調となった場合には，筆界確定訴訟ばかりでなく所有権確認訴訟ないし移転登記手続請求訴訟が提起されることが考えられるので，調停の段階においてもその可能性を視野に入れて矛盾のない主張を展開することが必要となる。

②　答弁書

　　答弁書においては，まず申立人の主張する事実があるのかないのか（認めるか，否認するか）を認否することが最も重要である。それによって，当該紛争においてどこが争点となっているかが明確となるからである。そのためには，依頼者からの事情聴取が重要であり，客観的な事実と突合した上で認否を行う必要がある。

以上に加えて，答弁書には，申立人が主張する筆界線を争う根拠，

時効取得の主張，申立人による時効取得の主張がある場合にはそれに
対する反論などを記載する。こういった主張については，共同受任す
る弁護士にチェックを受けることが必要不可欠である。

キーワード：答弁書

　訴訟その他の法的手続において，原告又は申立人の請求ないし
申立てに応答するために，被告又は相手方が最初に提出する主張
書面のこと

　以上のような筆界ADRを有効に活用するためには，弁護士との協
働が重要となるが，現状においては筆界ADRにおいて共同受任を依
頼する弁護士側の体制が整っていない嫌いがあり，この点は将来にお
いての改善すべき問題点ということができる。また，筆界ADRにお
ける主張は，将来的に調停が不調となり，筆界確定訴訟又は所有権確
認訴訟などに発展する可能性を視野に入れて作成することが重要であ
る。すなわち，将来的な法的紛争における主張との矛盾が生じないよ
うに留意する必要があり，その意味でも弁護士との協働が重要である
ということができる。

第6節　筆界ADRと筆界

1　筆界ADRにおける和解の効力

　このように，何らかの境界紛争において筆界ADRの申立てを行っ
た結果，当事者間に妥協が成立して合意が形成されたときには当事者
間の「和解調書」が作成されるが，これはあくまで私法上の和解契約

にすぎず，万一和解条項に記載された解決金の支払又は移転登記手続が不履行となったとしても，これを直ちに債務名義，すなわち和解調書に基づいて解決金の支払を請求したり，移転登記手続を強制的に行ったりすることはできない。

　しかし，筆界ADRにおける和解調書はADR基本法に基づく和解であるから，その履行を実現するために別途訴訟を提起すれば直ちに和解調書記載の内容どおりの判決がなされると思われる。訴訟上の和解については，錯誤その他意思表示の瑕疵を主張することはできないと解されており，筆界ADRにおける和解も，これに準じるものであると考えられるからである。

　なお，強制履行の手段としては，筆界ADRにおける和解調書を原因として，代位登記の方法，すなわち和解調書を代位原因として係争部分の移転登記手続を代位申請するという手段も考えられないではない。しかし，不動産登記法59条は権利の登記に関する定めであり，表示の登記については代位登記が実行できる旨の条文はなく，所有権の移転の登記（時効取得を原因とする）手続を代位する前提となる分筆登記を代位することは困難であると解される。

2　和解と登記手続

　他方，筆界ADRは民間紛争解決手続にすぎないので，調停が成立した場合においても，既判力，給付力等が生じるわけではない。しかし，ADRという中立・公正な第三者機関の裁定に基づく当事者間の合意が形成されているのであるから，当事者は成立した調停条項に記載されている内容を争うことは極めて困難となると考えてよい。したがって，代理人としては，調停条項の記載に当たっても裁判上の和解に準じて各条項の意味を明確化し余事記載ないし有害的記載のないように

留意する必要がある。

　すなわち，筆界ADRは，境界紛争の解決を目的とする手続であり，和解条項の内容次第であるが，和解条項に基づいて登記手続が実行できるのかどうかについて十分に検討する必要がある。したがって，筆界ADRにおける和解成立に当たっては，和解調書上，最悪の場合，別途訴訟手続を取って強制履行することを想定した条項を挿入しておくことが望ましい。

　度々指摘してきたとおり，筆界は公法上定められたものであって，私人間の和解ではこれを異動することはできない。したがって，万一，筆界ADRにおいて前提とされていた推定筆界線に対し，登記官において見解が異なる場合には当該推定筆界線を前提とした移転登記手続はできないことになる。この場合，訴訟を提起すれば，当該訴訟に添付された図面に従って分筆登記手続も所有権移転登記手続も実行可能であるが（不登63），和解調書上，分筆登記ないし所有権移転登記手続を求める係争土地が，明確に再現可能な図面によって特定されていることが不可欠となる。

　こういった解決方法が想定されることからしても，筆界ADRにおける認定調査士の役割は極めて重要である。

3　和解条項の記載例

　次に，筆界ADRにおいて想定される和解案の一例を以下に掲げておく。

　(1)　和解条項の記載例1

（相手方が，係争範囲の所有権が申立人に属することを認めて，申立人の解決金の支払と引換えに明渡しを約する場合）

和　解　条　項

1　相手方は，申立人に対し，別紙図面アイウエアの各点を順次直線で結
　んだ範囲の土地（以下「本件土地」という。）が申立人の所有に属する
　ことを確認する。

2　申立人は，相手方に対し，本件解決金として金○○万円の支払義務の
　あることを認める。

3　相手方は，申立人に対し，令和○○年○○月○○日限り，前項の解決
　金の支払を受けるのと引換えに，本件土地を引き渡す。

4　申立人は，相手方に対し，前項の本件土地の明渡しと引換えに，第2
　項の解決金を支払う。

5　相手方は，本件土地につき，申立人において地積更正登記手続等を行
　うときは，これに協力するものとする。

6　申立人と相手方との間において，本件に関し，本和解条項に定めるほ
　か一切債権債務のないことを相互に確認する。

7　境界問題解決センター○○○○（令和○○年（調）第○○号調停事件）
　に関する費用は，各自の負担とする。

以　上

【和解条項の解説】

①　本条項は，調停手続において，相当の確度で推定筆界線が相当程
　度明らかになった場合の条項である。想定としては，相手方による
　取得時効の主張について争いがあるので，当事者双方が妥協して申
　立人が一定の解決金を支払うことにより相手方が係争部分を明け渡
　す，という内容である。この場合，当該和解条項において筆界を確
　認しても意味がないので，第1項において所有権界を確認する内容
　となっている。

②　第2項は，第1項の所有権界の確認に伴う解決金の支払義務の確認
　条項である。この場合の具体的な金額は，係争土地の時価を基準と
　して，相手方の主張する取得時効成立の見込み，取得時効を主張す
　るためのコストなどを勘案して，話合いによって決することになる。
③　解決金の支払義務の確認条項に続き，第1項を受けて，相手方が係
　争土地を明け渡す旨の条項である。この場合において重要なのは，
　明渡しと解決金の支払とを引換給付にして解決金の支払の履行を保
　全することである。
④　第4項は，第3項の明渡条項の裏返しであり，明渡しを受けるのと
　引換えに解決金を支払う旨の条項である。この場合，当該条項の履
　行に当たっては，引渡しを実行した証拠として確認書を徴求するの
　が一般的であり，申立人による現金の支払（筆界ADRにおける解決
　金の金額はさほど多額にわたらないことが予想される。）又は振込
　の実施と同時に，相手方が確認書を交付することになる。
　　なお，当該係争地に相手方が塀などを設置している場合には明渡
　し期日前に撤去しておくことを要する。
⑤　第5項は所有権界の確定に伴って、地積更正登記が必要となった
　場合の条項である。地積更正登記のための境界確認書(筆界確認書)
　を，和解成立と同時に相手方から徴求しておくことも考えられる。
⑥　第6項は清算条項である。
⑦　第7項は費用の各自負担を定めた条項である。

キーワード：引換給付
　当事者と相手方が義務を負う給付が，相互に同時履行の関係に
あること

(2)　和解条項の記載例2

（地積更正登記手続を約するが，これができないときには分筆登記手続及び所有権移転登記手続を約する場合）

和　解　条　項

1　申立人は相手方に対し，別紙図面アイウエアの各点を順次直線で結んだ範囲の土地（以下「本件土地」という。）が，相手方の所有に属することを確認する。

2　相手方は申立人に対し，本件解決金として金〇〇万円の支払義務のあることを認める。

3　相手方は申立人に対し，前項の解決金を本日支払い，申立人はこれを受領した。

4　申立人と相手方は，本和解成立後速やかに，別紙物件目録記載1の土地（以下「申立人所有地」という。）と同目録記載2の土地（以下「相手方所有地」という。）の境界が別紙図面イウオの各点を順次結んだ線である旨を確認する書面を作成し，相互に取り交わす。

5　相手方は，本件土地が相手方所有地の一部であることに基づき，同土地の地積更正登記手続を行うことができ，申立人はこれに異議を申し述べない。ただし，測量のための費用及び地積更正登記手続費用は相手方の負担とする。

6　第1項による本件土地の所有権の範囲の確認に伴い，申立人所有地を一部分筆し，相手方に対する所有権移転登記手続を行う必要があるときは，申立人は相手方に対し，分筆登記のための測量及び各登記手続に協力しなければならない。

7　申立人と相手方との間において，本件に関し，本和解条項に定めるほか一切債権債務のないことを相互に確認する。

8　境界問題解決センター○○○○（令和○○年（調）第○○号調停事件）
　に関する費用は，各自の負担とする。

以　上

【和解条項の解説】

①　第1項は所有権の範囲の確認条項である。筆界ADRにおいては，
　最終的には所有権界の範囲の確定による解決しか理論的にあり得な
　い。和解による解決の際の留意点としては，後述のとおりADR上
　の和解調書そのものによって登記手続を一方的に行うことは困難で
　あり（④〜⑥参照），別段の登記手続が必要となる可能性もあるので，
　和解調書添付図面は登記申請に耐え得る精度のものを作成して所有
　権確認の範囲を明確にしておくことが必要である（なお第5項及び
　第6項参照）。

②　第2項は，第1項の所有権の確認に伴う解決金（和解金）の支払義
　務の確認条項である。前提問題として筆界に関する争いがあるが，
　申立人が予備的に取得時効の成立を主張しており，その蓋然性があ
　る程度認められる場合には，解決金は名目的な解決金にとどまりさ
　ほど多額に及ぶものではないと考えられる。

③　解決金の支払義務の確認条項に続き，本来であれば解決金の給付
　条項が必要となるが，上記和解条項では，解決金が少額であること
　を前提として，調停の席上において解決金を授受した内容としてい
　る。仮に，給付条項（申立人は相手方に対し，前項の解決金を，令
　和○○年○○月○○日限り，相手方の指定する銀行口座に振り込ん
　で支払う旨の条項）を設定した場合でも当該給付条項自体が債務名
　義となるものではないから，相手方は履行強制のためには，別途，

訴訟を提起するか，又は支払督促の申立てを行う必要がある。

　しかしながら，この場合，上述の法的手続等において迅速に債務名義を取得するためにも，和解条項上，裁判上の和解条項に準じて給付条項であることが一義的に明確であるような文言で記載される必要がある。

④　筆界ADRによる和解調書がいわゆる境界確認図面の効力を有するかどうか，法律上必ずしも明らかでない。また，当事者が直接に署名・押印して確定した書面ではないために登記申請の際の添付書面としては不十分であると認定される可能性も否定できない。そこで，本件和解調書に添付のものと同一の境界確認図面の作成を当事者間において義務づけたのが第4項である。

　筆界ADRによる解決に伴って地積更正登記手続が必要となる場合（第5項）も少なくないと思われるし，場合によっては分筆登記が必要となる場合（第6項）もあると考えられるので，第4項のような条項を挿入することは紛争の終局的解決の見地から有効である。なお，第4項が不履行となった場合に強制履行を求めることは極めて煩雑であり，境界確認訴訟を提起せざるを得ない可能性も否定できない。したがって，実務的には調停成立の場において当該書面を作成して取り交わすことが望ましい。

⑤　第5項は所有権界の確定に伴って地積更正登記が必要となった場合の条項（確認条項）である。地積更正登記手続は単独申請が可能であるが，登記申請に先立つ測量のためには隣接地の所有者の承諾が必要である。また，そもそも第1項で確認した所有権界が実は公法上の筆界と一致しないことも考えられるので，念のため，第5項のような条項を挿入しておくことが実務上有効である。

⑥　仮に，本件調停で確認した所有権界が公法上の筆界と一致しない
　場合，一致しない範囲を分筆の上所有権の移転の登記手続をする必
　要が生じる。例えば，申立人の所有権を認める主な理由が取得時効
　による所有権の取得である場合には，むしろ分筆登記を要する可能
　性が高い。

　　この場合において，理想的には分筆登記すべき土地の範囲を明確
　化しておくべきであるが，公法上の筆界は明らかでないため和解条
　項上分筆の範囲を特定できない可能性がある。また，所有権の移転
　の登記には登記原因（真正な登記名義の回復・時効取得）の記載が
　必要となり，移転登記手続の実行を内容とする裁判上の和解におい
　ては，和解調書に基づき登記申請をするためには，和解条項上登記
　原因を記載すべきものとされている。しかしながら，筆界ADRに
　おいては和解成立の時点では確定し難い可能性もあり，本和解条項
　の記載例においては，抽象的な協力義務を定めているにとどめてい
　る。

　　これに対し，所有権取得の原因が時効取得であることが当事者間
　に争いがない場合などには，筆界ADRの申立てと同時に筆界特定
　手続を並行して行って，公法上の筆界の一応の確定を行い（前述の
　とおり，筆界特定手続によって明らかにされるのは行政機関の認識
　する公法上の境界にすぎない。第2章参照。），筆界特定による公法
　上の筆界と不一致部分を和解調書上特定して分筆登記・所有権移転
　登記の対象を明確化する，という手段も考えられる。この場合にお
　いては，筆界特定手続によって明らかにされた公法上の筆界を前提
　とする限り登記申請は可能であることに留意する必要がある。

⑦　第7項及び第8項については，前述(1)和解条項の記載例1の⑥及び
　⑦の解説を参照されたい。

キーワード：清算条項

　当事者間に何らかの合意をする場合において，当該合意の内容以外に何ら債権債務がないことを相互に確認する条項

　以上は，想定される和解の一例であるが，このように和解条項においては，不履行であった場合の保全手段を想定しつつ作成することが必要である一方，当事者が納得した上で和解を行っているため，その履行の可能性は相当程度高いと考えられる。したがって，筆界ADRによる和解は，当事者双方にとって満足のいく解決になるというべきである。

【参考判例4】：最判昭33・6・14民集12・9・1492

錯誤により和解の効力が無効とされた事例

　裁判上の和解が成立した場合には，そもそも意思表示の瑕疵が存在する余地が少なく，裁判上の和解の効力が覆されることはほぼないと言ってよい。これに対し，私法上の和解も当事者間の契約であるから，意思表示の瑕疵がある場合にはその効力が覆される余地がある。

＜事案の概要＞

　本件は，債権者が債務者の所有にかかる苺ジャムを仮差押えしたところ，債権者と債務者との間に和解が成立し，一般に市場で流通している「特選金菊印苺ジャム」の価格（1箱3,000円）で評価して代物弁済により債権債務が消滅した。ところが，引き渡された苺ジャムは到底1箱3,000円の価値のない粗悪品であったため，債権者が和解契約は契約の要素に錯誤があって無効である（民95。ただし，平成16年法律147号による。）ことを前提として，当初の債権の支払を求めて訴訟提起したものである。

　なお，原審（大阪高判昭32・9・16民集12・9・1500）は，債権者の主張を認めて和解契約は要素の錯誤により無効であるとしている。

＜判示事項＞

　最高裁は，債権者による和解契約の錯誤無効の主張に対し，「本件ジャムは、原判示のごとき粗悪品であつたから、本件和解に関与した被控訴会社の訴訟代理人の意思表示にはその重要な部分に錯誤があつたというのであるから、原判決には所論のごとき法令の解釈に誤りがあるとは認められない。」と判示して和解の錯誤無効を認めた。

　なお，本件にはもう一点，和解が錯誤によって無効であった場合に瑕疵担保責任（民566・570。ただし，平成16年法律147号による。）の適用があるか，という争点があったが，本判決は当該契約が錯誤無効であった場合には，瑕疵担保責任の規定も適用されない旨判示している。

第7節　取得時効制度

1　取得時効制度の概要

　調査士が何らかの業務を遂行するに当たって，筆界調査の結果，隣地との推定筆界線が占有範囲とほぼ一致していればその後の業務は順調に進行することになる。問題は，推定筆界線と占有範囲が乖離している場合である。

　その場合においても，推定筆界線から越境している当事者が不法占拠を認めてこれを任意に明け渡すのであれば，筆界確認図の作成は可能である。しかし，一筆の土地の一部が公法上の筆界を越えて長年占有している場合には，当該部分について取得時効（民162）の成否が問題となる。

　取得時効の制度は，筆界と所有権界の乖離を生じる最大の原因であり，したがってまた，調査士の業務にとって最も重要な法律問題である。筆界ADRの有効性は，前述本章第6節3の和解条項の記載例の

解説からもわかるように，この取得時効という厄介な問題も含めて，
当事者間の妥協と譲歩によって終局的な解決を行うことができる点に
あり，時効取得の成否も視野に入れた終局的な境界紛争の解決は，筆
界特定制度や筆界確定訴訟では必ずしも実現しない。その意味で，取
得時効は，筆界ADRの主たる争点であり，この点の理解が不十分では
その業務遂行にも支障を来すことになる。

　なお，このような取得時効の成否については，実は，不動産の表示
の登記に関する業務にも少なからず関連するのであるが，従来，調査
士業界においては，この点の理解が必ずしも十分でない部分があり，
そのことが，筆界ADRの利用が促進されない理由の一つとなってい
ることも否定できない。

　そこで，以下，特に土地を念頭において，民法上の取得時効の制度
について概説し，調査士業務との関連性が問題となる点について概説
する。

2　取得時効制度の意義と機能及び要件等

(1)　取得時効制度の意義と機能

　一般に，「時効」とは，永続した事実状態を保護するための制度であ
る，と説明される。時効には，一定の時間権利行使しないことによっ
て権利が消滅する「消滅時効」と，一定の時間占有したことによって
権利を取得する「取得時効」(民162) がある。これに対し，消滅時効は，
様々な条文を根拠としているが，令和2年4月1日以後は，債権法改正に
よって労働債権等の一部の例外を除き，消滅時効の期間は5年に統一
される予定となっている (平成29年法律44号による改正後の民166)。

　境界紛争において専ら問題となるのは取得時効であり，一定の要件
を満たして一定期間不動産を占有したときは，占有者は，所有権その
他の権利を取得することができる。所有権以外の権利としては，賃借

権（物権化していると言われる。），小作権などである。前述のとおり，取得時効は筆界と所有権界の乖離を招く最大の原因であり（第2章第2節5参照），境界紛争の適切な解決のためにはその制度趣旨，法律上の要件などについての理解が不可欠である。

　不動産の取得時効は，公法上の一筆の土地の一部についても，民法162条の要件を満たす限り成立するが，取得時効は一種の権利の原始取得であり，占有者は，占有開始時点（時効の起算点）に遡って占有部分の所有権を取得する。そして，その反射的な効力として元の所有者は，実体的な所有権などの権利を失うことになる。さらには，後述本節3のとおり，取得時効との関係では，相続と取得時効，取得時効と対抗要件など様々な法律上の問題が発生し得る。したがって，取得時効の問題は境界紛争の解決に当たって避けて通れない問題であるということができる。

　取得時効のこのような機能を考えると，調査士にとって，まず筆界ADR代理業務を行うに当たり，取得時効に関する法律上の見解まで示す必要はないものの，少なくとも当該事案において取得時効に関する問題点が生じる可能性があることを理解し，共同受任した弁護士に相談する程度の能力が要求されるのであり，前述本章第4節のとおり特別研修においては，この点に関する能力を身に付けることを目的としている。

　さらに，表示の登記に関する業務においても，後述本節4のとおり，取得時効成立の可能性を看過すると業務上のリスクを生じる可能性も否定できない。

　そこで，以下，取得時効制度の概要とその要件について概説する。

（2）　長期取得時効と短期取得時効

民法162条は，第1項において，「20年間、所有の意思をもって、平穏

に、かつ、公然と他人の物を占有した者は、その所有権を取得する。」と定め，第2項において「10年間、所有の意思をもって、平穏に、かつ、公然と他人の物を占有した者は、その占有の開始の時に、善意であり、かつ、過失がなかったときは、その所有権を取得する。」と定める。

　一般に，20年の占有に基づく取得時効を定める第1項を長期取得時効といい，10年の占有に基づく取得時効を定める第2項を短期取得時効という。民法162条が直接に定めるのは所有権の取得時効であるが，同法163条において，「所有権以外の財産権を、自己のためにする意思をもって、平穏に、かつ、公然と行使する者は、前条の区別に従い20年又は10年を経過した後、その権利を取得する。」と定められ，賃借権，小作権，用益権などの物権も取得時効の対象となる。

　このような短期取得時効と長期取得時効の成立要件は，民法162条2項において，「その占有の開始の時に、善意であり、かつ、過失がなかったときは、」と定められている点に差異を生じる。つまり，占有開始時点すなわち取得時効の起算点において，善意無過失であれば10年の占有継続により取得時効が成立し，悪意又は有過失であっても20年間占有を継続すれば取得時効が成立することになる。なお，短期取得時効の成立を主張する場合に比して，長期取得時効を主張する方が，主張立証において容易であることは民法162条の条文上明らかであるから，占有開始時点において善意無過失であっても，20年以上占有を継続した場合に長期取得時効の成立を主張することは差し支えない。

　(3)　取得時効の要件

　そこで，以下，短期取得時効の成立要件について概説する。

短期取得時効の要件

① 占有開始についての善意かつ無過失

　⇒善意のみ推定（民186①）

②　自主占有⇒推定（民186①）

③　平穏かつ公然の占有⇒推定（民186①）

④　10年間の占有の継続

　⇒占有開始の時効完成時の占有により推定（民186②）

⑤　時効の援用

ア　善意無過失

　まず，「善意」とは，当該土地（多くの場合，一筆の土地の一部）が，他人の所有地に属することを知らなかったことである。これに対し，悪意とは当該事実を知っていたことであり，一般的な用語のように相手方を害する意図まで要しない。占有者の善意については，民法186条1項が「占有者は、所有の意思をもって、善意で、平穏に、かつ、公然と占有をするものと推定する。」と定めており，短期取得時効を主張する者は，占有開始時点において善意であったことについて推定を受ける。ここで「推定」というのは，立証責任が転換される意味であり，短期取得時効が主張された場合，それを争う者が占有開始時点における悪意について主張，立証すべき責任を負う。こういった法律上推定されるが反証可能な事実を，「暫定事実」という。しかし，悪意という内心の状況については立証困難であって，善意の要件を争う者は悪意を推定させる間接事実を主張立証することになる。

　そうすると，短期取得時効を主張する者は，とりあえず占有開始時点における「無過失」について立証責任を負うが，一般に「過失」とは，「善良なる管理者」に要求される注意義務に違反したことを意味すると解されている。しかし，実際の係争において，「注意義務違反がある。」「注意義務違反はない。」と主張し合っても，具体的な攻撃防御の

対象とはならないので，裁判実務上は，無過失を主張する者が，注意義務を守ったことを基礎づける事実（これを無過失の「評価根拠事実」という。）を主張，立証し，これを争う者が，注意義務違反があったことを基礎付ける事実（これを無過失の「評価障害事実」という。）を主張，立証することになる。そして，過失の有無の判断においては，評価根拠事実と評価障害事実を総合的に判断して過失の有無が認定されることになる（司法研修所編『増補　民事訴訟における要件事実　第一巻』30頁以下（法曹会，1986）参照）。

　このような主張，立証の構造を持つ要件事実としては，民法110条に定める「正当な理由」，借地借家法6条に定める「正当事由」などがあり，「規範的要件事実」又は「評価的要件事実」と呼ばれている。

　それでは，短期取得時効の成立を主張する者は，具体的にはどのような事実を主張すればよいのかが問題となるが，抽象的に言えば，無過失の評価根拠事実として占有開始の経緯を主張することになる。例えば，「短期取得時効を主張するAは，Bから売買により甲地を取得して引渡しを受けたが，その際，係争土地も甲地に属するものとして引渡しを受け，占有を開始した。」といった事情を主張することにより，占有開始時点における無過失の評価根拠事実として主張することになる。これに対し，無過失を争うBは，無過失の評価障害事実として，「甲地と乙地の境界には，Bが設置した界標が埋設されていた。」（したがって，注意義務を尽くせば係争土地が乙地に属することを認識し得たはずだ。）といった事実を主張，立証することになる。

　　イ　自主占有と他主占有

　次に，長期取得時効と短期取得時効に共通する要件として「自主占有」がある。自主占有とは，所有の意思を持ってする占有であり，他

主占有とは，所有の意思を持たないでする占有（他人のためにする占有）である。典型的には，賃借人の占有は賃貸人のためにする他主占有である。取得時効との関係では，民法186条1項により自主占有であると推定され，取得時効の成立を争う者が他主占有であることについて主張，立証責任を負う。

　ところが，この自主占有か他主占有か，の問題は，占有開始時点における善意，悪意の問題とも関連する。判例は，古くから自主占有であるかどうかの判断基準は，占有取得原因の性質に従って，客観的かつ外形的に判断されるとしており（大判昭18・7・26法学13・389），最高裁もこの判断を踏襲している（最判昭45・6・18判時600・83，なお後掲【参考判例5】も参照のこと）。したがって，実務上は，当該土地部分が他人の所有に属することを知りながら占有を開始し，その後も固定資産税の支払もしないなど，所有者として占有していることを示す振る舞いがない場合には，そもそも自主占有に該当しないと判断される可能性が大である。

　　ウ　平穏かつ公然の占有

　平穏とは，当該占有が強暴でないことと解されており，公然とは，当該占有が隠微な占有ではないこと，を意味するとされている。いずれも民法186条1項によって推定される。

　　エ　一定期間の占有の継続

　短期取得時効は10年間の占有の継続，長期取得時効は20年間の占有の継続をそれぞれ成立要件とするが，この点についても推定規定があり，民法186条2項は，「前後の両時点において占有をした証拠があるときは、占有は、その間継続したものと推定する。」と定めている。したがって，取得時効を主張する者は，占有開始時点における占有と，民法162条各項所定の期間を経過した時点における占有を主張，立証す

れば占有の継続を主張したことになる。

　これに対して，これを争う者は，民法186条2項によって推定される期間において，占有が中断していることを主張，立証することになる。

　なお，これに関連して，判例（最判昭35・7・27・民集14・10・1871）は取得時効の起算点を任意に選択することはできないとしていることにも注意を要する。

　　オ　時効の「援用」

　援用とは，取得時効が完成した事実を，権利者に対して主張することである。

　前述のとおり，取得時効が完成するとその反射的な効力として，真の権利者は権利を喪失することになる（**第2章第3節参照**）。この点については，「権利のうえに眠る者はこれを保護せず。」と言われており，権利者の懈怠によるものであるのでやむを得ないと解されているが，民法は，取得時効を主張する者についても「援用」を要件とすることにより，取得時効の完成による権利の取得を最終的に権利者の意思に委ねることにより，取得時効制度の弊害を最小限度にとどめようとしている（「紳士は時効を援用せず。」という法諺（ことわざ）がある。）。

　この時効の援用に関して注意すべきは，一定の場合，時効援用権を喪失する可能性があることである。特に，消滅時効については，時効完成後に当該債務を承認した場合には，信義則上，以降時効の援用はできないと解されている。取得時効について，従来，時効援用権の喪失が問題となった事案は見当たらないが，消滅時効の場合と同様の問題が想定される（後述**本節4**参照）。

　以上のとおり，とりあえず短期取得時効を主張するためには，占有開始における無過失と，占有開始時点における占有及び時効完成時に

おける占有を主張すれば足りることになる（ただし，時効の援用も必要）。これに対して，長期取得時効を主張するには，占有開始時点における無過失は不要となるものの20年経過時点における占有を主張する必要がある。

キーワード：善意・悪意・無過失

① 善意：当該事実を知らないこと

② 悪意：当該事実を知っていること

③ 無過失：注意義務違反がないこと

（4）　時効の中断（更新及び完成猶予）

先に指摘したとおり，取得時効は真の権利者の権利の喪失をもたらすおそれのある制度であり，真の権利者は，取得時効の完成を阻止することができる。これが，「時効の中断」である。なお，民法（債権法）改正（平成29年6月2日法律44号）以降（令和2年4月1日以降）は，「時効の更新」という用語が用いられ，一定期間時効の完成を猶予する「時効の完成猶予」と区別される。したがって，債権法改正後においては，時効の完成が猶予された期間内に訴訟提起などによって時効更新手続を取れば，時効を更新することができる。以下，時効の中断については，債権法改正後の条文にしたがって説明する（なお，以下，民法改正後の条文を「改正民法」という。）。

改正民法147条1項は，

「次に掲げる事由がある場合には、その事由が終了する〔中略〕までの間は、時効は、完成しない。

一　裁判上の請求

二　支払督促

三　民事訴訟法第275条第1項の和解又は民事調停法〔中略〕若しくは
　　家事事件手続法〔中略〕による調停

四　破産手続参加、再生手続参加又は更生手続参加」

と定めている。また，同条2項は，

「前項の場合において、確定判決又は確定判決と同一の効力を有する
ものによって権利が確定したときは、時効は、同項各号に掲げる事由
が終了した時から新たにその進行を始める。」

としており，1項による時効完成猶予期間内に訴訟ないし調停等の手
続を取って，確定判決又は確定判決と同一の効力を有する調停等が成
立したときは，時効は「更新」されて再度時効期間が進行することに
なる。さらに，改正民法148条は，強制執行などの手続による時効の完
成猶予を，同法149条は，仮差押え，仮処分による時効の完成猶予をそ
れぞれ定める（なお，改正民法150条（催告による時効の完成猶予）及
び152条（承認による時効の更新）にも注意。）。

改正民法における時効の完成猶予事由

・改正民法147条

① 裁判上の請求

② 支払督促

③ 和解又は調停

④ 破産手続等における権利行使

・改正民法148条

① 強制執行

② 担保権の実行

③ 民事執行法上に規定する担保権の実行としての競売の例による競
　売

④ 財産開示手続（民事執行法196条）

・改正民法149条
① 仮差押え
② 仮処分

　境界紛争との関係では，筆界ADRの申立てを行うことにより時効の完成猶予の効力が生じることに留意を要する。上記のとおり改正民法147条に定められているのは，訴訟上の和解又は民事調停法若しくは家事事件手続法による調停の申立てであるところ，民法改正に伴う改正後のADR基本法（裁判外紛争解決手続の利用の促進に関する法律，平成29年6月2日法律45号）25条において，認証紛争解決手続（ADR基本法に基づき法務大臣の認証を受けたADR）による時効の完成猶予が認められている。しかし，改正後のADR基本法25条に基づく時効の完成猶予については当該調停において和解成立の見込みがないために手続が終了した場合（調停不成立）には，不調となった日から1か月以内に訴えを提起する必要がある。

　他方，調査士会に属する筆界ADRは，いずれもADR基本法に基づく認証を受けた紛争解決手続であるから，筆界ADR機関に対して調停の申立てを行ったときは，係争土地の取得時効についても時効の完成猶予の効力を生じ，調停（和解）不成立となった場合でも，上記期間内に訴えを提起して確定判決又は裁判上の和解が成立した場合には，ADRの申立てをした時点で時効が更新したものとみなされる。

　この「訴え」については，係争土地部分の所有権確認請求訴訟を提起することが最も簡便な方法であろう。

3　境界紛争と取得時効

　この他に，境界紛争と関連して問題となる取得時効に関する法律上

の問題点について，以下に概説する。

　(1)　相続による自主占有への転換

　本節2記載のとおり，長期取得時効にせよ，短期取得時効にせよ，当該占有が自主占有，つまり所有の意思を持った占有であることが必要となるが，他主占有が自主占有に転換する場合がある。民法185条によれば，

①　自己に占有をさせた者に対して所有の意思があることを表示する場合

②　「新たな権原」により更に所有の意思をもって占有を始めた場合には，自主占有に転換することになる。

　ここで問題となるのは，相続が民法185条後段による「新たな権原」に当たるか，である。

　相続が発生した場合において，被相続人の居住不動産に相続人が同居していれば，相続によって占有が承継されることになる。これに対して，相続人が相続発生地以外に住所を有している場合などでも，相続の発生によって誰も占有していない状態となるのではなく，相続人が相続発生の事実を知らなくても相続人が観念的に占有を承継すると考えられる。

　他方，被相続人が隣地の一部を使用貸借，つまり無償で借りていた場合や賃貸借であっても賃料を前払していた場合などには，相続人にはそのような事情はわからないので，被相続人の所有物であると考えて占有を承継することがある。そこで，相続を原因として自主占有への転換が認められるかが問題となる。

　この点，結論だけを述べると，一般論として，相続によって自主占有へ転換することは認められるが，相続が開始（被相続人の死亡）した時点で直ちに自主占有に転換するものではないと解されている。前

述本節2(3)イのとおり，自主占有つまり所有の意思をもって占有していることは，客観的かつ外形的に表示されている必要があるとするのが判例の立場であり，相続開始後にそのような自主占有と見られるような現実の占有を開始したときは自主占有に転換すると解されている（後記【参考判例5】参照）。

　したがって，相続による自主占有への転換を主張して取得時効の成立を主張する場合には，単に相続があったことを主張しただけでは不十分であり，相続開始後に独自に客観的外形的に見て自主占有と認めるに足りる事実的な支配を設定したことを主張して，この時点を起算点として取得時効の成立を主張することになる。

　境界紛争においては，係争の対象となる土地について相続が発生していることも少なくなく，係争土地部分についての取得時効の成否の判断に当たっては，相続の有無には常に留意する必要がある。

　(2)　取得時効と登記

　前述のとおり，ある権利の帰属を争う者がいる場合，原則として先に権利の取得を公示した者が相手方に対して権利を主張し得ることになる（民177「対抗要件主義」）（第2章第2節2参照）。

　他方，取得時効が完成したときは，その効果は「起算日」すなわち占有開始の時点に遡るので（民144），占有者は占有開始の時点において所有権を取得したことになる。そうすると，時効完成後に係争部分を含む土地が売買などによって譲渡された場合，譲受人と占有者は，係争部分の土地について，売買と取得時効という全く別の取得原因によって所有権を取得したと主張する立場に立つから，係争土地の所有権の帰属について対抗関係に立つことになる。

　この場合において，係争土地の対抗要件，つまり所有権の登記を先に備えたのは譲受人であるから，素直に民法177条を適用すると，占有

者は譲受人に対して取得時効による所有権の取得を対抗（主張）できない，という結論になりそうである。しかし，この結論は，あまりに占有者にとって酷である。

　本来，民法177条の定める対抗要件主義は，権利の帰属を相争う者の間において，いずれも容易に公示手段を取ることができることを前提として，自由競争原理に基づき，最も勤勉であった者に権利の取得を認めるという考え方である。ところが，他人の所有する土地の一部を長期間占有して取得時効が完成した場合においては，当該係争土地部分は，登記上はいまだ筆界によって一個の所有権の対象とされていないのであって，時効取得に基づく所有権を公示するためには分筆登記手続をする必要があるが，これに隣地所有者が応じないときは訴訟提起して分筆登記を実行するしかない。しかも，単に所有権確認請求訴訟では不十分であり，係争部分の地積測量図を添付して，時効取得にかかる部分を分筆の上「○○年○月○日時効取得を原因とする移転登記手続をせよ。」（所有権取得の日は占有開始時点となる。）という訴訟を提起しなければならない。このように考えれば，係争部分を時効取得した者は，売買などによって承継取得した者と異なり任意に登記という公示手段を備えることはできない。したがって，取得時効と登記の問題については，単に民法177条を適用して解決することは公平ではない（後掲参考図参照）。

　この問題については，詳述は避けるが，学説上は，境界紛争のような相隣関係の事案については，民法177条は適用されないという考え方が通説的見解となっている。すなわち，法律構成は異なるが，係争土地の譲受人は当該土地を譲渡人（前所有者）が占有していないことを知りながら譲渡を受けたのであるから，「背信的悪意者」に当たるとか，信義則上占有者に対抗要件を主張できないなどと考えるのである（なお，この点についての判例の考え方は確立していないようである。）。

参考図

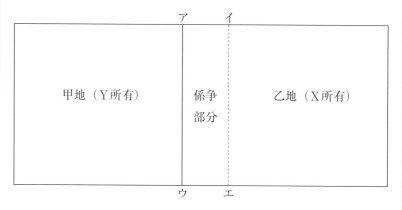

① 平成5年6月1日，YはAから甲地の所有権を売買により取得し，その際アイエウアの各点を結んだ範囲の土地（係争部分）の引渡しも受け，イエにフェンスを設置した。

② Xは平成28年6月1日，Bから乙地の所有権を売買により取得し，同日所有権の移転の登記を経た。

③ 令和○○年○○月○○日，筆界調査したところ，係争部分は乙地に属することが判明した。

　上記の事例において，Xは，Yによる取得時効完成後に係争地の移転登記（対抗要件）を経ているが，YはXに対し，登記なくして係争部分の所有権を主張することができる。

【参考判例5】：最判平8・11・12民集50・10・2591
民法185条に基づく自主占有への転換を認めた例

＜事案の概要＞
　A所有の土地建物のうち，一部は第三者に賃貸されていたが，Aの子

Bが賃貸不動産（本件不動産）を管理し，賃料を取り立てて生活費として費消していた。その後，Bが死亡してその相続人（配偶者）であるC及び子であるDが本件不動産の占有を承継し，賃借人との間の賃料額の改定，賃貸借契約の更新，賃貸家屋の修繕等の保守管理を行い，賃料を取り立ててこれを生活費の一部として費消していた。

　他方，Eは，本件不動産の所有権の移転登記を受け，その後継続して固定資産税を納付している。

　C及びDが，Eを被告として本件不動産の所有権の移転登記手続を求めたのが本件訴訟であるが，その主張する所有権移転の原因は以下のとおりである。

①　BはAから本件建物の贈与を受けている。

②　Bの占有開始以降，10年又は20年が経過しており，C及びDは，Bの相続開始以降その占有を承継したのであるから取得時効が成立している。

③　Bの相続後のC及びDの占有開始後から10年又は20年が経過しており，取得時効が成立している。

＜原審の判断＞

　以上に対し，原審（福岡高判平6・10・27）は，以下のとおり判示してC及びDの請求を棄却した。

①　BがAから贈与を受けたと認めることはできない。したがって，Bの占有は他主占有であって，②の主張も成立しない。

②　Aにつき相続が発生した際に，本件不動産はAの相続税申告書に記載されており，Bの相続によってC及びDの占有が自主占有に転換したとは認められない。

＜判示事項＞

　最高裁は，以下のとおり判示して，C及びDの請求を認めた（破棄自判）。

①　「被相続人の占有していた不動産につき、相続人が、被相続人の死亡により同人の占有を相続により承継しただけでなく、新たに当該不動産を事実上支配することによって占有を開始した場合において、そ

　　の占有が所有の意思に基づくものであるときは、被相続人の占有が所有の意思のないものであったとしても、相続人は、独自の占有に基づく取得時効の成立を主張することができるものというべきである。」

②　「相続人が独自の占有に基づく取得時効の成立を主張する場合を除き、一般的には、占有者は所有の意思で占有するものと推定されるから（民法186条1項）、占有者の占有が自主占有に当たらないことを理由に取得時効の成立を争う者は、右占有が他主占有に当たることについての立証責任を負う。」

③　したがって「占有者がその性質上所有の意思のないものとされる権原に基づき占有を取得した事実が証明されるか、又は占有者が占有中、真の所有者であれば通常はとらない態度を示し、若しくは所有者であれば当然とるべき行動に出なかったなど、外形的客観的にみて占有者が他人の所有権を排斥して占有する意思を有していなかったものと解される事情が証明されて初めて、その所有の意思を否定することができるものというべきである。」

④　「これに対し、他主占有者の相続人が独自の占有に基づく取得時効の成立を主張する場合において、右占有が所有の意思に基づくものであるといい得るためには、取得時効の成立を争う相手方ではなく、占有者である当該相続人において、その事実的支配が外形的客観的にみて独自の所有の意思に基づくものと解される事情を自ら証明すべきものと解するのが相当である。」

⑤　本件における「各事情に照らせば、上告人ら（C及びD）の本件土地建物についての事実的支配は、外形的客観的にみて独自の所有の意思に基づくものと解するのが相当である。」

　この判例は，一般的に，単に相続による観念的な占有の承継によっては自主占有に転換するものではないが，相続人が「外形的客観的にみて独自の意思に基づくものと解される事情」を証明したときは，自主占有への転換を認めたものと解されている。

4　「境界確認書」と時効援用権

(1)　境界確認書作成の効果

　近時，不動産取引において，境界をある程度明らかにする必要がますます高まっている。したがって，売買契約において，隣地所有者との間の「境界確認書」の作成を要求することが増加している。しかし，こういった場合において，調査士などが介在して筆界調査を行った上で筆界の確認を行う場合はむしろ少なく，多くは，現況の占有範囲に基づいて測量を行い（いわゆる現況測量）これにより「境界」が確定したと売買当事者も不動産仲介業者も認識しているようである。しかし，筆界が当事者の合意によって異動できないことは論ずるまでもないところであり，こういった境界確認書は，基本的には占有範囲の確認又は所有権界の確認を行った書面というべきである。

　なお，調査士が境界確認書を作成する場合において，「所有権の範囲を確認する。」又は「占有部分を明け渡す。」などと記載すると，所有権の確認ないし明渡義務の確認をしたこととなり，法律事務に関する文書を作成したこととなるので，弁護士法違反となるおそれがあるから注意が必要である。

　こういったケースにおいて，筆界と占有範囲が一致していれば問題はない。ところが，後に筆界調査を行った結果筆界と占有範囲が乖離していた場合，当該乖離部分については当然に占有者による所有権の時効取得の可能性が生じる。しかし，筆界と占有範囲が一致しなかった場合，一旦は占有範囲に基づいて「境界」を確認したにもかかわらず，後に当該占有部分について取得時効の成立に基づき所有権を主張できるかが問題となり得る。すなわち，境界確認書の作成によって時効援用権を喪失するのではないか，という問題である。前述**本節2**の

時効の援用において解説したとおり，時効制度は，本来，真の権利者の負担の上に権利の取得ないし消滅を認めるものであるから，相手方に対して，時効の援用をしないと信頼させるような行為をした場合には，信義則上時効援用権を喪失すると考える余地があるからである。

　(2)　時効援用権の喪失に関する判例

　この点につき，消滅時効に関しては，比較的多数の判例があり（最判昭41・4・20民集20・4・702など），債務者が時効の完成を知らずに債務を承認した場合（知って承認すれば時効援用権の「放棄」に当たる。），信義則上消滅時効を援用することはできない，とするのが確定した判例になっている（なお，民法146条は「時効の利益は，あらかじめ放棄することができない。」と定めている。）。

　これに対して，取得時効が完成した後に時効援用権の喪失を認めた判例はほとんどないが，以下に実務上参考となる判例を挙げておく。

【参考判例6】：東京地判平12・2・4訟月47・1・164

　境界確定協議が行われた結果，Y（国）の所有地であるとされた土地について，Xが時効取得を主張して所有権の確認を求めた事案において，Xが境界の確定に応じたことと取得時効の主張を行うことは必ずしも相容れないものではないが，Xは，境界確定協議において，最終的にはYの担当官の説明に納得して「丈量図」に署名押印しているので，Xは，Yによって復元された境界を示す丈量図に署名押印することによって，本件土地について所有権を有していないことを確定的に認めたのであって，それまでの占有の継続を根拠とする取得時効の援用をすることは信義則上許されず，時効援用権を喪失するに至ったというべきである，と判示した。

【参考判例7】：千葉地判平30・10・18（平28（ワ）2465）

「Yは，その所有する乙地につき，産業廃棄物処理場の許可申請のために測量士に現況測量を依頼した。測量士は，筆界調査を経ないまま，また，依頼を受けていないにもかかわらず周囲の土地の所有者との間で筆界確認図を作成したが，うち乙地については，Yの現況の占有範囲が乙地に越境している「筆界確認図」を作成したので，XがYに対して，建物収去（一部収去）土地明渡を求めて訴訟提起した」，という事案において，傍論ではあるが，当該筆界確認図によって時効援用権を喪失するものではない旨判示した。

　この問題点について，有力な論文なども見当たらないが，単に現況測量した地図に署名，押印しただけでは，占有範囲について取得時効を主張し得ることを知らないのであるから，必ずしも時効援用権の喪失を招かない，というべきであろう。これに対して，上記【参考判例6】では，国による筆界調査が行われていると思われ，調査士が筆界調査の上，筆界と占有範囲が不一致であることを認識した上で，境界確認図ないし筆界確認図に署名，押印したときは，筆界と異なる所有権界を自認したものというべきであるから，信義則上，時効援用権を喪失する可能性がある。

　結論的には，境界確認書が作成された経緯，誰が測量に当たったのか，地図作成者から当事者に対しどのような説明がなされたのか，筆界調査はなされているのか，などを総合的に勘案して時効援用権を喪失したかどうかについて判断されることになると思われる。したがって，調査士が筆界調査をした上で現況の占有範囲と異なる筆界確認書ないし境界確認書を作成した場合には，時効援用権の喪失をもたらす可能性が相当程度あると考えるべきである。

(3)　境界確認図と調査士の責任

　こういった境界確認図の作成の効果は，調査士の表示の登記に関する業務との関連でも非常に重要である。

　例えば，ある土地の分筆登記の依頼を受けて筆界を調査したところ，推定筆界線と占有範囲が乖離していることは少なくない。そして，当該推定筆界線に基づいて境界確認書を作成し，当事者に署名，押印を受けて分筆の登記を申請した場合，推定筆界線に対して越境しているのが隣地所有者であれば問題はさほど起きない。依頼者のために，隣地所有者を説得して正しい筆界線を認めてもらったにすぎない。

　しかし，依頼者の方が推定筆界線を越境して占有していた場合，推定筆界線に基づく筆界確認をしてしまうと依頼者が時効の援用権を喪失するおそれがある。その場合，依頼者としては，調査士から占有部分について時効援用が可能であるという説明を受けていないにもかかわらず，調査士の調査結果を信用して署名，押印したら，所有権界に属する土地の一部を失う結果となったと考える可能性も否定できない。なお，越境物の確認書を作成したときも同様の問題が生じ得る。

　調査士がこのような業務上の責任を問われた例はないが，今後不動産取引において，境界確認の必要性はますます増大していくと考えられ，調査士が強引に筆界確認書への署名，押印を求めることは厳に慎むべきである。そして，今後，調査士が表示の登記に関する業務を行うに当たっても，ここまで述べてきたような取得時効に関する基礎的な理解が不可欠となるというべきである。

コラム4	主位的主張と予備的主張

　一般に「予備」とは,「必要なときのために、前もって用意しておく。」という意味で使われる言葉である。しかし,法律上の「予備的主張」は,こういった一般的な意味を離れて,厳密な意味で使用されている。

1　予備的主張とは

　すなわち,予備的主張とは,主位的主張において立証すべき事実の一部が認められなかった場合において,その立証できなかった事実に代えて,別の事実を主張,立証することによって請求又は抗弁となる主張,を意味する（司法研修所編『民事訴訟における要件事実　第二巻』181頁以下（法曹会.1992））。例えば,賃貸借契約の期間満了による終了を主張した場合において,黙示の更新が認定されたときに,期間満了の事実に加えて解約申入れを主張する場合などである。

　この予備的関係は,主として訴訟指揮の場面において機能する。すなわち,主位的主張と予備的主張は部分的内包関係にあるから,まず主位的主張から判断することが訴訟経済にかなうのである。なお,法律構成によって請求額に差が生じる場合には,請求額の大きい構成が「主位的請求」となり,請求額の小さい構成が「予備的請求」とされるが,これは主位的主張と予備的主張の関係とは異なる。

　ここまで,「取得時効を予備的に主張する場合」と度々記載してきたが,以上のような定義からすれば,筆界に関する主張と取得時効に関する主張は,実は予備的な関係にはない。取得時効は,民法162条には「他人の物を」と記載されているが,自己の物であっても取得時効を主張し得ると解されている（最判昭42・7・21民集21・6・1643）から,取得時効を主張する者は,筆界の所在にかかわらず取得時効の完成による所有権を主張することができ,両者は内包関係にはないからである。

2　筆界紛争と「予備的」主張

　実は，裁判実務においては，こういった法律的に厳密な意味ではない「予備的主張」が主張されることは往々にしてある。つまり，当事者の主観において，まずこちらの主張を認めてもらいたい，という意味で「予備的」という用語を使用する場合である。この場合，主位的主張と「予備的主張」はどちらも等価であるから，当該主張を認める場合には，主位的主張について判断せず予備的主張のみ認められることもある（ただし，当該主張を排斥する場合にはいずれの主張も排斥することを要する。）。ところが，境界紛争における時効取得の予備的主張は，やや事情が異なる。

　すなわち，筆界が少なくとも一応確定しない限り，所有権の時効取得の対象となる土地の範囲を確定できないから，筆界ＡＤＲなどにおいて主張される「予備的」な取得時効の主張は，筆界の所在についての判断を先決問題としている。その意味では，時効取得の主張は，筆界についての主張が認められなかった場合を想定した主張ではあるが，厳密に法律的な意味での予備的主張ではないということになる。結局，実務的には，調停という緩やかな手続の中で，双方の主張する筆界の確からしさと，時効取得の蓋然性を総合的に勘案しながら，金銭的な解決も視野に入れて当事者双方の妥協点を探っていくということになる。

第 5 章

土地家屋調査士の義務
と業務範囲

128

第1節　土地家屋調査士の基本的義務

　本章においては，調査士法上定められた調査士の業務に伴う義務と業務範囲について概説する。

1　日本土地家屋調査士会連合会への登録

　調査士が業務を行うためには，調査士名簿に氏名，生年月日，事務所の所在地，所属する調査士会その他の事項を日本土地家屋調査士会連合会（以下，「日調連」という。）に登録することを要する（調査8，調査規14②）。

　この登録申請に対して，調査士法10条所定の事由が認められるときは登録を拒否することができるが，登録拒否に当たっては，資格審査会の議決をもって拒否することを要する（調査10①柱書）。また，登録拒否の事由が調査士法10条1項2号又は3号によるときは，当該申請者に対して弁明の機会を与えなければならない（調査10②）。なお，登録拒否された者は，法務大臣に対して審査請求をすることができる（調査12①）。

2　事務所の設置

　調査士法は，同法8条以下において調査士の登録に際しての届出事項を定め，同法20条において事務所の設置義務，同法21条において帳簿及び関係書類の保存義務を定める。

　以上の規定との関係でやや問題となるのは，事務所を開設している調査士が他の調査士事務所において使用人（被用者）として業務を行うことができるか，言い換えれば事務所の二重設置に当たらないか，という問題である。この点については，主たる事務所が登録した事務所にあって当該事務所において執務しており，いわばパートタイム的

に他の事務所において補助的な作業に従事している限りは事務所の二重設置に該当しないと考えるべきである。

3　虚偽の測量，調査の禁止（土地家屋調査士法23条）

　調査士法23条は，「調査士は、その業務に関して虚偽の調査又は測量をしてはならない。」と定めるが，これは調査士にとって最も基本的かつ重要な義務である。

　現代の社会は商品交換によって成り立っており，取引の安全の確保は極めて根源的な要請である。特に，不動産取引においては，登記で公示された内容が対象不動産の内容を正確に反映していることが取引の安全にとっての重要な前提であり，近時，特に土地取引に当たっては筆界のある程度の確定が要求されるようになってきている。もっとも，不動産業者等においては筆界確定という言葉の意味をよく理解しておらず，現況測量によって筆界確定済とする例も散見され（第3章参照），筆界と所有権界を明確に区別して公法上の境界である筆界の位置を可能な限り正確に特定するという調査士の業務は，今後ますます重要性を有してくることが予想される。

　その前提として，虚偽の調査や測量を行ってはならないという義務は調査士にとって最も基本的な義務である。万一，意図的に虚偽測量を行った場合には違法行為に加担することとなる可能性もあり，ほぼ確実に懲戒処分の対象となると言ってよい。

4　会則遵守義務（土地家屋調査士法24条）

　調査士法24条は，「調査士は、その所属する調査士会及び調査士会連合会の会則を守らなければならない。」と定めるが，ここに言う会則とは，調査士法48条に定める各事項に関する「会則」であり，会規とし

て定められたほとんどの事項が調査士法24条の「会則」に含まれることに留意を要する。特に調査士法48条1項12号の「その他調査士会の目的を達成するために必要な規定」には，調査士法3条に定める筆界特定手続及び筆界ＡＤＲ業務の遂行のために必要な規定を含む。調査士法47条2項において，調査士会は会員の品位保持を目的とすると定められていることからしても，調査士倫理も，会則として個別の会員との関係で直接拘束力を有する。なお，会則については，法務大臣の認可を受けなければならない（調査49①）とされていることにも注意を要する。

　上記に関連して，調査士倫理4条及び38条に定める自己研鑽及び資質の向上については第6章を参照されたい。ここで一点だけ指摘しておくと，今後調査士業務の重要性が増してくることが予想されまた調査士倫理に対する理解も要求される現在，調査士は，筆界特定手続及び筆界ＡＤＲも含めた広範な境界紛争の解決に対処するためには，民法（特に取得時効制度）などの知識も含めた広範な知見とスキルを身に付けることが必要不可欠となる。そして，こういった自己研鑽は，業務を適正に行うためにも不可欠であると考えるべきである。

5　依頼に応じる義務（土地家屋調査士法22条）

　調査士法22条は「調査士は、正当な事由がある場合でなければ、依頼（第3条第1項第4号及び第6号（第4号に関する部分に限る。）に規定する業務並びに民間紛争解決手続代理関係業務に関するものを除く。）を拒んではならない。」と定めるが，この規定と調査士倫理との関係，特に依頼を拒むことのできる「正当な事由」については第6章を参照されたい。

　ここで留意を要するのは，調査士法22条の括弧書であり，調査士法3条1項各号の業務のうち，筆界特定及び筆界ＡＤＲ代理業務が除外さ

れていることである。これらの場合すなわち筆界特定及び筆界ＡＤＲ
代理業務については，調査士は，「正当な事由」がなくても依頼を拒む
ことが可能であり，拒む理由についても依頼者に開示する必要はない。
なぜなら，仮に正当な事由を依頼者に開示する必要があると仮定した
場合，他の依頼者と当該依頼者との間の利害対立がある場合に，正当
事由を開示することによって他の依頼者からの業務内容を結果的に開
示することとなってしまい，守秘義務に違反することになるからであ
る。

6　帳簿及び書類の備置（土地家屋調査士法21条）

　調査士は，業務に関する帳簿を備置し，関係書類を保存する義務を
負う（調査21）。なお，業務を行うに当たって補助者を使用することが
できるが，補助者の使用に当たっては各調査士会会則に従った補助者
の登録を要することに留意を要する。ただし，会計処理，電話応対な
どの一般事務を行う者を使用するに当たっては補助者登録は要しな
い。

7　研修を受ける義務（土地家屋調査士法25条）

　調査士は，資質の向上のために調査士会又は日調連の実施する研修
を受講する義務を負うとともに（調査25①），調査士業務に関して知識
を深めるように努める義務を負う（調査25②）。近時は，ＧＰＳ衛星「み
ちびき」の導入により測量制度が飛躍的に向上しており，調査士は，
業務の技術的な側面についても研鑽とスキルの向上が不可欠である。
なお，こういった研修の一部は，いわゆるＥラーニングの形式でも実
施されている。

第2節　業務を行い得ない事件

　調査士法22条の2は，主に，筆界特定及び筆界ＡＤＲ代理業務との関連において業務を行い得ない事件を定める。以下にその内容を解説するが，同条の定める業務を行い得ない事件の具体的内容については，巻末＜参考資料＞の「〇土地家屋調査士法22条の2一覧表」を参照されたい。

1　土地家屋調査士法22条の2第1項

　調査士が公務員として職務上取り扱った事件，仲裁手続において仲裁人として取り扱った事件については，理由のいかんを問わず（当事者の同意があっても）業務を行うことができないとされている（なお，倫理24参照）。

2　協議を受けて賛助し又はその依頼を承諾した事件

　調査士法22条の2第2項1号は，筆界特定又は筆界ＡＤＲ代理業務に関するものとして，相手方の協議を受けて「賛助」した事件については受任できない旨定める（なお，倫理25一参照）。

　ここに言う「協議を受けて賛助し」のうち，まず「協議を受ける」とは，当該事件の内容につき解決のための相談を受けることを意味する。一般論としての相談，例えば，一般的に境界紛争解決手段としての筆界特定手続と筆界ＡＤＲの手続の説明はこれに該当せず，特定の事件に関する相談を受けた場合のみ「協議を受けた」に該当する。この場合，具体的な事案を示して相談を受けた場合，例えば，紛争土地の公図，登記事項証明書その他資料の提示を受けて相談を受けた場合には，「協議を受けて」に当たることになる。

　次に,「賛助」とは,事件について具体的な見解を示し,解決手段を教示し,又は助言することを意味する。したがって,特定の事件について筆界特定申請をすべきである,といった解決策を提示した場合には「賛助」に該当する。この場合,相談をした者との間に信頼関係が生じるので,当該相談者を相手方とする筆界特定手続又は筆界ＡＤＲ業務を行うことは信頼関係を害し,ひいては業務の公正に対する疑念を生じることになる。

　なお,こういった「協議を受けて賛助」との関連では,地方自治体,調査士会等の主催する境界相談会での対応について留意を要する。こういった境界相談会では,具体的な受任まで至らないで相談と回答だけで終わってしまうことも多いが,後に相談者の相手方から事件の依頼を受ける可能性は十分に考えられる。このことは,当該相談会が無料相談であると,有料であるとを問わない。

3　協議の程度及び方法が信頼関係に基づく場合

　次に,調査士法22条の2第2項2号は,相手方の協議を受けた事件でその協議の程度が信頼関係に基づくと認められるときは,当該の協議の相手方に対する筆界特定ないし筆界ＡＤＲ代理業務を受任することはできない旨定める(なお倫理25二)。

　これは,調査士法22条の2第2項1号の「賛助」すなわち具体的な解決策を示す程度に至らなくても,賛助と同等の応対により協議の相手方との間に信頼関係を生じるべき状況になったときを意味する。

　なお,調査士法22条の2第2項1号も含めて,これらの規定は直接には協議の相手方の信頼を保護するための規定であると解されるが,最終的には,相手方の信頼の保護を通じて業務の公正ないし業務の公正に対する信頼を保護する目的であると考えられる。すなわち,これらの

規定により，協議に基づき一定の信頼関係が発生した場合における受任を制限されることとなり，業務の公正に対する疑念が防止され，その結果品位保持も実現されることとなる。

4　相手方からの依頼による他の事件

以上の調査士法22条の2第2項1号及び2号の規定については，同一事件に関する限り相手方の承諾があっても受任の禁止は解除されない。これに対して，筆界特定ないし筆界ＡＤＲ代理業務の相手方からの依頼による，同一当事者間の別の事件については，依頼者の同意ないし承諾があれば取り扱うことができるとされている（調査22の2②ただし書）。

調査士法22条の2に定める受任の制限は，協議の相手方の信頼の保護を通じて最終的には品位の保持，更には職務の公正を保護する規定であるが，別の事件であればそういった配慮は必要なく相手方の信頼のみが保護の対象となるので，その相手方が同意又は承諾していれば業務の制限が解除される。

5　土地家屋調査士法人に関する受任制限

調査士法22条の2は，調査士法人の使用人たる調査士も含めて適用されることに注意を要する。調査士法人の社員たる調査士は調査士法人の代表権を有しており，執行権限があるので調査士法22条の2第3項により同様の制限を受ける（なお，倫理26参照）。

これに対して，使用人たる調査士については，まず当該時点において調査士法人が受任している筆界特定手続又は筆界ＡＤＲ代理業務の依頼者を相手方とする事件は受任できないとされている（調査22の2②六・七）。さらに，調査士法人を退職した後であっても，在籍中に自ら関与した事件については，同様の制限が課されることになる（調査22の2②四・五。なお，倫理25四・五）。なお，調査士法人の社員たる調査士が，

調査士法人の社員を退任した場合も同様である。

　調査士法22条の2第2項6号及び7号は，使用人たる調査士が自ら関与していない場合の規定であるが，こういった場合，条文上は調査士法人を退職した後は業務制限の対象外であり受任可能である。しかし，使用人たる調査士が調査士法人を退職した後，調査士法22条の2第2項6号又は7号に該当する事件を直ちに受任した場合には，後に述べるように（第6章参照），品位を害する行為（倫理3）に該当する可能性もあると解すべきである。前述のとおり，調査士法22条の2の趣旨は相手方の信頼を保護し，業務の公正に対する信頼を守ることにあるから，退職直後の受任は，職務の公正に対する疑念を生じる余地もあるので，少なくとも相当期間を置いた後に受任すべきであろう。

第3節　土地家屋調査士と秘密保持義務

1　筆界特定及び筆界ＡＤＲ代理業務と守秘義務

　調査士法24条の2は，「調査士又は調査士であった者は、正当な事由がある場合でなければ、業務上取り扱った事件について知ることのできた秘密を他に漏らしてはならない。」と定める（なお，倫理8参照）。

　筆界特定及び筆界ＡＤＲ代理業務においては，当事者間の利害対立があり，依頼者は，その業務の遂行のためにプロフェッションである調査士に「秘密」を開示するのであるから，調査士が秘密を保持すべき義務（守秘義務）を負うのは当然である。むしろ，こういった守秘義務は，全ての専門家業務の基盤をなすものであり，その意味では最も基本的な義務である。

　ここでいう秘密とは，個人であると法人であるとを問わず依頼者の

開示していない情報を意味する。また，正当な事由は，法令により当該秘密の開示を要請ないし要求された場合（例えば民事訴訟法上の調査嘱託による場合），行政指導又はこれに類する場合（例えば証券取引所からの開示の要請があった場合）などがこれに該当する。

　また，こういった守秘義務は，調査士業務に関して知り得た情報である限り，調査士を廃業した後も適用されることにも注意を要する。

キーワード：行政指導

　行政機関が，一定の行政目的を実現するため特定の者に一定の作為又は不作為を求める指導，勧告，助言等で行政処分に該当しないもの

2　表示に関する登記の調査又は測量と秘密保持義務

　このような守秘義務は，調査士に限らずあらゆる資格者に課される義務である。顧客は，資格者が専門的な知見とスキルを有するからこそ当該業務の遂行のために情報を開示するのであり，当該情報をみだりに開示しないことは顧客の信頼を保護し，さらには，資格者の業務そのものに対する信頼を保護するために必要不可欠である。

　したがって，守秘義務は，表示の登記に関する業務によって得られた情報もその対象とする。さらに，事件の相手方や関係者（例えば，測量に当たって関係土地について知り得た情報）から得られた情報についても適用される。こういった相手方又は利害関係人との間には調査士との委任関係はないが，例えば隣地との筆界調査に当たって，隣地の所有者から過去の建築確認申請添付の地図などの調査資料の提出を受けた場合，それは，開示の相手方が調査士でありかつ筆界調査と

いう業務の遂行のために必要であるからこそ開示しているのである。したがって，こういった情報も業務ないし事件に関して知り得た情報である以上、守秘義務の対象となると解される。

3　土地家屋調査士業務と個人情報保護法

　守秘義務の対象となる秘密には，個人の住所，氏名などのプライバシー（個人的秘密）も含まれる。このうち，不動産との関連では，当該不動産の権利者，その住所等一定の情報は，登記情報として公開されているが，そのような公開情報であっても，業務の遂行に伴って複数（2件以上）の情報を知り得たことにより，当該情報をデータベースとして保持する者は，個人情報保護法上の個人情報取扱事業者に該当し，当該情報につき守秘義務を負うばかりか，秘密の管理義務を負う（個人情報2⑤・15以下参照）。

　調査士の業務は，その種類のいかんを問わず，隣地ないし関係土地との間の筆界に関する業務であるから，調査士が業務に関連して知り得た個人情報は，公開情報であっても個人情報保護法の適用を受ける。したがって，調査士は，業務に関して知り得た情報について適切に管理する義務を負うとともに，当該業務以外の目的でみだりにこれを開示しない義務を負う。

コラム5	所有者不明土地と土地家屋調査士業務

　調査士が業務を行うに当たって，最も困るのは隣地の所有者が住居所不明となっている場合である。

1　所有者不明土地の調査方法

　平成28年の国土交通省の調査によれば，登記記録上の記載から当該土地の所有者が直接には判明しない土地が約20％あり，そのうち相続，住所調査をしても所有者の判明しない土地が約0.41％に及んでいる。他方，昨今地方都市が衰退し，東京一極集中が進む状況の中で，所有者不明土地が当該土地の利活用の妨げとなっている。

　このような所有者不明土地が生じる原因は，主として，相続登記が未了であることにある。

　登記記録から相続関係を調査するには，一般に，以下のような手順が取られる（なお，第6章末尾 コラム6 参照）。

①　登記情報に基づき，登記上の権利者の住民票を職務上請求する。

②　住民票が取れない場合において，登記上の権利者の取得原因が相続のときは前主の登記上の住所に基づいて戸籍全部事項証明書を請求し，戸籍に基づき相続関係を調査する。

③　現在の権利者の住所については，戸籍の附票によって調査する。

2　所有者不明土地の登記手続

　隣地の所有者がどうしても判明しない場合においては，分筆登記手続の場合は，準則72条2項に基づいて登記申請することが考えられる。すなわち，同項にいう「特別の事情」に該当するとして登記申請することになるが，適正な住所調査を経ていることが不可欠であろう。

　また，売買などの取引において，筆界の一応の確定を要請された場合には，不動産登記法133条2項の規定を利用して筆界特定申請を行うこと

が有力な方法である。すなわち，同項は，「……関係人の所在が判明しな
いときは、同項本文の規定による通知を、……通知をすべき事項及び当
該事項を記載した書面をいつでも関係人に交付する旨を対象土地の所在
地を管轄する法務局又は地方法務局の掲示場に掲示することによって行
うことができる。」としており，この掲示を始めた日から2週間を経過し
たときに，当該通知が関係人に到達したものとみなされる。

3　所有者不明土地の利用の円滑化等に関する特別措置法の概要

　現在，所有者不明土地の利用の円滑化等に関する特別措置法により，
登録免許税の免除措置（租特84の2の3①）など相続登記促進のための施策
（同条②）などが取られているが，所有者不明土地の利用について一定の
場合公共利用が可能となった。すなわち，都道府県知事が公共性を確認
し，市町村長の意見を聴いた上で，法定利用権を設定する制度が創設さ
れている（所有者不明土地の利用の円滑化等に関する特別措置法39）。これによ
り所有者不明土地を，公共目的で公園，直売所，文化施設等に利用する
ことが可能となる。しかし，公共目的による利活用には限界があり，今
後，民間による利活用をどう図るかが問題となろう。

第 6 章

土地家屋調査士倫理

142

第1節　土地家屋調査士倫理の存在意義

1　土地家屋調査士業務の変質と土地家屋調査士倫理

(1)　専門家責任と倫理

　ここまで倫理という言葉を定義せずに使用してきた。また，一般的用語としても倫理という言葉はよく使われるが，調査士倫理については「専門家倫理」であり，一般的な「倫理」（モラル）以上の規律が要求されることをまず確認する必要がある。

　弁護士，司法書士，土地家屋調査士などの専門的資格は，いずれも国家の認定した資格であり，一定の範囲の業務について独占的権限を与えられている。弁護士であれば法律事務の代理が主たる業務であり，いわゆる非弁護士行為は弁護士法72条違反となる。また，司法書士の資格のない者が業として権利の登記申請の代理を行えば司法書士法違反となる。それは，これらの資格者が一般人では判断できない事項について，専門的知見とスキルを有していることが保証されており，さらには，これらの資格者による法的サービスを利用する国民において，そういった資格に伴って業務を公正に遂行するであろうという信頼が生じているからである。例えば，弁護士資格のない者に，訴訟代理業務を認めれば依頼者の利益を害することになる可能性が大であるばかりか，依頼者の利益を害して自らの利益を図るおそれも否定できない。こういった資格に対する信頼は，調査士においても全く同様である。

　すなわち，一定の専門的資格に基づいて業務を遂行する者は，一般人にとっては当該業務に関する専門的資格を有する者として信頼の対象となり，依頼者の信頼を保護する必要性が生じる。このように考えれば，専門的資格を有する以上一般的な倫理以上の専門家としての倫

理を遵守すべきことは当然であり，専門家倫理に共通して中核をなすのは，「信頼関係の保護と業務の公正」ということになる。

　(2)　調査士倫理と調査士業務の変質

　しかしながら，調査士業務については，平成17年の不動産登記法及び調査士法の改正により，本書の主題である新たな調査士業務の拡大が認められるまでは詳細な専門家倫理規程は存在しなかった。

　その理由の一つとしては，調査士法そのものに業務の公正を確保するための規定が複数存在していたということが挙げられる。そして，もう一点としては，不動産の表示の登記の代理業務は権利者のみが依頼者であり，調査士業務が業務の遂行に当たって利害対立に直面することが少なかったという点を指摘することができる。

　すなわち，表示の登記に関する代理業務においては，登記原因は法律行為ではなく土地の形状，地形，面積というような客観的に決定できる事項であるから，利益相反が問題となる余地が比較的少なかった。ところが，調査士の業務範囲と権限の拡大に伴って利益相反の問題が表面化し，倫理の問題に直面するようになったため詳細な倫理規程を設定する必要が生じたと理解することができる。

　具体的には，まず筆界特定制度においては，そもそも当事者間で任意に境界の確認ができないから筆界特定の申請に至るのであり，筆界特定申請の時点で既に隣地所有者との間で利害対立が生じている。さらに，筆界ＡＤＲでは調停による柔軟な解決を目指す手続であるが，やはり当事者間には利害対立が存在するからこそ，依頼者の代理人（ただし弁護士との共同受任）として和解の成立を目指して，業務として話合いと交渉を行うことになる（それゆえ，調査士法及び調査士倫理においても，受任義務の対象外とされるなど筆界特定手続と筆界ＡＤＲについては特段の規定が設けられている。）。

　もちろん，真正な筆界を発見することがいわば調査士の中核的業務

であることは大前提とされなければならないが，他方で，調査士は，新たな調査士業務が認められるまでは，依頼者の代理人として業務を遂行するという意識が希薄であったことも否定できない。そもそも，公正かつ適正に業務を行うことは専門的資格者であれば当然の職責であるが，平成17年の不動産登記法及び調査士法の改正による筆界特定制度と筆界ＡＤＲを契機として明確に専門家倫理を定める必要性に迫られることとなり，これを受けて平成21年6月，日調連において「土地家屋調査士倫理規程」が定められた。なお，この調査士倫理規程は会則であるから，調査士は，各単位会のみならず日調連会則の遵守義務を負うことに留意する必要がある（調査24・48・58）。

2　土地家屋調査士倫理の概要

(1)　調査士倫理のカテゴリー

しかし，専門家倫理としての調査士倫理の具体的内容については，一言では言うことはできないし明確に定義することもできない。

ただ，カテゴリーとしてはいくつかに分類することができる。まず，一般的に資格が認められていることによって守るべき規律があり，非調査士との提携の禁止，結果請負の禁止，誇大広告の禁止などがこれに該当する。次に，依頼者との間の規律に関する規程がある。これは，調査士と依頼者との間に委任関係が生じることから発生するもので，守秘義務，利益相反行為の禁止と規制がこれに当たる。最後に，公正に業務を遂行するという観点から業務の相手方との関係でも守るべき規定がある。相手方に対する利益誘導の禁止などがこれに当たる。

これらの規定は，直接には業務の公正を保持し依頼者との信頼関係の保護することを目的とするが，最終的には，調査士という資格そのものに対する信頼を保持することをも目的としているということがで

きる。すなわち，資格者は，資格によって一般人以上の知見とスキル
を有していることがいわば公的に認められており，そのことにより，
依頼者も資格者を信頼して業務を依頼するという関係が発生する。こ
ういった依頼者の信頼を保護することによって，資格そのものに対す
る信頼を守るために専門家倫理が必要不可欠となる。資格のある者に
は義務も生じるのであり，資格者は，資格によって認められた業務を
公正かつ誠実に遂行する義務を負うのである。

　(2)　品位を害する行為

　以上との関連で，留意を要するのは，一般条項，具体的には品位を
保持すべき義務が定められている点である（倫理3，調査2）。品位保持義
務に違反する行為は，一般に「非行行為」と言われるが，どういう場
合が品位を害する行為に該当するのかは規定上明らかでない。品位を
害するかどうかは最終的には価値判断の問題であり，個々の事例に即
して判断されるしかない。そして，こういった倫理の感覚を養成する
には，個々の調査士がその業務に関連する法律知識などについて研鑽
を積むほかない。

　(3)　調査士倫理と表示の登記に関する業務

　しかし，よく考えてみると，調査士が表示の登記に関する業務を行
う場合においても，当事者の利害対立に巻き込まれる可能性は従来か
ら存在していたということができる。

　例えば，甲土地と隣接する乙土地の筆界の調査を甲地の権利者A及
び乙地の権利者B双方から依頼された場合，調査の結果現況の占有範
囲と推定筆界線が異なるというときには，AB間には利害対立が生じ
ている。

　他方，調査士倫理は，表示の登記に関する業務も含めて調査士業務
全般について適用される規程であり，表示の登記の代理ないし調査業
務においても複数の依頼者から依頼を受けた場合，場合によっては当

該当事者の間に利益相反が生じることとなり，その後当事者の一方のために筆界特定申請又は境界ＡＤＲの代理人となることはできないということになる。

　こういった場合，従来は筆界確認書が徴求できなければそれ以上業務を行うことはできなかった。ところが，筆界特定手続、境界ＡＤＲなど境界に関する紛争解決手段のメニューが充実したことによって，今後，調査士もそういった手続を利用して境界紛争を解決し，あるいは紛争を防止する役割を果たすことが期待されている。したがって，現在では，表示の登記に関する業務を行うに当たっても，将来的に筆界特定手続や筆界ＡＤＲが必要となった場合を想定して，調査士倫理に違反しないように努めることが必要となる。このように考えると，筆界特定手続や筆界ＡＤＲ業務を業務としてほとんど行っていない調査士（例えば認定調査士の資格を取得していないなど）でも，調査士倫理に精通することが不可欠となるのである。

3　懲戒手続

　資格者の懲戒手続については，弁護士には弁護士法に基づく自治が認められているが（弁護士法56），調査士については，当該調査士の属する調査士会を管轄する法務大臣（令和元年法律29号の調査士法改正（施行については「公布の日から起算して1年6か月を超えない範囲内において政令で定める」とされており，令和2年12月末までに施行される。）前は管轄法務局長，以下同じ。）が調査を実施し，法務大臣に懲戒権限がある（改正後の調査44〜46）。この点に関し，令和元年の調査士法の改正により，法務大臣による調査後処分の程度にかかわらず，「聴聞手続」を実施することとなる（調査44③）。また，調査士に対する懲戒請求については従来除斥期間がなかったが，懲戒事由の発生から7年経過後

は懲戒手続を開始しないこととなる（調査45の2）。

　なお，司法書士については，懲戒請求にかかる事実の調査について法務大臣（令和元年の司法書士法改正前は管轄法務局長，以下同じ。）から各単位会に調査依頼がなされ，各単位会の調査結果に基づいて法務大臣が処分の可否及び程度について判断するが，調査士についての懲戒手続については，調査は法務大臣の専権事項となっている。

　近時の懲戒事例においては，調査士法違反ばかりでなく，品位保持義務を含む会則違反による懲戒事例も増加しており，調査士が，今後，調査士倫理に精通する必要性は明らかである。

　なお，「本人確認義務」については，調査士は犯罪収益移転防止法（犯罪による収益の移転防止に関する法律）上の本人確認業者とはされていないが，調査士倫理2条後段は「公正かつ誠実にその業務を行わなければならない。」と定めており，調査士も当然に本人確認義務を負うと解される。

キーワード：聴聞手続
　行政機関が一定の不利益処分を行う場合に，不利益を受ける者に対して口頭で自己弁解・防御を行う機会を付与する手続

第2節　主要な土地家屋調査士倫理の解説

1　一般的規律

　前述のカテゴリーの中で「一般的規律」と言われるものの主要な規定は，以下のとおりである。

　（1）　虚偽の調査，測量の禁止

　調査士倫理7条は，調査士は，虚偽の調査又は測量をしてはならない

としているが，そもそも登記情報の表題部は対象不動産の内容を正確
に表示すべきものであって，表題部に不動産の実態を反映するという
職責を担う調査士がこういった義務を負うことは当然のことである。
なお，調査士法23条にも同様の規定がある。

　このような登記が真正に不動産の情報を反映していることは，取引
の安全を確保するという根源的な要請によるものであり，そういった
観点からも，近時，特に土地の取引に当たっては筆界をある程度明ら
かにすることが重要視されるようになってきている。その前提とし
て，虚偽の調査や測量を行ってはならないという義務は，調査士にと
って最も基本的な義務であるということができる（**第5章第1節3参
照**）。

　(2)　守秘義務

　調査士倫理8条は，守秘義務，つまり業務上知り得た事件についての
秘密を開示又は漏洩してはならないと定めている。このような守秘義
務は，調査士に限らずあらゆるプロフェッションつまり専門家にとっ
て基本的な義務であるということができる。依頼者は，資格者が一般
人にはない知識とスキルがあるからこそ，資格者を信頼して当該業務
の遂行のために情報を開示するのであるから，その情報をみだりに開
示しないことは顧客の信頼を保護し，さらには，資格者の業務に対す
る信頼を保護する大前提になる（**第5章参照**）。

　また，この守秘義務は，事件の相手方や関係者，例えば確定測量に
当たって関係土地について知り得た情報についても適用される。こう
いった利害関係人と調査士との間には直接の委任関係はないが，業務
の相手方でさえ資格を信頼してその遂行のために一定の情報を開示す
るのであるから，守秘義務の対象となると解すべきである。

　(3)　事件の不当誘致の禁止

　調査士倫理11条は，事件の不当誘致の禁止を定める。

　まず，留意を要するのは，調査士倫理11条の不当誘致の禁止との関

係で問題となるのは，事件の紹介料の支払が禁止されるということである。仮に，調査士の資格のない者との間で紹介料を支払って事件の紹介を受ける，という関係が生じると，独立して公正に行われるべき調査士の業務が資格のない者に支配される関係になり，業務の公正を害するおそれが生じる。なお，紹介料の支払と言っても，物品購入あるいはシステム使用料などによって事実上のキックバックを行うことなど，名目のいかんを問わず，事実上事件紹介の対価の支払となる場合にはいずれも不当誘致に該当する。

　また，業務の依頼に当たって，紹介料を支払うばかりでなく事件を紹介したことについて対価を受け取ることも禁止されている。調査士は調査士法に定める業務を行ってその対価として報酬を得るのであるが，事件紹介の対価を受け取ることを認めると，業務を行っていないにもかかわらず報酬を受け取ることを結果的に認めることとなる。これに対して，復代理人を選任してその報酬を分け合う場合には，元請けの調査士も業務に関する責任を負うので，復代理人との間で分け合った報酬は業務を遂行することの対価であって紹介料には該当しない。

（4）　誇大広告の禁止

　以上のように，不当誘致の禁止は最終的に調査士業務の公正を守るため定められていると解すべきであるが，同様な規定として，調査士倫理12条は誇大広告の禁止を定める。

　例えば，過度に安い報酬を外部に表示する，一定期間で地積測量図が作成可能であることを請け負うと言った広告がこれに該当する。こういった誇大広告は，あたかも他の調査士よりも依頼者にメリットがあるかのように表示するものであり，やはり業務の公正を害するおそれがあると言わざるを得ない。

(5)　非調査士との提携の禁止

上記の不当誘致の禁止，誇大広告の禁止といった業務の公正を確保するための規制の延長として，調査士倫理13条は非調査士との提携を禁止している。

例えば，調査士倫理11条で禁止される紹介料を支払って大量に事件の紹介を受けた場合，そういった報酬が調査士業務の経済的基盤になり，最終的には紹介者の言いなりに業務を行わざるを得ない事態に陥る可能性も否定できない。さらには，紹介者の要請を受けて，内容虚偽の地積測量図を作成するといった事態に陥ることも想定できないわけではない。

本来，調査士は，国家資格として一定の能力があると認定されているのに対し，調査士が非調査士と業務提携すると，調査士という資格が空洞化し，最終的には，公正かつ真正に業務を行うことが困難となってしまう。ここに，非調査士との提携の禁止の根拠がある。なお，非調査士行為そのものは，調査士法68条により処罰の対象となる。

2　依頼者との間の規律

次に，以下，依頼者との間の規律のうち主要な規定について解説を加える。

(1)　調査士倫理27条及び28条

調査士倫理27条は，「調査士はあたかも事件について見込みがあるように装って受任してはならない。」と定め，同28条は，「調査士は、依頼者に対して有利な結果を請け負ってはならない。」と定める。

これらの規定は，事件を受任するために結果を保証してはならないとの趣旨であり，不当誘致の禁止などと同様，業務の公正を確保するための規定である。なお，調査士法22条の受任義務との関係では，依頼者の依頼内容が実現困難である場合には，依頼を断る正当事由があ

ると考えることができる。また，これらの規定の適用範囲は，筆界特定業務ないし筆界ＡＤＲ業務に限定されないことに注意を要する。

(2)　調査士倫理30条

次に，調査士倫理30条は「調査士は、公正を保ち得ない事件については、その理由を告げた上で依頼を拒むことができる。」と定める。この規定は，利益相反を根拠とする調査士倫理25条とは趣旨が異なるものである。調査士倫理25条の場合は，事件に関して利益相反関係が発生しているのに対して，調査士倫理30条の場合は，相手方が自分の親族であるなど，そもそも公正を保つことが期待できない関係にあることを根拠とする。なお，現在まで問題となったことはないが，依頼された事件の相手方が継続的に依頼を受けている法人である場合なども調査士倫理30条に該当すると考えるべきである。

このように調査士倫理30条の場合は，受任を制限される理由が事件に関して知り得た秘密とは無関係であるので，理由を告げた上で依頼を拒むことができるとされている。

(3)　調査士倫理24条（業務を行うことのできない事件①）

調査士倫理24条は，「調査士は、公務員として職務上取り扱った事件及び仲裁手続により仲裁人として取り扱った事件については、その業務を行ってはならない。」旨定める。これは，調査士法22条の2第1項と同旨の規定である。なお，同条及び調査士倫理24条による制限は，当事者の同意があっても解除されないことに留意すべきである。

(4)　調査士倫理25条（業務を行うことのできない事件②）

調査士倫理25条は業務を行うことができない事件について規定するが，その趣旨としては，調査士法22条の2と同様である。

すなわち，調査士倫理25条1号及び2号は，筆界特定手続又は筆界ＡＤＲに関するものとして，「相手方の協議を受けて賛助し、又はその依

頼を承諾した事件」，及び「相手方の協議を受けた事件で、その協議の
程度及び方法が信頼関係に基づくと認められるもの」については受任
できないとしている。

　調査士倫理25条の「協議を受けて賛助し」及び「協議の程度及び方
法が信頼関係に基づくと認められるもの」の意義については，**第5章
第2節「業務を行い得ない事件」**を参照されたい。なお，同条に直接
該当しない場合の問題点については，**本章第3節**を参照されたい。ま
た，協議にかかる相談は，有料か無料かに関わらないので，各調査士
会の境界問題相談会などにおいても，調査士倫理25条の問題を生じる。

　(5)　調査士倫理26条（業務を行うことのできない事件③）

　調査士倫理26条は，調査士法人の社員たる調査士について，筆界特
定手続及び筆界ＡＤＲ代理業務に関する受任の制限を定めるが，これ
は調査士法22条の2第3項と同旨の規定である（**第5章第2節5参照**）。

キーワード：利益相反行為

　他人の利益を図るべき立場にありながら，その義務に反して自
己の利益を図る行為

3　業務の相手方との規律

　調査士倫理は，業務の相手方との関係に関する規定も定めるので，
以下主要な規定について説明する。

　(1)　本人との直接交渉の禁止

　調査士倫理50条は，筆界特定手続及び筆界ＡＤＲ代理業務について，
相手方に代理人があるときは直接本人と交渉することを禁止する。

　この規定は，むしろ調査士自らの，代理人としての業務を守るため

の規定である。すなわち，代理人がいるにもかかわらず直接交渉を認めてしまえばそもそも代理人を選任した意味がなくなってしまう。それゆえ，調査士は，相手方の代理人である調査士を無視することによって，かえって自らの地位を危うくすることになる。それゆえ，調査士は相互に代理人を尊重しなければならないのである（なお，倫理40・41参照）。

　さらに，調査士は，相手方に代理人がいない場合であっても，相手方本人の無知に付け込んで不当に不利益に陥れることをしてはならないとされている。そもそも，資格者に一定の権限が与えられているのは，当該業務に関して，専門的な知見を有しており，そのことを公的な資格として認められているからである。したがって，そういった資格を認められている以上，その能力を公平，公正に行使することが期待されており，そのことが資格者に対する社会全体の信頼を担保することになるのである。

　(2)　利益供与及び供応の禁止

　調査士倫理51条は，筆界特定手続ないし筆界ＡＤＲに関して，相手方から利益供与又は供応を受け，若しくはそれを要求することを禁止する。

　この規定も，職務の公正を担保するための規定で，依頼者の代理人として依頼者の利益のために業務をすべき立場にあるのに相手方から利益供与を受けることになれば，業務の公正が損なわれ，ひいては調査士業務の公正に対する信頼そのものを害することになりかねない。

　同様に，調査士倫理52条は調査士から相手方に利益供与ないし供応をすることも禁じているが，こういった行為も，相手方を利益誘導することによって不正行為の温床となる可能性があることは明らかである。

4　その他の土地家屋調査士倫理

（1）　調査士倫理40条及び41条

調査士は同じ資格を与えられた専門家であり，調査士倫理40条及び41条は，調査士は，相互に相手方を尊重し，協力するとともに，他の調査士の事件に不当に介入してはならない，と定める。

（2）　調査士倫理4条及び38条

調査士倫理4条及び38条は，調査士は常に自己研鑽して資質の向上を図るべきであると定める。調査士法25条に定める研修を受ける義務も同様の趣旨である（**第5章第1節参照**）。調査士倫理4条及び38条は一種の努力義務であるが，調査士の業務範囲の拡大に伴って調査士の資質の向上も不可避となっており，不動産取引において筆界の重要性が増している中，調査士が不動産取引において重要な職責を担うことが期待されている。その意味でも，調査士は，筆界特定手続ないし筆界ＡＤＲの利用も含めた広範な境界紛争の解決手段に対処できるよう，自己研鑽に努める必要がある。

（3）　調査士倫理17条

登録補助者制度は，司法書士業務との関連では近時問題が生じている。特に，登録のない者に補助業務を行わせた場合には懲戒の対象となり得るので注意が必要である。

調査士も，調査士倫理17条により補助者について指導監督責任を負うので，登録補助者の行った行為は基本的には調査士本人が責任を負うことになる。登録補助者については，各単位会において会則として登録補助者に関する規則が定められており，調査士は，補助者の届出，補助者台帳の備付け，補助者登録証の交付義務などの義務を負う。

第3節　土地家屋調査士倫理に関する諸問題

1　土地家屋調査士法と土地家屋調査士倫理の関係

(1)　相手方の同意による禁止の解除

　前述のとおり，調査士倫理25条2号及び調査士法22条の2第2項2号は，相手方の協議を受けた事件で，その協議の程度が信頼関係に基づくと認められるときは，その協議の相手方に対する筆界特定手続ないし筆界ADR業務を受任することはできない旨定める。

　これらの規定は，直接には協議の相手方の信頼を保護するための規定であると解されるが，最終的には，相手方の信頼の保護を通じて業務の公正さそのものないし業務の公正さに対する信頼を保護する目的であると考えることができる。すなわち，協議による信頼関係が発生した場合においても協議をした者の相手方から筆界特定手続又は筆界ADR代理業務を受任したときには，協議をした者からすれば，その者との協議によって得られた情報に基づき，当該調査士が協議者と利益相反関係にある依頼者に有利に業務を遂行しているのではないかとの疑念を生じ，業務の公正さに対する疑いを生じる結果となることは明らかである。したがって，調査士倫理25条1号及び2号については，同一事件に関する限り相手方の承諾があっても受任の禁止は解除されないとされている（なお，倫理25三参照）。

(2)　同一当事者間の別事件

　調査士倫理24条，調査士法22条の2第1項は，筆界特定手続ないし筆界ADR代理業務の相手方からの依頼による別の事件，公務員として職務上取り扱った事件及び仲裁手続において仲裁人として取り扱った事件については業務を行うことができないと定める。

　このうち，相手方からの依頼による別の事件については，依頼者の同意ないし承諾があれば取り扱うことができるとされている。これ

は，特定の事件について利益相反関係のある相手方からの依頼であっても，別事件であれば職務の公正を保持することは可能であるから，依頼者が同意又は承諾していれば業務の受任制限が解除される趣旨である。

しかし，調査士倫理の観点からは，依頼者の同意ないし承諾が得られた場合であり，かつ，相手方からの依頼による別の事件であっても，当該事件の受任については慎重に検討すべきである。

本来，調査士法の各規定は，行為規範つまりどう行動すべきかについての指針である面と，決定規範つまり当該規定に違反した場合には違法行為になるという面があるが，倫理規定においては，「品位を害する行為」（倫理3，調査2）という一般条項が定められているように，明確な行為規範としての線引きはできない。したがって，調査士倫理25条には直接該当しないが，品位を害する行為に該当する場合も十分想定される。

このように考えれば，別の事件の依頼であっても，具体的な事案の内容によっては結果的に依頼者の信頼を損なう可能性がある場合も想定され，そのような場合には，品位を害する行為に該当するおそれもあるので受任については慎重に検討すべきである。

(3)　業務の種類が異なる場合

調査士倫理25条に関連して，筆界特定手続又は筆界ＡＤＲ代理業務の相手方から，別の土地についての表示の登記に関する業務の依頼を受けた場合については，調査士法にも，調査士倫理にも直接の規定はない。調査士倫理25条も調査士法22条の2も「筆界特定手続代理関係業務又は民間紛争解決手続代理関係業務に関するものとして」を要件としているからである。しかし，調査士倫理の問題としては，上記(2)と同様，この場合でも品位を害するような受任に該当する可能性がないとは言い切れない。

　例えば，調査士会の境界問題相談会において相談者つまり協議の相手方からの相談が不動産を一部分筆したいという内容であった場合には，相談内容は形式的には表示の登記に関する相談でしかない。したがって，調査士法3条1項1号の業務にしか該当しないので調査士倫理25条に定める前提条件を欠くことになる。しかし，表示の登記に関する相談であっても，当該土地の境界について争いがある場合には，その紛争解決手段として当然に筆界特定の申請ないし筆界ＡＤＲの申立てが想定されることになる。このような場合，調査士としては表示の登記に関する業務として相談を受けていたとしても，相談者からすれば，筆界特定手続又は筆界ＡＤＲの申立ても含めた相談をしていたと認識している可能性も否定できないのであって，業務の公正に対する信頼を損ねるおそれもないとはいえない。したがって，このような場合には，相談者と利益相反関係にある相手方からの受任については慎重になるべきである。

　また，相手方の依頼にかかる別の事件が，表示の登記の代理業務であった場合にも調査士倫理24条の要件は満たさないことになり，調査士倫理規程上は，直接には受任を制限する規定はないことになる（したがって，相手方の同意も要しない。）。しかし，そもそも調査士倫理24条が相手方の信頼を保護する趣旨である以上，こういった表示の登記の代理業務の受任に当たっても，相手方の同意又は承諾を得ておいた方が無難である。

2　業務を行い得ない事件と受任義務

　調査士倫理19条は，調査士は「正当な事由」がない限り，表示に関する登記についての調査，測量，申請業務の依頼を拒んではならない旨を定める（なお，調査22参照）。

　この規定については，従来，一般的には，業務が多忙であるとか，体調不良なども正当事由に当たると言われているが，むしろ深刻な問

題となるのは，表示の登記に関する業務についても利益相反を理由と
して依頼を断れるかという問題である。この点については，実は調査
士倫理25条の業務を行い得ない事件と調査士倫理19条は表裏の関係に
あり，調査士倫理25条によって業務を行い得ない事件，受任すべきで
ない事件は調査士倫理19条の正当事由に該当すると考えるべきであろ
う。

　本章第1節において指摘したとおり，調査士の業務範囲の拡大に伴
って利益相反の問題に直面するようになったが，この調査士倫理19条
の正当事由がある場合には，正当事由の内容については開示すべき義
務を負わずむしろ開示すべきでないことに留意が必要である。利益相
反を理由として受任を拒絶する場合，正当事由を開示することは利益
相反の内容を具体的に説明することになり，現在の依頼者ないし過去
に相談を受けた者との関係で守秘義務に反することとなる可能性があ
るからである。

3　潜在的利益相反行為

　本章第2節において概説したとおり，調査士倫理19条（調査22）の受
任義務の適用除外となる筆界特定手続又は筆界ＡＤＲ代理業務につい
ては，受任を拒絶するに当たってその理由を開示する必要はない。こ
れに対し，調査士倫理30条1項の公正を保ち得ない事件については，同
項を理由に受任を拒絶する場合には公正を保ち得ない理由を開示（説
明）する必要がある（倫理30②参照）。

　ところが，調査士倫理25条又は調査士法22条の2第2項に該当しない
場合であっても，依頼者間において潜在的な利益相反関係が認められ
る場合がある。典型的には，係争土地の共有者全員から筆界ＡＤＲの
代理を受任する場合である。特に，共同相続された土地が遺産分割未
了である場合には，依頼者である共有者間において，遺産分割に当た

って利害対立が生じるおそれが十分に認められる。このような場合，受任の時点で共有者間において筆界についての意見が一致していれば，依頼者間の利害対立は顕在化していないので受任は可能であると解されるが，例えば，筆界ＡＤＲ代理業務を受任した後に，和解の成立に当たって相手方の主張する筆界線を認めた上で和解金の支払を受けるといった和解案に対して，共有者間で意見が対立するおそれは十分にある。

　こういった場合，弁護士職務基本規程においては将来的に利益相反が顕在化したときには辞任することがあり得る旨をあらかじめ説明し（弁護士職務基本規程32），利益相反が顕在化した場合には「辞任その他適切な措置」を採らなければならないと定める（弁護士職務基本規程42）。具体的には，当事者を説得して意見を一本化する（この場合利益相反は消滅する。）又は代理人を辞任することになるが，当該手続について依頼者全員の代理人を辞任する必要があると解すべきである。

　調査士倫理には同様の規定は存在しないが，潜在的な利益相反関係にある複数の依頼者から代理業務を受任したときは，調査士倫理30条の趣旨からしても，また依頼者との間の信頼関係の維持の観点からしても，依頼者全員に対して，受任に当たってあらかじめ利益相反の可能性があることを説明した上で，利益相反が顕在化した場合には辞任する必要があると解すべきであり，もしこのような「説明義務」が尽くされない場合には，調査士としての品位を害する行為に該当する可能性があると解すべきである。

　なお，この場合辞任の可能性を説明する相手方は，全員依頼者であるので，守秘義務に違反するおそれはない。

4　反社会的勢力の排除

　最後に，調査士倫理には直接の規定はないものの，近時特に反社会的勢力の排除が問題となっているので，その点について解説を加える。

　反社会的勢力からの依頼については，平成24年11月16日に日調連会長見解が出されており（日調連発第238号），これを拒んでも受任義務に違反しない，つまり依頼を断る正当事由になるとされている。この会長見解は，会規ではないものの，業務についてのガイドラインとなるが，反社会的勢力との取引については，単に依頼を断ることができるというだけでなく，取引をしないという断固とした態度で対応することが重要である。

　そもそも，反社会的勢力とは，暴力団及びその構成員，暴力団の関係者ないし関係企業，社会運動標榜ゴロ及び総会屋等を指すが，現在，各都道府県で反社会的勢力排除条例が定められており反社会的勢力との取引及び接触は禁止されている。そして，各条例に基づき一般的な契約（委任契約を含む。）においても，当事者が反社会的勢力であることが分かったときには契約を解除できる旨の条項を挿入すること，さらには反社会的勢力に対する利益供与も禁止されている。

　実質的に考えても，反社会的勢力からの依頼を受けて業務を行って報酬を得た場合，その報酬は違法行為によって得られた金銭を間接的に受領していることになり，これにより，反社会的勢力と取引すると暴力行為等を助長する結果となるおそれが否定できない。それどころか反社会的勢力との取引を継続するうちに，自らが被害を受けることになる可能性も大である。

　したがって，調査士倫理には，反社会的勢力の排除に関する規定はないとしても，各条例によって当然に調査士も反社会的勢力を排除すべき立場にあるのであって，調査士がそういった取引を厳に慎むべきなのは当然である。

キーワード：暴力団

　その団体の構成員が集団的に又は常習的に暴力行為等を行うこ
とを助長するおそれがある団体

コラム6	戸籍の附票と住民票の起源

　調査士も，戸籍法及び住民基本台帳法の改正により，業務の必要があ
るときは戸籍及び住民票（住民登録事項証明書，以下同じ。）の職務上請
求が認められることとなった。戸籍と住民票については，一般的に前者
は個人の身分関係を表すものであり，後者は個人の住所のデータベース
であると言われている。しかし，現実には，住民票の移動があると本籍
地に通知され「戸籍の附票」にも住所が反映される制度となっており，
両者はリンクしている。

　なぜこのような住所に関する重複が起きたのかについては，戸籍制度
と住民票制度の歴史的経緯が関係している。

1　戸籍の附票の起源

　戸籍法は明治4年に制定されたが，この時点では戸籍と住所が一致す
ることを予定されていた（「戸籍即住所」）。しかし，工業化の進展（殖産
興業）により本籍地を離れて就労する者が増加し，大正3年に「寄留法」
が制定され，本籍地を離れて就労する者について「寄留簿」を作成して
これに記載されるようになった。その後，昭和26年6月8日，住民登録法
（同27年4月28日施行)が制定されるに至って寄留法は廃止され，その際，
寄留簿が「戸籍の附票」となったのである。したがって，昭和26年以前
の住所は，原則として（寄留簿に記載がない限り）戸籍所在地であるこ
とになる。住民登録法は，昭和55年以降「住民基本台帳法」となったが

（住民登録法は廃止），住民登録の移動の結果は，現在でも戸籍の附票に反映されて戸籍の附票も個人の住所を示すデータとなっている。

　興味深いのは，明治4年の段階で相当完成度の高い戸籍が速やかに作成できたことであるが，それは，江戸時代中期以降，宗門改め，人別改めが実施され，人別帳が作成されていたからでありこれに基づき戸籍が編纂されたからである。ちなみに，この人別帳に記載されていない者が「無宿者」である。さらに，この宗門改め，人別改めの起源をたどると，「寺請制度」に行きつくのであり，これらの諸制度はキリシタン禁止令と密接に関連する制度であった。なお，江戸時代以降の我が国の人口について極めて正確な推定がなされているのは各藩ごとに作成された人別帳，宗門帳に基づいている。

　このように戸籍制度は，我が国の長い歴史に基づいたものであり，我が国の重要な文化的資産であると言っても過言ではないのである。

2　住民票の起源

　これに対し，住民票は，昭和16年に作成された「市民世帯調査台帳」に基づき，昭和26年の住民登録法制定の際に市民世帯調査台帳が住民票となった。その後，昭和42年に住民基本台帳法が制定され，住民登録法は廃止された。なお，平成11年には住民基本台帳法の改正により，いわゆる「住基ネットワーク」が構築されるに至っている。

　ところが，上述の市民世帯調査台帳の根拠となる法律は見当たらず，市民世帯調査台帳は行政権限によって作成されたもののようである。この点に関し，昭和13年に国家総動員法の制定により生活必需品が配給制度の対象となり，市民世帯調査台帳作成の翌年昭和17年に食糧管理法が制定され，「米穀配給通帳制度」が実施されるようになった。推測ではあるが，この米穀配給通帳制度実施のために市民世帯調査台帳が作成されたと思われる。それゆえ，市民世帯調査台帳には極めて正確な住所が記載されたのである。なお，米穀配給通帳制度は昭和56年の食糧管理法改正により廃止された。

　このように，住民票制度も第二次世界大戦の激化に伴う配給の実施という歴史的経緯に基づいた制度なのである。

3　マイナンバーカード

　住基ネットワークの構築に伴い，「住基カード」が希望者に交付されるようになったが，平成25年に「マイナンバー法」（行政手続における特定の個人を識別するための番号の利用等に関する法律）が制定され，同27年にマイナンバーと住基ネットワークが接続されるに至り住基カードは廃止され，マイナンバーカードに代替されるに至っている。

　マイナンバーのような国民識別番号制度は，諸外国においても実施されているが，いずれも徴兵又は納税上の必要から導入された経緯がある。例えば，こういった制度を最も早く導入した国にアメリカ合衆国があるが，現在アメリカで実施されているＳＳＮ（社会保障番号）制度の起源は，1917年のアメリカによる第一次世界大戦参戦に伴う徴兵制の施行のためのものであった。

　このように住所データベースは，いずれも行政上の便宜のために作成されるものであって，住基カードがマイナンバーカードに取って代わられるのも，不可避な時代の趨勢なのかもしれない。

第 7 章

土地家屋調査士法人
とその活用

166

第1節　土地家屋調査士法人とは

1　土地家屋調査士法人制度の目的

　平成15年の調査士法改正に伴って，調査士業務を目的とする法人の設立が認められた（調査第5章）。これに基づく法人が「土地家屋調査士法人」（以下「調査士法人」という。）であるが，調査士法人は，一般社団法人と持分会社（合同会社，合資会社，合名会社）の中間的な形態の法人と考えられ，法律上の区分としては，弁護士法人，司法書士法人などと同等の性質を有する（なお，「一般社団法人及び一般財団法人に関する法律」の制定に伴って，調査士法5章の規定が大幅に改正されたことに注意。）。

　調査士法人制度は，平成13年の規制改革推進計画（同年3月30日閣議決定）において，「資格者に対する利用者の複雑多様かつ高度なニーズにこたえる」ことを目的として創設されたものであり，国民の多様な司法サービスを提供するための制度と位置付けられるとともに，調査士にとっても業務の合理化が実現できるというメリットが認められる（なお，調査士法人の社員の地位については**本節3**において述べる。）。具体的には，法人税の税率は，一定の課税所得以上の部分は個人の場合に比して優遇されており，したがってまた，利益剰余金などの内部留保も蓄積しやすい。これにより，法人の経営の安定化を図ることができるという点が最大のメリットである。

　本章においては，調査士法人の概要について解説し，現在の調査士業務との関連においてその問題点を指摘する。

2　土地家屋調査士法人の業務範囲

　調査士法人の業務については，調査士法29条1項において「調査士法人は、第3条第1項第1号から第6号までに規定する業務を行

うほか、定款で定めるところにより、次に掲げる業務を行うことができる。

一　法令等に基づきすべての調査士が行うことができるものとして法務省令で定める業務の全部又は一部

二　民間紛争解決手続代理関係業務」

と定められている。

　したがって，基本的には，調査士法人は調査士業務として認められる全ての業務を行うことが可能である。

　このうち，2号については，調査士法29条2項において，「民間紛争解決手続代理関係業務は、社員のうちに第3条第2項に規定する調査士がある調査士法人〔中略〕に限り、行うことができる。」とされている。調査士法29条1項1号の「法務省令で定める業務」については，調査士規則29条1項各号に定められている。しかし同条は，形式上調査士法人の業務として定められているものの，同条所定の業務は法人以外の調査士においても遂行可能であると解すべきである。本来，調査士法人は，調査士法3条所定の各調査士業務を目的とする法人であって，調査士規則29条所定の各業務を法人にのみ限定的に認める根拠はないからである。

キーワード：一般社団法人と一般財団法人
　一般社団法人：一定の目的で構成員である社員が結合した団体の
　　　　　　　　うち法人格が認められたもの
　一般財団法人：特定の目的を持って結合された財産の集合体のう
　　　　　　　　ち法人格を付与されたもの

3　土地家屋調査士法人の社員たる土地家屋調査士の地位

（1）　調査士法人の設立

　調査士法人は，二人以上の調査士が調査士法31条に定める事項を満

たした定款を作成して，設立の登記をすることによって成立する（調査32）。調査士法人を設立したときは，設立のときから2週間以内に調査士会及び日調連への届出を要する（調査33）。なお，調査士法人の社員は調査士でなければならず（調査28①），一定の資格制限がある（調査28②）。また，調査士法人の従たる事務所を設置するときは，従たる事務所に常駐する社員を定める必要がある（調査36）。

　調査士法人においては，資本金に相当する出資金及びその「持分」も登記事項であるが，特に出資金の額についての制限はない（会社法576①）。また，持分については現物出資も可能である。なお，資本金ないし出資金の総額が1,000万円未満の法人については，設立から約3課税期間の間，消費税等（地方消費税を含む。）の申告義務が免除されるという優遇措置が認められている（消費税法12の2）。

　(2)　一人法人

　令和元年の調査士法改正により，社員が調査士一人の調査士法人（以下「一人法人」という。）の設立も認められる予定となっている（施行については「公布の日から起算して1年6か月を超えない範囲内において政令で定める」とされている。）。

　この点につき，弁護士法においては従来から一人法人（弁護士法人）の設立が認められていたのに対し，司法書士法人，調査士法人について，二人以上の資格者が社員とならないと資格者法人の成立が認められていなかった。その趣旨については，二人以上の調査士が法人化することにより業務の分業化を図るのが調査士法人の制度趣旨である，といった解説もなされているが，そもそも調査士の業務そのものが分業化になじみにくい業務であり，あまり説得力のある議論であるとは言えない。

　むしろ，調査士法人（及び司法書士法人）について，一人法人を認めない合理的根拠は見出し難い。(1)記載の調査士法人制度設立の経緯からしても，調査士個人であっても経営の合理化，業務の適正化の

観点から法人化する必要は認められる（なお，**本章末尾** コラム7 参照）。ただし，従たる事務所を設置するときは，(1)記載の調査士法36条に定める従たる事務所における常駐義務との関係から二人以上の社員を要することは当然である。

(3)　調査士法人の社員

調査士法人の社員は，当該法人のすべて業務を執行する権利を有し，義務を負う（調査35①）。また，調査士法人の社員は，各自調査士法人を代表するとされている（調査35の2①本文）。ただし，社員のうち特に調査士法人を代表すべきもの（代表社員）を定めることを妨げない（調査35の2①ただし書）。

次に，調査士法人の社員は，法人との関係で競業禁止義務を負う（調査37）。したがって，調査士法人の社員たる調査士は，調査士個人の資格において調査士業務を行うことは認められない。これに対し，弁護士法人においては，社員たる弁護士が個人の資格において弁護士業務を行うことは可能と解されているが，それは，そもそも弁護士については弁護士法及び弁護士職務基本規程において，職務の遂行について厳重な規範が設定されているので，実質的に法人の業務と社員個人受任の業務との間の利益相反が考えられないからと理解することができる。これに対して，司法書士法人，調査士法人においては，利益相反が生じるケースが限定的である一方で，表示の登記に関する代理業務を社員たる調査士個人で受任すれば，調査士法人との関係で競業行為となると解され得るのである。

さらに，調査士法人の社員は無限責任を負う（調査35の3）。この点に関しては，調査士法に筆界ＡＤＲ業務についての特則があり，脱退後の社員も在籍中の筆界ＡＤＲ業務によって生じた債務について責任を負う（調査35の3④ただし書）。なお，社員が複数ある場合は，各社員の責任は連帯責任となる。

> キーワード：無限責任
> 　ある事業体の事業の結果について社員及び出資者などが限定なく責任を負うこと

(4)　特定事件についての業務の制限

調査士法36条の3は，調査士法人について，調査士法22条の2と同様の業務の制限をしているが，使用人たる調査士との関係では，「使用人が相手方から筆界特定手続代理関係業務又は民間紛争解決手続代理関係業務に関するものとして受任している事件」を業務制限の対象としている（調査36の3①四）。この規定からすれば，使用人たる調査士が筆界ＡＤＲ代理業務又は筆界特定業務を受任している場合の相手方からの依頼であっても，他の事件については必ずしも受任を制限されないことになるが，このような事件を安易に受任すると，当初の依頼者との関係で信頼関係を損ねるおそれも大であって，事案によっては「品位を害する行為」（倫理3）に該当する可能性もあるから，可能な限り受任は差し控えるべきであろう。

なお，同様のケースで相手方から別の土地の表示の登記に関する業務を依頼された場合にも同様の問題を生じるが，一般論として，筆界ＡＤＲ代理業務及び筆界特定業務に比して品位を害するおそれは低いということができるが，品位を害する行為と非難されることを回避するためには，少なくとも当初の依頼者の同意を得ておくことが望ましい。

第2節　使用人たる土地家屋調査士

1　土地家屋調査士法人と使用人たる土地家屋調査士

(1)　使用人たる調査士の地位

　調査士法人に所属する使用人たる調査士の地位については，調査士法に特段の定義規定はなく，調査士法人と雇用関係にある調査士を意味することになる。したがって，使用人たる調査士には調査士法37条の適用なく，調査士法人の受任した事件を行う一方で個人として調査士業務を受任することは可能である。ただし，調査士法人の業務時間内は調査士法人の指揮命令に服するので，業務時間内に個人で受任した業務を遂行する場合には法人の同意を要すると解すべきである。

(2)　使用人たる調査士と労働法

　使用人たる調査士を雇用するに当たっては，調査士法人は，労働関係の諸法規を遵守する必要がある。まず，雇用するに当たっては，就労時間，就労場所，賃金，休憩時間等の労働条件を書面により明示する必要があり（労働契約法3），したがって書面による労働契約書を取り交わすか，労働条件通知書を交付することを要する。

　そもそも，当該事業所において就労する者が10名を超えるときは，就業規則を作成して労働基準監督署に届け出る必要があり（労基89），使用人たる調査士を労基法又は就業規則所定の就労時間を超えて残業させるときは労基法36条に基づく協定を締結する必要がある。現実の問題としては，調査士法人において就業規則の作成義務を負う場合はほとんどないと思われるが，その場合でも，調査士業務は内容のいかんにかかわらず裁量労働ではないと解されているので，労基法の定める法定労働時間（週40時間）を超えて就労させることはできないことになるし，使用人たる調査士がこの法定労働時間を超えて業務を行った場合には，労基法所定の割増賃金を支払う必要がある。

　さらに，現在，一般の会社においても労働法上の問題となっているのが年次有給休暇（労基39）の消化である。この点については，労基法上は，一定の期間（6年6か月）以上雇用を継続した労働者に対しては，年間20日以上の有給休暇を与えなければならないとされているところ，平成31年4月施行の労基法改正により，このうち少なくとも5日以上有給休暇を与えることが義務化された。もちろん，有給休暇の未消化があっても直ちに違法となるものではないが，雇用契約終了の際には有給休暇の未取得分に相当する清算金の支払義務があると解されている。なお，このような労働契約上の債権は2年で消滅時効にかかるので（労基115），有給休暇の清算に当たっては2年分の未消化分が対象となる。

　現在，弁護士法人や司法書士法人においては，事務員ないし使用人たる弁護士又は司法書士との雇用関係を終了する際に，当該使用人が未払の残業手当ないし有給休暇未消化分の清算金を要求する事例が散見されるようになっており，調査士法人についても同様の問題が発生する可能性は高い。今後，調査士法人において使用人たる調査士を雇用する場合には，労働環境の整備及び労務管理に十分に配慮することが不可欠である。

　また，以上については，調査士法人の問題のみならず，個人事務所において事務員ないし調査士を雇用している場合でも全く同様であって，これからの調査士事務所の経営にとっては適正な労務管理は避けて通れない問題である。

キーワード：就業規則
　労働者の就業上遵守すべき規律及び労働条件に関して労働基準法その他の法令に基づいて定められた規則のこと

2　使用人たる土地家屋調査士の業務を行い得ない事件

　使用人たる調査士が個人で事件を受任するに当たっては，調査士法22条の2及び調査士倫理25条の定める制限を受ける。この場合，調査士法22条の2は，調査士法人が筆界ＡＤＲ代理業務又は筆界特定代理業務として受任している事件（調査22の2②六）及び調査士法人が筆界ＡＤＲ代理業務又は筆界特定代理業務として受任している相手方からの依頼の事件であっても，当該使用人たる調査士が自ら関与している場合には受任できない（調査22の2②七）と定めていることに注意を要する。

　また，使用人たる調査士については，調査士法人との雇用関係が終了した場合には，調査士法22条の2は形式上適用されないことになるが，調査士法22条の2は，調査士業務が公正に行われることに対する信頼を保護する趣旨の規定であるから，使用人たる調査士が調査士法人との雇用関係が終了した直後に調査士法22条2第2項6号及び7号に該当する事件を受任することは，調査士としての品位を害する行為に当たるおそれがあり，可能な限り受任を回避すべきであろう。

3　使用人たる土地家屋調査士と受任義務

　他方で，使用人たる調査士も調査士法22条に定める受任義務を負うが，調査士法人との関係において，調査士法人が使用人たる調査士の受任を一定の範囲で制限することは認められるべきである。例えば，使用人たる調査士が，その属する調査士法人の顧問先ないし継続的な受注先の隣地の所有者から，個人の資格において表示の登記に関する代理業務の依頼を受けた場合，受任を拒絶することが調査士法22条の「正当な事由」に該当するかが問題となる（なお，筆界ＡＤＲ代理業務及び筆界特定代理業務については，理由の開示を要せず受任しないことができる点に注意。）。

　このような場合，そもそも使用人たる調査士は，調査士法人の指揮

命令に服して調査士法人の利益のために業務を行う義務を負っているのであるから，調査士法人が受任を認めないことを理由として依頼を拒絶することができると解すべきであろう。なお，調査士法人としては，雇用関係にある使用人たる調査士は，あらかじめ調査士法人の同意がない限り業務を受任できないという旨の規定（内規），ないし受任に当たって使用人たる調査士に受任の内容を報告すべき義務を定めておくことは有効な手段である。前述のとおり，業務の多忙も調査士法22条に定める正当事由に該当すると解されているので（第6章第3節2参照），調査士法人の業務が多忙であることを理由として，使用人たる調査士の個人受任を制限することも可能であると解すべきである。

　ただし，調査士法人においても内規の有無にかかわらず，合理的な理由なく，使用人たる調査士個人の受任を制限することはできないと解すべきである。

　なお，使用人たる調査士が調査士法人の業務を使用人として行うに当たっては，調査士法36条の3の制限を受けることは言うまでもない。

第3節　土地家屋調査士法人と表示の登記に関する代理業務

1　土地家屋調査士法人による地積測量図の作成

　調査士が表示の登記に関する代理を行うに当たっては，当該登記申請に添付する地図は，申請代理人である調査士自らが作成することを要することは既に述べた（第3章第2節参照）。

　他方，調査士法は，調査士法人の執行権限は社員たる調査士に属する旨定める（調査士法35条1項の反対解釈）。したがって，調査士法人が表示の登記を代理人として申請する場合には，社員たる調査士名義で申請書を作成し，添付する地積測量図等も社員たる調査士が作成し

た地図を添付する必要があることになる。現実の問題としても，そのような登記申請でない限り，申請を受理しない法務局が多いようである（ただし，登記官の判断によって異なる可能性はある。）。

　しかし，このような取扱いは調査士法人制度の趣旨と真っ向から対立することになる。例えば，司法書士法人においては，使用人たる司法書士が社員たる司法書士名義の登記申請書を作成し，最終的に社員が押印して登記申請するのであれば問題は生じない。弁護士法人においては，法人受任した事件であっても，使用人たる弁護士名で委任状の交付を受け使用人たる弁護士が単独で訴訟遂行することができる。

　ところが，調査士法人においては，社員たる調査士が自ら測量して地図を作成する必要があるとすると，使用人たる調査士の役割は測量の補助及び筆界の調査程度しか認められないこととなってしまい，法人設立による業務合理化のメリットの大半が失われてしまうことになる。

2　使用人たる土地家屋調査士による登記申請の代理

　この問題については，私見であるが以下のように考えるべきである。
① 　まず，表示登記に関する代理業務の委任契約と，現実の登記申請の方法は必ずしも一致する必要はない。前述本節1のとおり，弁護士法人が依頼者との間で委任契約を締結した場合において，現実の委任事務の処理に当たって訴訟委任状を使用人たる弁護士名義にしても問題は生じない。この場合，当該委任状の宛先となった使用人たる弁護士は弁護士法人の指揮命令に服する立場であるから，当該委任状に基づく訴訟遂行も弁護士法人の行為として行うことができるからである。

　同様に，調査士法人が委任契約を締結した場合において，依頼者から使用人たる調査士個人に対する登記委任状の交付を受けて，これに基づいて登記申請業務を行うことも全く適法な業務の遂行であ

る。したがって，調査士法人が受任した事件について，使用人たる調査士が調査士法人の指揮命令に従って測量を行って地積測量図を作成し，依頼者からは当該使用人たる調査士に対する委任状を徴求し，使用人たる調査士名義で登記申請すれば，何ら法律上の問題は生じない。

② 次に，そのような業務形態で依頼した事件を処理した場合において，当該業務の報酬は調査士法人に属することとして問題は生じない。

　上記のような業務遂行を行った場合，使用人たる調査士は調査士法人の指揮命令に従って地図の作成及び登記申請行為を行っており，その対価は，調査士法人の給与として支払われることになる。対価関係の受領と業務の執行形態は必ずしも一致する必要はないのであって，調査士法人との間に委任関係が発生している以上，委任契約に基づく報酬が調査士法人に属するのは当然である。なお，この場合，業務を行うための費用も調査士法人の負担となる。

③ また，委任契約を締結するに当たっては，弁護士については，特段の事情がない限り依頼者との間の委任契約書を作成する義務があると解されているところ，調査士倫理においては，20条1項に「調査士は、依頼の趣旨、内容及び範囲を明確にして受任しなければならない。」と定めるだけで契約書の作成義務が明文化されていない。しかし，特に調査士法人に当たっては，業務内容を明確に保存するという観点から言っても，決算書類の作成及び保管の観点から言っても，原則として書面により委任契約書を締結すべきである。

　以上のとおり，調査士法人が受任した表示の登記に関する申請代理業務について，使用人たる調査士が地積測量図を作成し代理人として登記申請することは全く差し支えないと考えられるが，そもそも，使用人たる調査士は調査士法人の指揮命令下において行うのであるから，使用人たる調査士が作成した地積測量図を添付して，社員たる調

査士が調査士法人名義で表示の登記の代理申請することは認められて然るべきであるように思われる。

3　土地家屋調査士法人設立のメリット，デメリット

　調査士法人の設立には**本章第1節**に説明したようなメリットがあるにもかかわらず，残念ながら調査士業界においては法人化の必要性についての意識が希薄であるのが現状である。すなわち，法人化は何らかの必要性がない限り実行する必要はないという考え方が一般的であると言ってよいように思われる。また，前述（**本章第2節参照**）のとおり，労務管理などにコストを要することが強いて言えばデメリットであるが，この点については，現在，社会的にも労働法遵守が強く意識されるようになってきており，遠くない将来において，資格者の個人事務所であっても法人同様の規制の対象となることが予想される。

　このように，調査士業務の法人化は，業務面でのメリットが認められ，顧客からの信用度にも影響があるように思われる。さらに，実は現行の税制の下では，法人化によって社員として給与（正確には役員報酬）を受け取れば，給与所得控除を利用できるというメリットも現実的には見逃せない点である。そして，調査士法人に内部留保された資金については，社員としての在籍期間に応じて退職金として税制上の優遇措置を受けることができる（法人税法34，法人税法施行令69参照）。

　このように考えると，将来的な事務所の経営判断としても法人化（特に一人法人）のメリットは大である。今後，個人の調査士事務所においても法人化によるメリットを検討して，調査士法人制度を利用する余地は大であると言わざるを得ない。

　にもかかわらず，現状，調査士業務の法人化はあまり進展していないように思われるが，このことは，むしろ調査士全体が従来の表示の登記に関する業務を中心として業務を遂行しており，社会の多様なニーズに応える体制が整っていないことを意味しているように思われる。

コラム 7	働き方改革と土地家屋調査士

1　働き方改革とは

　現在，話題となっている「働き方改革」は，平成28年に「働き方改革実現推進室」が設置され，平成29年に「働き方改革実行計画」が策定されたことが端緒となっている，この「実行計画」によれば，働き方改革とは，「50年後も人口1億人を維持し、職場・家庭・地域で誰もが活躍できる社会（1億総活躍社会）を実現するための仕組み」であり，これに基づき，平成31年4月1日，「働き方改革推進法」（働き方改革を推進するための関係法律の整備に関する法律）が施行され，働き方改革のアクションプログラムが発動した。

　そして，こういった動きは，決して調査士業務の在り方と無関係ではないのである。

2　働き方改革の基本理念

　働き方改革の基本理念は，「ワーク・ライフ・バランス」すなわち，仕事と生活の調和の実現であるが，具体的には以下の三点が柱となっている。

① 長時間労働の規制

　　残業・休日出勤の減少により、帰宅後に個人的な時間を確保し，ワーク・ライフ・バランスの実現を目指す。そして，子育て支援及び夫の家事分担を実現することにより女性の社会進出を支援し，これによる労働力の確保を目指す。

② 正規雇用と非正規雇用の差別の撤廃

　　「同一労働・同一賃金原則」によって，非正規雇用の正規雇用への転換を促進し，結果的に労働力の増加を目指す。

③ 高齢者の就労促進

　　「高年齢者等の雇用の安定等に関する法律」による定年後の再雇用

制度を義務付け，高齢者の社会進出を促進することにより，充実した豊かな老後の実現を目指す。

　以上のとおり，働き方改革はゆとりある社会を実現しつつ，社会の活力を維持することを目的とするが，ワーク・ライフ・バランスというキーワードからも明らかなように，私生活を重視しつつ女性と高齢者を労働力とすることにより，従来の「猛烈社員」からゆとりある生活への転換を目指すものである。したがって，働き方改革は，一方で社会保障の担い手を増加させ，その反面として，負担増による個人レベルでの収入の低下をもたらす可能性があることは否定できない。

3　働き方改革と土地家屋調査士

　弁護士，司法書士，調査士をはじめとする資格者もこの潮流に逆らうことはできない。すなわち，従来資格者は，若いころ猛烈に働いて，老齢に至っては事務所のボスとして君臨するか，蓄えによって生活するかであったが，こういった生活設計は今後見通せない可能性が高い。

　そこで，重要性を増してくるのが調査士法人である。今般の調査士法改正により，一人法人も認められるようになったが，個人の事務所であっても法人化して社会保険料を支払い，「100歳社会」実現の中でどこかでリタイアしてその後は年金生活に入る，というサラリーマンと同様の生活設計を余儀なくされるのである。さらに，資格者法人を退職（退任）するときは，内部留保を退職金として税制上優遇して受け取ることができるが，この点においても，資格者のライフスタイルが会社員化すると予想される。

　いずれにせよ，社会の大きな変化の潮流の中で，調査士も，一方で本書の主題である業務範囲の拡大を認められ，一方でライフスタイルの変更を強いられる，と言って過言でない。

第 8 章

これからの調査士業務
の展望と課題

182

1　土地家屋調査士業務の現状と問題点

(1)　土地取引において調査士の果たすべき役割

現在，土地取引を巡る状況は大きく変貌しつつある。

一部の大口取引ではエスクローに準じたような取引形態も行われており，所有権取得後の開発計画などと関連して境界確定の必要性はますます高まっている。他方で，個人間の宅地などの不動産取引においても，権利意識の高揚に起因して取引の際の境界確定の需要が高まっている。本来，これに応じて調査士の業務範囲も拡大して然るべきであり，理想的には，全ての土地取引について調査士が筆界を調査し，境界の一応の確定を経た上で取引が実行される，という状況が望ましい。

ところが，現実はそのような状況に到底至っていない。それは，一方で不動産業界において境界の確定方法についてあまり知られていないことがあり，他方で，調査士について，単に表示登記を依頼する専門家としてしか理解されていないことに主な原因があるのではないかと思われる。現実の境界紛争解決のためには，筆界を確定するにとどまらず，所有権界の問題も含めた解決が必要であり，それは調査士業務の範囲外であるというのが一般的認識であると言わざるを得ない。

(2)　筆界ＡＤＲの活用はなぜ進まないのか

こういった現状を超えて，調査士にとっての境界問題解決の最も有効なツールとなる制度が，平成17年の調査士法改正で新たな業務範囲として認められた筆界ＡＤＲである。すなわち，筆界ＡＤＲは，第1に，筆界と所有権界を関連させた柔軟な解決が可能とする制度であり，単に筆界だけでなく「境界紛争」を抜本的に解決する手段となる。次に，筆界ＡＤＲは，筆界特定手続に比してコストが安く，筆界確定訴訟に比して短期間に解決することが可能である。このことは，筆界ＡＤＲにおいては，当事者双方の納得する解決につながり当事者の満足度の

高い解決が期待できることを意味する。すなわち，筆界ＡＤＲは，筆界が明確でなくかつ所有権界の範囲を含めた紛争を一回的に柔軟な解決を図る制度として創設されたものであり，今後，ますますその活用が促進されて然るべきことは明らかである。

　しかしながら，現状，調査士に，このような所有権界も含めた統一的な境界紛争の解決手段の有用性と必要性が理解されていない嫌いがあり，残念ながらこういった筆界ＡＤＲの利点が調査士に浸透しているとは言い難い状況となっている。

　本来，調査士制度の目的は，不動産の表示に関する登記手続の円滑な実施と不動産に係る国民の権利の明確化を図ることにあるのだが，従来，表示の登記に関する調査，測量及び登記申請代理業務を中心としてきたことから，調査士は，筆界が確定すれば境界紛争は解決したものと考えがちである。このことが，調査士の業務範囲の拡大，更には境界紛争の解決という期待される役割を果たしていない一因であることは否定できないように思われる。誤解を恐れず指摘すれば，調査士は，ニーズがありながらこれに的確に対応することができていないのである。

2　土地家屋調査士業務の展望と課題

（1）　境界紛争ゼロを目指して

　他方，弁護士も裁判上境界紛争を扱うが，弁護士が扱う境界紛争は主として所有権界を巡る紛争であり，それは筆界と一致するとは限らない。したがって，弁護士にとっては，筆界が確定しただけでは単に境界紛争の前提条件が明らかとなったにすぎず，境界紛争そのものが終結しないのは当然である。この調査士と弁護士の意識のギャップが，境界紛争解決のための諸制度が上手く有機的に関連しない原因の一つであるように思われる。

　ところが，弁護士は，所有権界に関する紛争の前提となる筆界についての調査能力もないし，地積測量図を作成する能力もない。したがって，筆界ＡＤＲをはじめとする境界紛争のための諸制度を有効に活用するためには，調査士の役割は極めて重要である。

　このように，「境界紛争ゼロ」を実現するためには，今後，調査士が，時効取得の可能性などを想定しつつ，多様な境界紛争解決のための制度を利用し，そのためのプロフェッションとしてのスキルを駆使して，依頼者のために業務を遂行することが不可欠となる。当然のことながら，調査士が境界紛争解決手段の選択肢としての筆界ＡＤＲを使いこなすには，単なる筆界調査能力だけでなく境界紛争の実態に関する法的な理解が不可欠である。そして，このような能力は，今後，土地取引における境界確定の必要性が増していく中で，筆界ＡＤＲ代理業務にとどまらず表示の登記に関する業務においても重要となってくる（第4章参照）。第1章で指摘したとおり，境界紛争の多様化は始まっており，調査士も従来からの伝統的な筆界調査とその発見という基礎的な業務のみに安座していてはならないというべきであろう。

　(2)　自己研鑽とスキルアップ

　そのためのスキルアップの方法としては，何より調査士個々人の自己研鑽が重要である。今後の調査士の業務遂行に当たって，調査士が境界紛争解決の主役となるという社会的な期待に応えるためには，少なくとも基礎的な法律知識を理解し，様々な紛争解決手段を活用するだけの能力を身に着けることが不可欠なのである。

　他方，このような新しい調査士の業務分野の受任に当たっては，調査士が利益相反などの問題に直面することとなり，調査士倫理の重要性が増すことは，第5章及び第6章において指摘したところである。繰り返しになるが，倫理は正解のない規範であり，倫理の問題に対応するためには，まず，資格者が自らの業務の公正を保つために自分を

律することが必要となる。そして，倫理規程上の問題に対して，個々の調査士はどう対応すべきかと言えば，やはり「自己研鑽」しかないのである。倫理のような正解のない問題に対処するためにも，表示の登記に関連する知識だけでなく，幅広い基礎的な法律知識の習得が不可欠となる。

　そして，このような各個人の自己研鑽とそれによるスキルアップを通じて新しい業務分野の拡大することが，最終的には境界紛争ゼロ宣言の実現につながっていく，と理解すべきである。その意味では，本書が微力ながら調査士の業務分野の拡大・進展の一助となることを期待するものである。

参考資料

188

○土地家屋調査士法

$$\left(\begin{array}{c}\text{昭和25年7月31日}\\\text{法 律 第 228 号}\end{array}\right)$$

最終改正　　令和元年6月14日法律第37号
（令和元年6月12日法律第29号
による改正は後掲参照）

第1章　総則

（目的）

第1条　この法律は、土地家屋調査士の制度を定め、その業務の適正を図ることにより、不動産の表示に関する登記手続の円滑な実施に資し、もつて不動産に係る国民の権利の明確化に寄与することを目的とする。

（職責）

第2条　土地家屋調査士（以下「調査士」という。）は、常に品位を保持し、業務に関する法令及び実務に精通して、公正かつ誠実にその業務を行わなければならない。

（業務）

第3条　調査士は、他人の依頼を受けて、次に掲げる事務を行うことを業とする。

一　不動産の表示に関する登記について必要な土地又は家屋に関する調査又は測量

二　不動産の表示に関する登記の申請手続又はこれに関する審査請求の手続についての代理

三　不動産の表示に関する登記の申請手続又はこれに関する審査請求の手続について法務局又は地方法務局に提出し、又は提供する書類又は電磁的記録（電子的方式、磁気的方式その他人の知覚によつては認識することができない方式で作られる記録であつて、電子計算機による情報処理の用に供されるものをいう。第5号において同じ。）の作成

四　筆界特定の手続（不動産登記法（平成16年法律第123号）第6章第2節の規定による筆界特定の手続又は筆界特定の申請の却下に関する審査請求の手続をいう。次号において同じ。）についての代理

五　筆界特定の手続について法務局又は地方法務局に提出し、又は提供する書類又は電磁的記録の作成

六　前各号に掲げる事務についての相談

七　土地の筆界（不動産登記法第123条第1号に規定する筆界をいう。第25条第2項において同じ。）が現地において明らかでないことを原因とする民事に関

する紛争に係る民間紛争解決手続（民間事業者が、紛争の当事者が和解をすることができる民事上の紛争について、紛争の当事者双方からの依頼を受け、当該紛争の当事者との間の契約に基づき、和解の仲介を行う裁判外紛争解決手続（訴訟手続によらずに民事上の紛争の解決をしようとする紛争の当事者のため、公正な第三者が関与して、その解決を図る手続をいう。）をいう。）であつて当該紛争の解決の業務を公正かつ適確に行うことができると認められる団体として法務大臣が指定するものが行うものについての代理

八　前号に掲げる事務についての相談

2　前項第7号及び第8号に規定する業務（以下「民間紛争解決手続代理関係業務」という。）は、次のいずれにも該当する調査士に限り、行うことができる。この場合において、同項第7号に規定する業務は、弁護士が同一の依頼者から受任している事件に限り、行うことができる。

一　民間紛争解決手続代理関係業務について法務省令で定める法人が実施する研修であつて法務大臣が指定するものの課程を修了した者であること。

二　前号に規定する者の申請に基づき法務大臣が民間紛争解決手続代理関係業務を行うのに必要な能力を有すると認定した者であること。

三　土地家屋調査士会（以下「調査士会」という。）の会員であること。

3　法務大臣は、次のいずれにも該当するものと認められる研修についてのみ前項第1号の指定をするものとする。

一　研修の内容が、民間紛争解決手続代理関係業務を行うのに必要な能力の習得に十分なものとして法務省令で定める基準を満たすものであること。

二　研修の実施に関する計画が、その適正かつ確実な実施のために適切なものであること。

三　研修を実施する法人が、前号の計画を適正かつ確実に遂行するに足りる専門的能力及び経理的基礎を有するものであること。

4　法務大臣は、第2項第1号の研修の適正かつ確実な実施を確保するために必要な限度において、当該研修を実施する法人に対し、当該研修に関して、必要な報告若しくは資料の提出を求め、又は必要な命令をすることができる。

5　調査士は、第2項第2号の規定による認定を受けようとするときは、政令で定めるところにより、手数料を納めなければならない。

（資格）

第4条　次の各号のいずれかに該当する者は、調査士となる資格を有する。

一　土地家屋調査士試験に合格した者

二　法務局又は地方法務局において不動産の表示に関する登記の事務に従事した期間が通算して10年以上になる者であつて、法務大臣が前条第1項第1号か

ら第6号までに規定する業務を行うのに必要な知識及び技能を有すると認めたもの

（欠格事由）

第5条　次に掲げる者は、調査士となる資格を有しない。

一　禁錮以上の刑に処せられ、その執行を終わり、又は執行を受けることがなくなつてから3年を経過しない者

二　未成年者

三　破産手続開始の決定を受けて復権を得ない者

四　公務員であつて懲戒免職の処分を受け、その処分の日から3年を経過しない者

五　第42条の規定により業務の禁止の処分を受け、その処分の日から3年を経過しない者

六　測量法（昭和24年法律第188号）第52条第2号の規定により、登録の抹消の処分を受け、その処分の日から3年を経過しない者

七　建築士法（昭和25年法律第202号）第10条の規定により免許の取消しの処分を受け、その処分の日から3年を経過しない者

八　司法書士法（昭和25年法律第197号）第47条の規定により業務の禁止の処分を受け、その処分の日から3年を経過しない者

第2章　土地家屋調査士試験

（試験の方法及び内容等）

第6条　法務大臣は、毎年1回以上、土地家屋調査士試験を行わなければならない。

2　前項の試験は、筆記及び口述の方法により行う。

3　筆記試験は、不動産の表示に関する登記について必要な次に掲げる事項に関する知識及び技能について行う。

一　土地及び家屋の調査及び測量

二　申請手続及び審査請求の手続

4　口述試験は、筆記試験に合格した者につき、前項第2号に掲げる事項に関する知識について行う。

5　次の各号に掲げる者に対しては、その申請により、それぞれ当該各号に定める試験を免除する。

一　測量士若しくは測量士補又は1級建築士若しくは2級建築士となる資格を有する者　第3項第1号に掲げる事項についての筆記試験

二　筆記試験に合格した者　次回の第1項の試験の筆記試験及びその後に行われる第1項の試験における前号に定める筆記試験

　三　筆記試験の受験者であつて、第3項第1号に掲げる事項に関して筆記試験に合格した者と同等以上の知識及び技能を有するものとして法務大臣が認定した者（前号に掲げる者を除く。）　その後に行われる第1項の試験における第1号に定める筆記試験

6　法務大臣は、第1項の試験の実施について国土交通大臣の意見を聴かなければならない。

7　第1項の試験を受けようとする者は、政令の定めるところにより、受験手数料を納めなければならない。

（土地家屋調査士試験委員）

第7条　法務省に、前条第1項の試験の問題の作成及び採点を行なわせるため、土地家屋調査士試験委員を置く。

2　土地家屋調査士試験委員は、前条第1項の試験を行なうについて必要な学識経験のある者のうちから、試験ごとに、法務大臣が任命する。

3　前2項に定めるもののほか、土地家屋調査士試験委員に関し必要な事項は、政令で定める。

　　　第3章　登録

（土地家屋調査士名簿の登録）

第8条　調査士となる資格を有する者が調査士となるには、日本土地家屋調査士会連合会（以下「調査士会連合会」という。）に備える土地家屋調査士名簿に、氏名、生年月日、事務所の所在地、所属する土地家屋調査士会その他法務省令で定める事項の登録を受けなければならない。

2　土地家屋調査士名簿の登録は、調査士会連合会が行う。

（登録の申請）

第9条　前条第1項の登録を受けようとする者は、その事務所を設けようとする地を管轄する法務局又は地方法務局の管轄区域内に設立された調査士会を経由して、調査士会連合会に登録申請書を提出しなければならない。

2　前項の登録申請書には、前条第1項の規定により登録を受けるべき事項その他法務省令で定める事項を記載し、調査士となる資格を有することを証する書類を添付しなければならない。

（登録の拒否）

第10条　調査士会連合会は、前条第1項の規定による登録の申請をした者が調査士となる資格を有せず、又は次の各号のいずれかに該当すると認めたときは、その登録を拒否しなければならない。この場合において、当該申請者が第2号又は第3号に該当することを理由にその登録を拒否しようとするときは、第62

条に規定する登録審査会の議決に基づいてしなければならない。

一　第52条第1項の規定による入会の手続をとらないとき。

二　心身の故障により調査士の業務を行うことができないとき。

三　調査士の信用又は品位を害するおそれがあるときその他調査士の職責に照らし調査士としての適格性を欠くとき。

2　調査士会連合会は、当該申請者が前項第2号又は第3号に該当することを理由にその登録を拒否しようとするときは、あらかじめ、当該申請者にその旨を通知して、相当の期間内に自ら又はその代理人を通じて弁明する機会を与えなければならない。

（登録に関する通知）

第11条　調査士会連合会は、第9条第1項の規定による登録の申請を受けた場合において、登録をしたときはその旨を、登録を拒否したときはその旨及びその理由を当該申請者に書面により通知しなければならない。

（登録を拒否された場合の審査請求）

第12条　第10条第1項の規定により登録を拒否された者は、当該処分に不服があるときは、法務大臣に対して審査請求をすることができる。

2　第9条第1項の規定による登録の申請をした者は、その申請の日から3月を経過しても当該申請に対して何らの処分がされないときは、当該登録を拒否されたものとして、法務大臣に対して審査請求をすることができる。

3　前2項の場合において、法務大臣は、行政不服審査法（平成26年法律第68号）第25条第2項及び第3項並びに第46条第2項の規定の適用については、調査士会連合会の上級行政庁とみなす。

（所属する調査士会の変更の登録）

第13条　調査士は、他の法務局又は地方法務局の管轄区域内に事務所を移転しようとするときは、その管轄区域内に設立された調査士会を経由して、調査士会連合会に、所属する調査士会の変更の登録の申請をしなければならない。

2　調査士は、前項の変更の登録の申請をするときは、現に所属する調査士会にその旨を届け出なければならない。

3　第1項の申請をした者が第52条第1項の規定による入会の手続をとつていないときは、調査士会連合会は、変更の登録を拒否しなければならない。

4　前2条の規定は、第1項の変更の登録の申請に準用する。

（登録事項の変更の届出）

第14条　調査士は、土地家屋調査士名簿に登録を受けた事項に変更（所属する調査士会の変更を除く。）が生じたときは、遅滞なく、所属する調査士会を経由して、調査士会連合会にその旨を届け出なければならない。

（登録の取消し）

第15条　調査士が次の各号のいずれかに該当する場合には、調査士会連合会は、その登録を取り消さなければならない。

一　その業務を廃止したとき。

二　死亡したとき。

三　調査士となる資格を有しないことが判明したとき。

四　第5条各号（第2号を除く。）のいずれかに該当するに至つたとき。

2　調査士が前項各号に該当することとなつたときは、その者又はその法定代理人若しくは相続人は、遅滞なく、当該調査士が所属し、又は所属していた調査士会を経由して、調査士会連合会にその旨を届け出なければならない。

第16条　調査士が次の各号のいずれかに該当する場合には、調査士会連合会は、その登録を取り消すことができる。

一　引き続き2年以上業務を行わないとき。

二　心身の故障により業務を行うことができないとき。

2　調査士が心身の故障により業務を行うことができないおそれがある場合として法務省令で定める場合に該当することとなつたときは、その者又はその法定代理人若しくは同居の親族は、遅滞なく、当該調査士が所属する調査士会を経由して、調査士会連合会にその旨を届け出るものとする。

3　調査士会連合会は、第1項の規定により登録を取り消したときは、その旨及びその理由を当該調査士に書面により通知しなければならない。

4　第10条第1項後段の規定は、第1項の規定による登録の取消しに準用する。

（登録拒否に関する規定の準用）

第17条　第12条第1項及び第3項の規定は、第15条第1項又は前条第1項の規定による登録の取消しに準用する。この場合において、第12条第3項中「第46条第2項」とあるのは、「第46条第1項」と読み替えるものとする。

（登録及び登録の取消しの公告）

第18条　調査士会連合会は、調査士の登録をしたとき、及びその登録の取消しをしたときは、遅滞なく、その旨を官報をもつて公告しなければならない。

（登録事務に関する報告等）

第19条　法務大臣は、必要があるときは、調査士会連合会に対し、その登録事務に関し、報告若しくは資料の提出を求め、又は勧告をすることができる。

第4章　土地家屋調査士の義務

（事務所）

第20条　調査士は、法務省令の定める基準に従い、事務所を設けなければならない。

（帳簿及び書類）

第21条　調査士は、法務省令の定めるところにより、業務に関する帳簿を備え、且つ、関係書類を保存しなければならない。

（依頼に応ずる義務）

第22条　調査士は、正当な事由がある場合でなければ、依頼（第3条第1項第4号及び第6号（第4号に関する部分に限る。）に規定する業務並びに民間紛争解決手続代理関係業務に関するものを除く。）を拒んではならない。

（業務を行い得ない事件）

第22条の2　調査士は、公務員として職務上取り扱つた事件及び仲裁手続により仲裁人として取り扱つた事件については、その業務を行つてはならない。

2　調査士は、次に掲げる事件については、第3条第1項第4号から第6号（第4号及び第5号に関する部分に限る。）までに規定する業務（以下「筆界特定手続代理関係業務」という。）を行つてはならない。ただし、第3号及び第7号に掲げる事件については、受任している事件の依頼者が同意した場合は、この限りでない。

一　筆界特定手続代理関係業務又は民間紛争解決手続代理関係業務に関するものとして、相手方の協議を受けて賛助し、又はその依頼を承諾した事件

二　筆界特定手続代理関係業務又は民間紛争解決手続代理関係業務に関するものとして相手方の協議を受けた事件で、その協議の程度及び方法が信頼関係に基づくと認められるもの

三　筆界特定手続代理関係業務又は民間紛争解決手続代理関係業務に関するものとして受任している事件（第3条第1項第5号に規定する業務に関するものとして受任しているものを除く。第7号において同じ。）の相手方からの依頼による他の事件

四　調査士法人（第26条に規定する調査士法人をいう。以下この条において同じ。）の社員又は使用人である調査士としてその業務に従事していた期間内に、当該調査士法人が、筆界特定手続代理関係業務又は民間紛争解決手続代理関係業務に関するものとして、相手方の協議を受けて賛助し、又はその依頼を承諾した事件であつて、自らこれに関与したもの

五　調査士法人の社員又は使用人である調査士としてその業務に従事していた期間内に、当該調査士法人が筆界特定手続代理関係業務又は民間紛争解決手続代理関係業務に関するものとして相手方の協議を受けた事件で、その協議の程度及び方法が信頼関係に基づくと認められるものであつて、自らこれに関与したもの

六　調査士法人の使用人である場合に、当該調査士法人が相手方から筆界特定手続代理関係業務又は民間紛争解決手続代理関係業務に関するものとして受

　　任している事件

　七　調査士法人の使用人である場合に、当該調査士法人が筆界特定手続代理関係業務又は民間紛争解決手続代理関係業務に関するものとして受任している事件（当該調査士が自ら関与しているものに限る。）の相手方からの依頼による他の事件

3　第3条第2項に規定する調査士は、前項各号に掲げる事件及び次に掲げる事件については、民間紛争解決手続代理関係業務を行つてはならない。ただし、同項第3号及び第7号に掲げる事件並びに第2号に掲げる事件については、受任している事件の依頼者が同意した場合は、この限りでない。

　一　調査士法人（民間紛争解決手続代理関係業務を行うことを目的とする調査士法人を除く。次号において同じ。）の社員である場合に、当該調査士法人が相手方から筆界特定手続代理関係業務に関するものとして受任している事件

　二　調査士法人の社員である場合に、当該調査士法人が筆界特定手続代理関係業務に関するものとして受任している事件（当該調査士が自ら関与しているものに限り、第3条第1項第5号に規定する業務に関するものとして受任しているものを除く。）の相手方からの依頼による他の事件

（虚偽の調査、測量の禁止）

第23条　調査士は、その業務に関して虚偽の調査又は測量をしてはならない。

（会則の遵守義務）

第24条　調査士は、その所属する調査士会及び調査士会連合会の会則を守らなければならない。

（秘密保持の義務）

第24条の2　調査士又は調査士であつた者は、正当な事由がある場合でなければ、業務上取り扱つた事件について知ることのできた秘密を他に漏らしてはならない。

（研修）

第25条　調査士は、その所属する調査士会及び調査士会連合会が実施する研修を受け、その資質の向上を図るように努めなければならない。

2　調査士は、その業務を行う地域における土地の筆界を明らかにするための方法に関する慣習その他の調査士の業務についての知識を深めるよう努めなければならない。

　　　第5章　土地家屋調査士法人

（設立）

第26条　調査士は、この章の定めるところにより、土地家屋調査士法人（調査士

の業務を行うことを目的として、調査士が共同して設立した法人をいう。以下「調査士法人」という。)を設立することができる。

（名称）

第27条 調査士法人は、その名称中に土地家屋調査士法人という文字を使用しなければならない。

（社員の資格）

第28条 調査士法人の社員は、調査士でなければならない。

2 次に掲げる者は、社員となることができない。

一 第42条の規定により業務の停止の処分を受け、当該業務の停止の期間を経過しない者

二 第43条第1項の規定により調査士法人が解散又は業務の全部の停止の処分を受けた場合において、その処分を受けた日以前30日内にその社員であつた者でその処分を受けた日から3年（業務の全部の停止の処分を受けた場合にあつては、当該業務の全部の停止の期間）を経過しないもの

三 調査士会の会員でない者

（業務の範囲）

第29条 調査士法人は、第3条第1項第1号から第6号までに規定する業務を行うほか、定款で定めるところにより、次に掲げる業務を行うことができる。

一 法令等に基づきすべての調査士が行うことができるものとして法務省令で定める業務の全部又は一部

二 民間紛争解決手続代理関係業務

2 民間紛争解決手続代理関係業務は、社員のうちに第3条第2項に規定する調査士がある調査士法人（調査士会の会員であるものに限る。）に限り、行うことができる。

（登記）

第30条 調査士法人は、政令で定めるところにより、登記をしなければならない。

2 前項の規定により登記をしなければならない事項は、登記の後でなければ、これをもつて第三者に対抗することができない。

（設立の手続）

第31条 調査士法人を設立するには、その社員となろうとする調査士が、共同して定款を定めなければならない。

2 会社法（平成17年法律第86号）第30条第1項の規定は、調査士法人の定款について準用する。

3 定款には、少なくとも次に掲げる事項を記載しなければならない。

一 目的

　　二　名称
　　三　主たる事務所及び従たる事務所の所在地
　　四　社員の氏名及び住所
　　五　社員の出資に関する事項
（成立の時期）
第32条　調査士法人は、その主たる事務所の所在地において設立の登記をすることによつて成立する。
（成立の届出）
第33条　調査士法人は、成立したときは、成立の日から2週間以内に、登記事項証明書及び定款の写しを添えて、その旨を、その主たる事務所の所在地を管轄する法務局又は地方法務局の管轄区域内に設立された調査士会（以下「主たる事務所の所在地の調査士会」という。）及び調査士会連合会に届け出なければならない。
（定款の変更）
第34条　調査士法人は、定款に別段の定めがある場合を除き、総社員の同意によつて、定款の変更をすることができる。
2　調査士法人は、定款を変更したときは、変更の日から2週間以内に、変更に係る事項を、主たる事務所の所在地の調査士会及び調査士会連合会に届け出なければならない。
（業務の執行）
第35条　調査士法人の社員は、すべて業務を執行する権利を有し、義務を負う。
2　民間紛争解決手続代理関係業務を行うことを目的とする調査士法人における民間紛争解決手続代理関係業務については、前項の規定にかかわらず、第3条第2項に規定する調査士である社員（以下「特定社員」という。）のみが業務を執行する権利を有し、義務を負う。
（法人の代表）
第35条の2　調査士法人の社員は、各自調査士法人を代表する。ただし、定款又は総社員の同意によつて、社員のうち特に調査士法人を代表すべきものを定めることを妨げない。
2　民間紛争解決手続代理関係業務を行うことを目的とする調査士法人における民間紛争解決手続代理関係業務については、前項本文の規定にかかわらず、特定社員のみが、各自調査士法人を代表する。ただし、当該特定社員の全員の同意によつて、当該特定社員のうち特に民間紛争解決手続代理関係業務について調査士法人を代表すべきものを定めることを妨げない。
3　第1項の規定により調査士法人を代表する社員は、調査士法人の業務（前項の

民間紛争解決手続代理関係業務を除く。）に関する一切の裁判上又は裁判外の行為をする権限を有する。

4　前項の権限に加えた制限は、善意の第三者に対抗することができない。

5　第1項の規定により調査士法人を代表する社員は、定款によつて禁止されていないときに限り、特定の行為の代理を他人に委任することができる。

（社員の責任）

第35条の3　調査士法人の財産をもつてその債務を完済することができないときは、各社員は、連帯して、その弁済の責任を負う。

2　調査士法人の財産に対する強制執行がその効を奏しなかつたときも、前項と同様とする。

3　前項の規定は、社員が調査士法人に資力があり、かつ、執行が容易であることを証明したときは、適用しない。

4　民間紛争解決手続代理関係業務を行うことを目的とする調査士法人が民間紛争解決手続代理関係業務に関し依頼者に対して負担することとなつた債務を当該調査士法人の財産をもつて完済することができないときは、第1項の規定にかかわらず、特定社員（当該調査士法人を脱退した特定社員を含む。以下この条において同じ。）が、連帯して、その弁済の責任を負う。ただし、当該調査士法人を脱退した特定社員については、当該債務が脱退後の事由により生じた債務であることを証明した場合は、この限りでない。

5　前項本文に規定する債務についての調査士法人の財産に対する強制執行がその効を奏しなかつたときは、第2項及び第3項の規定にかかわらず、特定社員が当該調査士法人に資力があり、かつ、執行が容易であることを証明した場合を除き、前項と同様とする。

6　会社法第612条の規定は、調査士法人の社員の脱退について準用する。ただし、第4項本文に規定する債務については、この限りでない。

（社員であると誤認させる行為をした者の責任）

第35条の4　社員でない者が自己を社員であると誤認させる行為をしたときは、当該社員でない者は、その誤認に基づいて調査士法人と取引をした者に対し、社員と同一の責任を負う。

（社員の常駐）

第36条　調査士法人は、その事務所に、当該事務所の所在地を管轄する法務局又は地方法務局の管轄区域内に設立された調査士会の会員である社員を常駐させなければならない。

（民間紛争解決手続代理関係業務の取扱い）

第36条の2　民間紛争解決手続代理関係業務を行うことを目的とする調査士法人

は、特定社員が常駐していない事務所においては、民間紛争解決手続代理関係業務を取り扱うことができない。

（特定の事件についての業務の制限）

第36条の3　調査士法人は、次に掲げる事件については、筆界特定手続代理関係業務を行つてはならない。ただし、第3号に掲げる事件については、受任している事件の依頼者が同意した場合は、この限りでない。

　一　筆界特定手続代理関係業務又は民間紛争解決手続代理関係業務に関するものとして、相手方の協議を受けて賛助し、又はその依頼を承諾した事件

　二　筆界特定手続代理関係業務又は民間紛争解決手続代理関係業務に関するものとして相手方の協議を受けた事件で、その協議の程度及び方法が信頼関係に基づくと認められるもの

　三　筆界特定手続代理関係業務又は民間紛争解決手続代理関係業務に関するものとして受任している事件（第3条第1項第5号に規定する業務として受任している事件を除く。）の相手方からの依頼による他の事件

　四　使用人が相手方から筆界特定手続代理関係業務又は民間紛争解決手続代理関係業務に関するものとして受任している事件

　五　第22条の2第1項に規定する事件、同条第2項第1号から第5号までに掲げる事件又は同条第3項に規定する同条第2項第1号から第5号までに掲げる事件として社員の半数以上の者が筆界特定手続代理関係業務又は民間紛争解決手続代理関係業務を行つてはならないこととされる事件

　六　民間紛争解決手続代理関係業務を行うことを目的とする調査士法人以外の調査士法人にあつては、第3条第2項に規定する調査士である社員が相手方から民間紛争解決手続代理関係業務に関するものとして受任している事件

2　民間紛争解決手続代理関係業務を行うことを目的とする調査士法人は、次に掲げる事件については、民間紛争解決手続代理関係業務を行つてはならない。

　一　前項第1号から第4号までに掲げる事件

　二　第22条の2第1項に規定する事件、同条第2項第1号から第5号までに掲げる事件又は同条第3項に規定する同条第2項第1号から第5号までに掲げる事件として特定社員の半数以上の者が筆界特定手続代理関係業務又は民間紛争解決手続代理関係業務を行つてはならないこととされる事件

（社員の競業の禁止）

第37条　調査士法人の社員は、自己若しくは第三者のためにその調査士法人の業務の範囲に属する業務を行い、又は他の調査士法人の社員となつてはならない。

2　調査士法人の社員が前項の規定に違反して自己又は第三者のためにその調査士法人の業務の範囲に属する業務を行つたときは、当該業務によつて当該社員

又は第三者が得た利益の額は、調査士法人に生じた損害の額と推定する。

（法定脱退）

第38条　調査士法人の社員は、次に掲げる理由によつて脱退する。

一　調査士の登録の取消し

二　定款に定める理由の発生

三　総社員の同意

四　第28条第2項各号のいずれかに該当することとなつたこと。

五　除名

（解散）

第39条　調査士法人は、次に掲げる理由によつて解散する。

一　定款に定める理由の発生

二　総社員の同意

三　他の調査士法人との合併

四　破産手続開始の決定

五　解散を命ずる裁判

六　第43条第1項第3号の規定による解散の処分

2　調査士法人は、前項の規定による場合のほか、社員が1人になり、そのなつた日から引き続き6月間その社員が2人以上にならなかつた場合においても、その6月を経過した時に解散する。

3　調査士法人は、第1項第3号の事由以外の事由により解散したときは、解散の日から2週間以内に、その旨を、主たる事務所の所在地の調査士会及び調査士会連合会に届け出なければならない。

4　調査士法人の清算人は、調査士でなければならない。

（裁判所による監督）

第39条の2　調査士法人の解散及び清算は、裁判所の監督に属する。

2　裁判所は、職権で、いつでも前項の監督に必要な検査をすることができる。

3　調査士法人の解散及び清算を監督する裁判所は、法務大臣に対し、意見を求め、又は調査を嘱託することができる。

4　法務大臣は、前項に規定する裁判所に対し、意見を述べることができる。

（解散及び清算の監督に関する事件の管轄）

第39条の3　調査士法人の解散及び清算の監督に関する事件は、その主たる事務所の所在地を管轄する地方裁判所の管轄に属する。

（検査役の選任）

第39条の4　裁判所は、調査士法人の解散及び清算の監督に必要な調査をさせるため、検査役を選任することができる。

2　前項の検査役の選任の裁判に対しては、不服を申し立てることができない。

3　裁判所は、第1項の検査役を選任した場合には、調査士法人が当該検査役に対して支払う報酬の額を定めることができる。この場合においては、裁判所は、当該調査士法人及び検査役の陳述を聴かなければならない。

（合併）

第40条　調査士法人は、総社員の同意があるときは、他の調査士法人と合併することができる。

2　合併は、合併後存続する調査士法人又は合併により設立する調査士法人が、その主たる事務所の所在地において登記することによつて、その効力を生ずる。

3　調査士法人は、合併したときは、合併の日から2週間以内に、登記事項証明書（合併により設立する調査士法人にあつては、登記事項証明書及び定款の写し）を添えて、その旨を、主たる事務所の所在地の調査士会及び調査士会連合会に届け出なければならない。

4　合併後存続する調査士法人又は合併により設立する調査士法人は、当該合併により消滅する調査士法人の権利義務を承継する。

（債権者の異議等）

第40条の2　合併をする調査士法人の債権者は、当該調査士法人に対し、合併について異議を述べることができる。

2　合併をする調査士法人は、次に掲げる事項を官報に公告し、かつ、知れている債権者には、各別にこれを催告しなければならない。ただし、第3号の期間は、1箇月を下ることができない。

一　合併をする旨

二　合併により消滅する調査士法人及び合併後存続する調査士法人又は合併により設立する調査士法人の名称及び主たる事務所の所在地

三　債権者が一定の期間内に異議を述べることができる旨

3　前項の規定にかかわらず、合併をする調査士法人が同項の規定による公告を、官報のほか、第6項において準用する会社法第939条第1項の規定による定款の定めに従い、同項第2号又は第3号に掲げる方法によりするときは、前項の規定による各別の催告は、することを要しない。

4　債権者が第2項第3号の期間内に異議を述べなかつたときは、当該債権者は、当該合併について承認をしたものとみなす。

5　債権者が第2項第3号の期間内に異議を述べたときは、合併をする調査士法人は、当該債権者に対し、弁済し、若しくは相当の担保を提供し、又は当該債権者に弁済を受けさせることを目的として信託会社等（信託会社及び信託業務を営む金融機関（金融機関の信託業務の兼営等に関する法律（昭和18年法律第43

号）第1条第1項の認可を受けた金融機関をいう。）をいう。）に相当の財産を信
託しなければならない。ただし、当該合併をしても当該債権者を害するおそれ
がないときは、この限りでない。

6　会社法第939条第1項（第2号及び第3号に係る部分に限る。）及び第3項、第940
条第1項（第3号に係る部分に限る。）及び第3項、第941条、第946条、第947条、
第951条第2項、第953条並びに第955条の規定は、調査士法人が第2項の規定によ
る公告をする場合について準用する。この場合において、同法第939条第1項及
び第3項中「公告方法」とあるのは「合併の公告の方法」と、同法第946条第3項
中「商号」とあるのは「名称」と読み替えるものとする。

（合併の無効の訴え）

第40条の3　会社法第828条第1項（第7号及び第8号に係る部分に限る。）及び第2
項（第7号及び第8号に係る部分に限る。）、第834条（第7号及び第8号に係る部分
に限る。）、第835条第1項、第836条第2項及び第3項、第837条から第839条まで、
第843条（第1項第3号及び第4号並びに第2項ただし書を除く。）並びに第846条の
規定は調査士法人の合併の無効の訴えについて、同法第868条第6項、第870条第
2項（第6号に係る部分に限る。）、第870条の2、第871条本文、第872条（第5号に
係る部分に限る。）、第872条の2、第873条本文、第875条及び第876条の規定はこ
の条において準用する同法第843条第4項の申立てについて、それぞれ準用する。

（一般社団法人及び一般財団法人に関する法律及び会社法の準用等）

第41条　第2条、第20条から第22条まで及び第24条の規定は、調査士法人について
準用する。

2　一般社団法人及び一般財団法人に関する法律（平成18年法律第48号）第4条並
びに会社法第600条、第614条から第619条まで、第621条及び第622条の規定は調
査士法人について、同法第581条、第582条、第585条第1項及び第4項、第586条、
第593条、第595条、第596条、第601条、第605条、第606条、第609条第1項及び
第2項、第611条（第1項ただし書を除く。）並びに第613条の規定は調査士法人の
社員について、同法第859条から第862条までの規定は調査士法人の社員の除名
並びに業務を執行する権利及び代表権の消滅の訴えについて、それぞれ準用す
る。この場合において、同法第613条中「商号」とあるのは「名称」と、同法第
859条第2号中「第594条第1項（第598条第2項において準用する場合を含む。）」
とあるのは「土地家屋調査士法（昭和25年法律第228号）第37条第1項」と読み
替えるものとする。

3　会社法第644条（第3号を除く。）、第645条から第649条まで、第650条第1項及
び第2項、第651条第1項及び第2項（同法第594条の準用に係る部分を除く。）、第
652条、第653条、第655条から第659条まで、第662条から第664条まで、第666条

から第673条まで、第675条、第863条、第864条、第868条第1項、第869条、第870条第1項（第1号及び第2号に係る部分に限る。）、第871条、第872条（第4号に係る部分に限る。）、第874条（第1号及び第4号に係る部分に限る。）、第875条並びに第876条の規定は、調査士法人の解散及び清算について準用する。この場合において、同法第644条第1号中「第641条第5号」とあるのは「土地家屋調査士法第39条第1項第3号」と、同法第647条第3項中「第641条第4号又は第7号」とあるのは「土地家屋調査士法第39条第1項第5号若しくは第6号又は第2項」と、同法第668条第1項及び第669条中「第641条第1号から第3号まで」とあるのは「土地家屋調査士法第39条第1項第1号又は第2号」と、同法第670条第3項中「第939条第1項」とあるのは「土地家屋調査士法第40条の2第6項において準用する第939条第1項」と、同法第673条第1項中「第580条」とあるのは「土地家屋調査士法第35条の3」と読み替えるものとする。

4　会社法第824条、第826条、第868条第1項、第870条第1項（第10号に係る部分に限る。）、第871条本文、第872条（第4号に係る部分に限る。）、第873条本文、第875条、第876条、第904条及び第937条第1項（第3号ロに係る部分に限る。）の規定は調査士法人の解散の命令について、同法第825条、第868条第1項、第870条第1項（第1号に係る部分に限る。）、第871条、第872条（第1号及び第4号に係る部分に限る。）、第873条、第874条（第2号及び第3号に係る部分に限る。）、第875条、第876条、第905条及び第906条の規定はこの項において準用する同法第824条第1項の申立てがあつた場合における調査士法人の財産の保全について、それぞれ準用する。

5　会社法第828条第1項（第1号に係る部分に限る。）及び第2項（第1号に係る部分に限る。）、第834条（第1号に係る部分に限る。）、第835条第1項、第837条から第839条まで並びに第846条の規定は、調査士法人の設立の無効の訴えについて準用する。

6　会社法第833条第2項、第834条（第21号に係る部分に限る。）、第835条第1項、第837条、第838条、第846条及び第937条第1項（第1号リに係る部分に限る。）の規定は、調査士法人の解散の訴えについて準用する。

7　破産法（平成16年法律第75号）第16条の規定の適用については、調査士法人は、合名会社とみなす。

第6章　懲戒

（調査士に対する懲戒）

第42条　調査士がこの法律又はこの法律に基づく命令に違反したときは、その事務所の所在地を管轄する法務局又は地方法務局の長は、当該調査士に対し、次

に掲げる処分をすることができる。

一　戒告

二　2年以内の業務の停止

三　業務の禁止

（調査士法人に対する懲戒）

第43条　調査士法人がこの法律又はこの法律に基づく命令に違反したときは、その主たる事務所の所在地を管轄する法務局又は地方法務局の長は、当該調査士法人に対し、次に掲げる処分をすることができる。

一　戒告

二　2年以内の業務の全部又は一部の停止

三　解散

2　調査士法人がこの法律又はこの法律に基づく命令に違反したときは、その従たる事務所の所在地を管轄する法務局又は地方法務局の長（前項に規定するものを除く。）は、当該調査士法人に対し、次に掲げる処分をすることができる。ただし、当該違反が当該従たる事務所に関するものであるときに限る。

一　戒告

二　当該法務局又は地方法務局の管轄区域内にある当該調査士法人の事務所についての2年以内の業務の全部又は一部の停止

（懲戒の手続）

第44条　何人も、調査士又は調査士法人にこの法律又はこの法律に基づく命令に違反する事実があると思料するときは、当該調査士又は当該調査士法人の事務所の所在地を管轄する法務局又は地方法務局の長に対し、当該事実を通知し、適当な措置をとることを求めることができる。

2　前項の規定による通知があつたときは、同項の法務局又は地方法務局の長は、通知された事実について必要な調査をしなければならない。

3　法務局又は地方法務局の長は、第42条第2号又は前条第1項第2号若しくは第2項第2号の処分をしようとするときは、行政手続法（平成5年法律第88号）第13条第1項の規定による意見陳述のための手続の区分にかかわらず、聴聞を行わなければならない。

4　前項に規定する処分又は第42条第3号若しくは前条第1項第3号の処分に係る行政手続法第15条第1項の通知は、聴聞の期日の1週間前までにしなければならない。

5　前項の聴聞の期日における審理は、当該調査士又は当該調査士法人から請求があつたときは、公開により行わなければならない。

（登録取消しの制限等）

第45条　法務局又は地方法務局の長は、調査士に対し第42条第2号又は第3号に掲げる処分をしようとする場合においては、行政手続法第15条第1項の通知を発送し、又は同条第3項前段の掲示をした後直ちに調査士会連合会にその旨を通告しなければならない。

2　調査士会連合会は、調査士について前項の通告を受けた場合においては、法務局又は地方法務局の長から第42条第2号又は第3号に掲げる処分の手続が結了した旨の通知を受けるまでは、当該調査士について、第15条第1項第1号又は第16条第1項各号の規定による登録の取消しをすることができない。

（懲戒処分の公告）

第46条　法務局又は地方法務局の長は、第42条又は第43条の規定により処分をしたときは、遅滞なく、その旨を官報をもつて公告しなければならない。

第7章　土地家屋調査士会

（設立及び目的等）

第47条　調査士は、その事務所の所在地を管轄する法務局又は地方法務局の管轄区域ごとに、会則を定めて、1個の調査士会を設立しなければならない。

2　調査士会は、会員の品位を保持し、その業務の改善進歩を図るため、会員の指導及び連絡に関する事務を行うことを目的とする。

3　調査士会は、法人とする。

4　一般社団法人及び一般財団法人に関する法律第4条及び第78条の規定は、調査士会について準用する。

（会則）

第48条　調査士会の会則には、次に掲げる事項を記載しなければならない。

一　名称及び事務所の所在地

二　役員に関する規定

三　会議に関する規定

四　会員の品位保持に関する規定

五　会員の執務に関する規定

六　入会及び退会に関する規定（入会金その他の入会についての特別の負担に関するものを含む。）

七　調査士の研修に関する規定

八　会員の業務に関する紛議の調停に関する規定

九　調査士会及び会員に関する情報の公開に関する規定

十　資産及び会計に関する規定

　　十一　会費に関する規定
　　十二　その他調査士会の目的を達成するために必要な規定
（会則の認可）
第49条　調査士会の会則を定め、又はこれを変更するには、法務大臣の認可を受けなければならない。ただし、前条第1号及び第7号から第11号までに掲げる事項に係る会則の変更については、この限りでない。
2　前項の場合において、法務大臣は、調査士会連合会の意見を聴いて、認可し、又は認可しない旨の処分をしなければならない。
（調査士会の登記）
第50条　調査士会は、政令で定めるところにより、登記をしなければならない。
2　前項の規定により登記をしなければならない事項は、登記の後でなければ、これをもつて第三者に対抗することができない。
（調査士会の役員）
第51条　調査士会に、会長、副会長及び会則で定めるその他の役員を置く。
2　会長は、調査士会を代表し、その会務を総理する。
3　副会長は、会長の定めるところにより、会長を補佐し、会長に事故があるときはその職務を代理し、会長が欠員のときはその職務を行なう。
（調査士の入会及び退会）
第52条　第9条第1項の規定による登録の申請又は第13条第1項の変更の登録の申請をする者は、その申請と同時に、申請を経由すべき調査士会に入会する手続をとらなければならない。
2　前項の規定により入会の手続をとつた者は、当該登録又は変更の登録の時に、当該調査士会の会員となる。
3　第13条第1項の変更の登録の申請をした調査士は、当該申請に基づく変更の登録の時に、従前所属していた調査士会を退会する。
（調査士法人の入会及び退会）
第53条　調査士法人は、その成立の時に、主たる事務所の所在地の調査士会の会員となる。
2　調査士法人は、その清算の結了の時又は破産手続開始の決定を受けた時に、所属するすべての調査士会を退会する。
3　調査士法人の清算人は、清算が結了したときは、清算結了の登記後速やかに、登記事項証明書を添えて、その旨を、主たる事務所の所在地の調査士会及び調査士会連合会に届け出なければならない。
4　調査士法人は、その事務所の所在地を管轄する法務局又は地方法務局の管轄区域外に事務所を設け、又は移転したときは、事務所の新所在地においてその

旨の登記をした時に、当該事務所の所在地を管轄する法務局又は地方法務局の管轄区域内に設立された調査士会の会員となる。

5　調査士法人は、その事務所の移転又は廃止により、当該事務所の所在地を管轄する法務局又は地方法務局の管轄区域内に事務所を有しないこととなつたときは、旧所在地においてその旨の登記をした時に、当該管轄区域内に設立された調査士会を退会する。

6　調査士法人は、第4項の規定により新たに調査士会の会員となつたときは、会員となつた日から2週間以内に、登記事項証明書及び定款の写しを添えて、その旨を、当該調査士会及び調査士会連合会に届け出なければならない。

7　調査士法人は、第5項の規定により調査士会を退会したときは、退会の日から2週間以内に、その旨を、当該調査士会及び調査士会連合会に届け出なければならない。

（紛議の調停）

第54条　調査士会は、所属の会員の業務に関する紛議につき、当該会員又は当事者その他関係人の請求により調停をすることができる。

（法務局等の長に対する報告義務）

第55条　調査士会は、所属の会員が、この法律又はこの法律に基づく命令に違反すると思料するときは、その旨を、その調査士会の事務所の所在地を管轄する法務局又は地方法務局の長に報告しなければならない。

（注意勧告）

第56条　調査士会は、所属の会員がこの法律又はこの法律に基づく命令に違反するおそれがあると認めるときは、会則の定めるところにより、当該会員に対して、注意を促し、又は必要な措置を講ずべきことを勧告することができる。

　　　第8章　日本土地家屋調査士会連合会

（設立及び目的）

第57条　全国の調査士会は、会則を定めて、調査士会連合会を設立しなければならない。

2　調査士会連合会は、調査士会の会員の品位を保持し、その業務の改善進歩を図るため、調査士会及びその会員の指導及び連絡に関する事務を行い、並びに調査士の登録に関する事務を行うことを目的とする。

（会則）

第58条　調査士会連合会の会則には、次に掲げる事項を記載しなければならない。

　一　第48条第1号、第7号、第10号及び第11号に掲げる事項

　二　第48条第2号及び第3号に掲げる事項

　三　調査士の登録に関する規定

　四　調査士会連合会に関する情報の公開に関する規定

　五　その他調査士会連合会の目的を達成するために必要な規定

（会則の認可）

第59条　調査士会連合会の会則を定め、又はこれを変更するには、法務大臣の認
　可を受けなければならない。ただし、前条第1号及び第4号に掲げる事項に係る
　会則の変更については、この限りでない。

（建議等）

第60条　調査士会連合会は、調査士又は調査士法人の業務又は制度について、法
　務大臣に建議し、又はその諮問に答申することができる。

（調査士会に関する規定の準用）

第61条　第47条第3項及び第4項、第50条並びに第51条の規定は、調査士会連合会
　に準用する。

（登録審査会）

第62条　調査士会連合会に、登録審査会を置く。

2　登録審査会は、調査士会連合会の請求により、第10条第1項第2号若しくは第
　3号の規定による登録の拒否又は第16条第1項の規定による登録の取消しについ
　て審議を行うものとする。

3　登録審査会は、会長及び委員4人をもつて組織する。

4　会長は、調査士会連合会の会長をもつて充てる。

5　委員は、会長が、法務大臣の承認を受けて、調査士、法務省の職員及び学識
　経験者のうちから委嘱する。

6　委員の任期は、2年とする。ただし、欠員が生じた場合の補充の委員の任期は、
　前任者の残任期間とする。

　　　　第9章　公共嘱託登記土地家屋調査士協会

（設立及び組織）

第63条　その名称中に公共嘱託登記土地家屋調査士協会という文字を使用する一
　般社団法人は、社員である調査士及び調査士法人がその専門的能力を結合して
　官庁、公署その他政令で定める公共の利益となる事業を行う者（以下「官公署
　等」という。）による不動産の表示に関する登記に必要な調査若しくは測量又は
　その登記の嘱託若しくは申請の適正かつ迅速な実施に寄与することを目的と
　し、かつ、次に掲げる内容の定款の定めがあるものに限り、設立することがで
　きる。

　一　社員は、その主たる事務所の所在地を管轄する法務局又は地方法務局の管

　轄区域内に事務所を有する調査士又は調査士法人でなければならないものとすること。

　二　前号に規定する調査士又は調査士法人が社員になろうとするときは、正当な理由がなければ、これを拒むことができないものとすること。

　三　理事の員数の過半数は、社員（社員である調査士法人の社員を含む。）でなければならないものとすること。

2　前項に規定する定款の定めは、これを変更することができない。

（成立の届出）

第63条の2　前条第1項の一般社団法人（以下「協会」という。）は、成立したときは、成立の日から2週間以内に、登記事項証明書及び定款の写しを添えて、その旨を、その主たる事務所の所在地を管轄する法務局又は地方法務局の長及びその管轄区域内に設立された調査士会に届け出なければならない。

（業務）

第64条　協会は、第63条第1項に規定する目的を達成するため、官公署等の依頼を受けて、第3条第1項第1号から第3号までに掲げる事務（同項第2号及び第3号に掲げる事務にあつては、同項第1号に掲げる調査又は測量を必要とする申請手続に関するものに限る。）及びこれらの事務に関する同項第6号に掲げる事務を行うことをその業務とする。

2　協会は、その業務に係る前項に規定する事務を、調査士会に入会している調査士又は調査士法人でない者に取り扱わせてはならない。

（協会の業務の監督）

第64条の2　協会の業務は、その主たる事務所の所在地を管轄する法務局又は地方法務局の長の監督に属する。

2　前項の法務局又は地方法務局の長は、協会の業務の適正な実施を確保するため必要があると認めるときは、いつでも、当該業務及び協会の財産の状況を検査し、又は協会に対し、当該業務に関し監督上必要な命令をすることができる。

（調査士及び調査士法人に関する規定の準用）

第65条　第22条の規定は協会の業務について、第43条、第44条及び第46条の規定は協会に対する懲戒について、それぞれ準用する。

（調査士会の助言）

第66条　調査士会は、所属の会員が社員である協会に対し、その業務の執行に関し、必要な助言をすることができる。

　　　第10章　雑則

（法務省令への委任）

第67条　この法律に定めるもののほか、調査士の試験、資格の認定、登録及び業

務執行並びに協会の設立及び業務執行に関し必要な事項は、法務省令で定める。

（非調査士等の取締り）

第68条 調査士会に入会している調査士又は調査士法人でない者（協会を除く。）は、第3条第1項第1号から第5号までに掲げる事務（同項第2号及び第3号に掲げる事務にあつては、同項第1号に掲げる調査又は測量を必要とする申請手続に関するものに限る。）又はこれらの事務に関する同項第6号に掲げる事務を行うことを業とすることができない。ただし、弁護士若しくは弁護士法人が同項第2号から第5号までに掲げる事務（同項第2号及び第3号に掲げる事務にあつては、同項第1号に掲げる調査又は測量を必要とする申請手続に関する審査請求の手続に関するものに限る。）若しくはこれらの事務に関する同項第6号に掲げる事務を行う場合又は司法書士法第3条第2項に規定する司法書士若しくは同項に規定する簡裁訴訟代理等関係業務を行うことを目的とする司法書士法人が第3条第1項第4号若しくは第5号に掲げる事務（同法第3条第1項第8号に規定する筆界特定の手続に係るものに限る。）若しくはこれらの事務に関する第3条第1項第6号に掲げる事務を行う場合は、この限りでない。

2 協会は、その業務の範囲を超えて、第64条第1項に規定する事務を行うことを業とすることができない。

3 調査士でない者は、土地家屋調査士又はこれに紛らわしい名称を用いてはならない。

4 調査士法人でない者は、土地家屋調査士法人又はこれに紛らわしい名称を用いてはならない。

5 協会でない者は、公共嘱託登記土地家屋調査士協会又はこれに紛らわしい名称を用いてはならない。

第11章 罰則

第69条 調査士となる資格を有しない者が、調査士会連合会に対し、その資格につき虚偽の申請をして土地家屋調査士名簿に登録させたときは、1年以下の懲役又は100万円以下の罰金に処する。

第70条 第22条の規定に違反した者は、100万円以下の罰金に処する。

2 調査士法人が第41条第1項において準用する第22条の規定に違反したときは、その違反行為をした調査士法人の社員又は使用人は、100万円以下の罰金に処する。

3 協会が第65条において準用する第22条の規定に違反したときは、その違反行為をした協会の理事又は職員は、100万円以下の罰金に処する。

第71条　第23条の規定に違反した者は、1年以下の懲役又は100万円以下の罰金に処する。

第71条の2　第24条の2の規定に違反した者は、6月以下の懲役又は50万円以下の罰金に処する。

2　前項の罪は、告訴がなければ公訴を提起することができない。

第72条　協会が第64条第2項の規定に違反したときは、その違反に係る同項に規定する事務を取り扱い、又は取り扱わせた協会の理事又は職員は、6月以下の懲役又は50万円以下の罰金に処する。

第73条　第68条第1項の規定に違反した者は、1年以下の懲役又は100万円以下の罰金に処する。

2　協会が第68条第2項の規定に違反したときは、その違反行為をした協会の理事又は職員は、1年以下の懲役又は100万円以下の罰金に処する。

第74条　次の各号のいずれかに該当する者は、100万円以下の罰金に処する。

一　第68条第3項の規定に違反した者

二　第68条第4項の規定に違反した者

三　第68条第5項の規定に違反した者

第74条の2　第40条の2第6項において準用する会社法第955条第1項の規定に違反して、同項に規定する調査記録簿等に同項に規定する電子公告調査に関し法務省令で定めるものを記載せず、若しくは記録せず、若しくは虚偽の記載若しくは記録をし、又は当該調査記録簿等を保存しなかつた者は、30万円以下の罰金に処する。

第75条　法人の代表者又は法人若しくは人の代理人、使用人その他の従業者が、その法人又は人の業務に関し、第70条第2項若しくは第3項又は第72条から前条までの違反行為をしたときは、その行為者を罰するほか、その法人又は人に対して各本条の罰金刑を科する。

第76条　調査士会又は調査士会連合会が第50条第1項（第61条において準用する場合を含む。）の規定に基づく政令に違反して登記をすることを怠つたときは、その調査士会又は調査士会連合会の代表者は、30万円以下の過料に処する。

第77条　次の各号のいずれかに該当する者は、100万円以下の過料に処する。

一　第40条の2第6項において準用する会社法第946条第3項の規定に違反して、報告をせず、又は虚偽の報告をした者

二　正当な理由がないのに、第40条の2第6項において準用する会社法第951条第2項各号又は第955条第2項各号に掲げる請求を拒んだ者

第78条　次の各号のいずれかに該当する場合には、調査士法人の社員又は清算人は、30万円以下の過料に処する。

一　この法律に基づく政令の規定に違反して登記をすることを怠つたとき。

二　第40条の2第2項又は第5項の規定に違反して合併をしたとき。

三　第40条の2第6項において準用する会社法第941条の規定に違反して同条の
　調査を求めなかつたとき。

四　定款又は第41条第2項において準用する会社法第615条第1項の会計帳簿若
　しくは第41条第2項において準用する同法第617条第1項若しくは第2項の貸借
　対照表に記載し、若しくは記録すべき事項を記載せず、若しくは記録せず、
　又は虚偽の記載若しくは記録をしたとき。

五　第41条第3項において準用する会社法第656条第1項の規定に違反して破産
　手続開始の申立てを怠つたとき。

六　第41条第3項において準用する会社法第664条の規定に違反して財産を分配
　したとき。

七　第41条第3項において準用する会社法第670条第2項又は第5項の規定に違反
　して財産を処分したとき。

　　附　則　〔省略〕

○土地家屋調査士法施行規則（抄）

$$\left(\begin{array}{l}\text{昭和54年12月25日}\\ \text{法 務 省 令 第53号}\end{array}\right)$$

最終改正　　令和元年9月13日法務省令第34号

（目的）

第1条　土地家屋調査士試験、土地家屋調査士（以下「調査士」という。）の資格及び能力の認定、登録、事務所、帳簿、書類並びに業務執行、土地家屋調査士法人（以下「調査士法人」という。）の事務所並びに業務執行並びに公共嘱託登記土地家屋調査士協会（以下「協会」という。）の設立並びに業務執行については、土地家屋調査士法（昭和25年法律第228号。以下「法」という。）、土地家屋調査士法施行令（昭和54年政令第298号）その他の法令に定めるもののほか、この規則の定めるところによる。

（研修）

第9条　法第3条第3項第1号の法務省令で定める基準は、次のとおりとする。

一　次に掲げる事項について、講義及び演習を行うものとする。

イ　民間紛争解決手続における主張及び立証活動

ロ　民間紛争解決手続における代理人としての倫理

ハ　その他法第3条第2項の民間紛争解決手続代理関係業務を行うのに必要な事項

二　講義及び演習の総時間数は、45時間以上とする。

三　民間紛争解決手続における代理人として必要な法律知識についての考査を実施するものとする。

（研修の指定）

第10条　法第3条第2項第1号の規定による法務大臣の指定は、同号の法人（以下「研修実施法人」という。）の申請により行う。

2　研修実施法人は、前項の申請をしようとするときは、前条に規定する基準に適合する研修の日程、内容、修了の要件その他研修の実施に関する計画を記載した書面を添えて、申請書を法務大臣に提出しなければならない。

（成績証明書等の交付）

第11条　研修実施法人は、法第3条第2項第1号に規定する研修を実施した場合には、当該研修を修了した者に対し、第9条第3号に規定する考査の成績証明書及び修了証明書を交付しなければならない。

（認定申請）

第12条　法第3条第2項第2号に規定する認定を受けようとする者は、前条に規定

する成績証明書及び修了証明書を添えて、法第20条の事務所の所在地（同条の事務所がない者にあつては、住所地）を管轄する法務局又は地方法務局の長に認定申請書を提出しなければならない。

2　法第3条第5項に規定する手数料は、認定申請書に手数料の額に相当する額の収入印紙をはつて納付しなければならない。

3　前項の手数料は、これを納付した後においては、返還しない。

（認定者の公告等）

第13条　法務大臣は、民間紛争解決手続代理関係業務を行うのに必要な能力を有すると認定した者に認定証書を交付し、その氏名を官報をもつて公告する。

（心身の故障の届出）

第17条の2　法第16条第2項に規定する法務省令で定める場合は、当該調査士が精神の機能の障害を有する状態となり調査士の業務の継続が著しく困難となつた場合又は2年以上の休養を要することとなつた場合とする。

2　法第16条第2項に規定する届出は、その旨を記載した届出書に、病名、障害の程度、病因、病後の経過、治癒の見込みその他参考となる所見を記載した医師の診断書を添付して行わなければならない。

（事務所）

第18条　調査士は、2以上の事務所を設けることができない。

（表示）

第19条　調査士は、調査士会に入会したときは、その調査士会の会則（以下「会則」という。）の定めるところにより、事務所に調査士の事務所である旨の表示をしなければならない。

2　調査士会に入会していない調査士は、前項の表示又はこれに類する表示をしてはならない。

3　調査士は、業務の停止の処分を受けたときは、その停止の期間中第1項の表示又はこれに類する表示をしてはならない。

（職印）

第20条　調査士は、会則の定めるところにより、業務上使用する職印を定めなければならない。

（報酬の基準を明示する義務）

第21条　調査士は、法第3条第1項各号に掲げる事務を受任しようとする場合には、あらかじめ、依頼をしようとする者に対し、報酬額の算定の方法その他の報酬の基準を示さなければならない。

（他人による業務取扱いの禁止）

第22条　調査士は、他人をしてその業務を取り扱わせてはならない。

（補助者）

第23条 　調査士は、その業務の補助をさせるため補助者を置くことができる。

2 　調査士は、補助者を置いたときは、遅滞なく、その旨を所属の調査士会に届け出なければならない。補助者を置かなくなつたときも、同様とする。

3 　調査士会は、前項の規定による届出があつたときは、その旨をその調査士会の事務所の所在地を管轄する法務局又は地方法務局の長に通知しなければならない。

（依頼誘致の禁止）

第24条 　調査士は、不当な手段によつて依頼を誘致するような行為をしてはならない。

（依頼の拒否）

第25条 　調査士は、依頼（法第3条第1項第4号及び第6号（第4号に関する部分に限る。）に規定する業務並びに民間紛争解決手続代理関係業務に関するものを除く。）を拒んだ場合において、依頼者の請求があるときは、その理由書を交付しなければならない。

2 　調査士は、法第3条第1項第4号若しくは第6号（第4号に関する部分に限る。）に規定する業務又は民間紛争解決手続代理関係業務についての事件の依頼を承諾しないときは、速やかに、その旨を依頼者に通知しなければならない。

（書類等の作成）

第26条 　調査士は、依頼者に交付し、又は官庁に提出すべき書類（民間紛争解決手続代理関係業務に関するものを除く。）を作成したときは、その書類の末尾又は欄外に記名し、職印を押さなければならない。

2 　調査士は、依頼者又は官庁に提供する電磁的記録（電子的方式、磁気的方式その他人の知覚によつては認識することができない方式で作られる記録であつて、電子計算機による情報処理の用に供されるものをいう。以下同じ。）を作成したときは、当該電磁的記録に、職名及び氏名を記録し、かつ、電子署名（電子署名及び認証業務に関する法律（平成12年法律第102号）第2条第1項に規定する電子署名であつて、連合会が発行する当該電子署名に係る電子証明書又は連合会が提供する情報に基づき発行された当該電子署名に係る電子証明書（法務大臣が指定するものに限る。）により当該電子署名を行つた者を確認するために用いられる事項が当該者に係るものであることを証明することができるものに限る。）を行わなければならない。

3 　前項の指定は、告示してしなければならない。

（領収証）

第27条 　調査士は、依頼者から報酬を受けたときは、領収証正副2通を作成し、正

本は、これに記名し、職印を押して依頼者に交付し、副本は、作成の日から3年間保存しなければならない。

2　前項の領収証には、受領した報酬額の内訳を詳細に記載しなければならない。

（事件簿）

第28条　調査士は、連合会の定める様式により事件簿を調製しなければならない。

2　事件簿は、その閉鎖後5年間保存しなければならない。

（調査士法人の業務の範囲）

第29条　法第29条第1項第1号の法務省令で定める業務は、次の各号に掲げるものとする。

一　当事者その他関係人の依頼又は官公署の委嘱により、鑑定人その他これらに類する地位に就き、土地の筆界に関する鑑定を行う業務又はこれらの業務を行う者を補助する業務

二　土地の筆界の資料及び境界標を管理する業務

三　調査士又は調査士法人の業務に関連する講演会の開催、出版物の刊行その他の教育及び普及の業務

四　競争の導入による公共サービスの改革に関する法律（平成18年法律第51号）第33条の2第1項に規定する特定業務

五　法第3条第1項各号及び前各号に掲げる業務に附帯し、又は密接に関連する業務

○不動産登記法（抄）

$$\binom{平成16年6月18日}{法\ 律\ 第\ 123\ 号}$$

最終改正　　令和元年5月31日法律第16号

（地図等）

第14条　登記所には、地図及び建物所在図を備え付けるものとする。

2　前項の地図は、一筆又は二筆以上の土地ごとに作成し、各土地の区画を明確にし、地番を表示するものとする。

3　第1項の建物所在図は、一個又は二個以上の建物ごとに作成し、各建物の位置及び家屋番号を表示するものとする。

4　第1項の規定にかかわらず、登記所には、同項の規定により地図が備え付けられるまでの間、これに代えて、地図に準ずる図面を備え付けることができる。

5　前項の地図に準ずる図面は、一筆又は二筆以上の土地ごとに土地の位置、形状及び地番を表示するものとする。

6　第1項の地図及び建物所在図並びに第4項の地図に準ずる図面は、電磁的記録に記録することができる。

（登記事項証明書の交付等）

第119条　何人も、登記官に対し、手数料を納付して、登記記録に記録されている事項の全部又は一部を証明した書面（以下「登記事項証明書」という。）の交付を請求することができる。

2　何人も、登記官に対し、手数料を納付して、登記記録に記録されている事項の概要を記載した書面の交付を請求することができる。

3　前2項の手数料の額は、物価の状況、登記事項証明書の交付に要する実費その他一切の事情を考慮して政令で定める。

4　第1項及び第2項の手数料の納付は、収入印紙をもってしなければならない。ただし、法務省令で定める方法で登記事項証明書の交付を請求するときは、法務省令で定めるところにより、現金をもってすることができる。

5　第1項の交付の請求は、法務省令で定める場合を除き、請求に係る不動産の所在地を管轄する登記所以外の登記所の登記官に対してもすることができる。

（地図の写しの交付等）

第120条　何人も、登記官に対し、手数料を納付して、地図、建物所在図又は地図に準ずる図面（以下この条において「地図等」という。）の全部又は一部の写し（地図等が電磁的記録に記録されているときは、当該記録された情報の内容を証明した書面）の交付を請求することができる。

2　何人も、登記官に対し、手数料を納付して、地図等（地図等が電磁的記録に

記録されているときは、当該記録された情報の内容を法務省令で定める方法により表示したもの）の閲覧を請求することができる。

3　前条第3項から第5項までの規定は、地図等について準用する。

（登記簿の附属書類の写しの交付等）

第121条　何人も、登記官に対し、手数料を納付して、登記簿の附属書類（電磁的記録を含む。以下同じ。）のうち政令で定める図面の全部又は一部の写し（これらの図面が電磁的記録に記録されているときは、当該記録された情報の内容を証明した書面）の交付を請求することができる。

2　何人も、登記官に対し、手数料を納付して、登記簿の附属書類（電磁的記録にあっては、記録された情報の内容を法務省令で定める方法により表示したもの）の閲覧を請求することができる。ただし、前項の図面以外のものについては、請求人が利害関係を有する部分に限る。

3　第119条第3項から第5項までの規定は、登記簿の附属書類について準用する。

（法務省令への委任）

第122条　この法律に定めるもののほか、登記簿、地図、建物所在図及び地図に準ずる図面並びに登記簿の附属書類（第153条及び第155条において「登記簿等」という。）の公開に関し必要な事項は、法務省令で定める。

（定義）

第123条　この章において、次の各号に掲げる用語の意義は、それぞれ当該各号に定めるところによる。

一　筆界　表題登記がある一筆の土地（以下単に「一筆の土地」という。）とこれに隣接する他の土地（表題登記がない土地を含む。以下同じ。）との間において、当該一筆の土地が登記された時にその境を構成するものとされた二以上の点及びこれらを結ぶ直線をいう。

二　筆界特定　一筆の土地及びこれに隣接する他の土地について、この章の定めるところにより、筆界の現地における位置を特定すること（その位置を特定することができないときは、その位置の範囲を特定すること）をいう。

三　対象土地　筆界特定の対象となる筆界で相互に隣接する一筆の土地及び他の土地をいう。

四　関係土地　対象土地以外の土地（表題登記がない土地を含む。）であって、筆界特定の対象となる筆界上の点を含む他の筆界で対象土地の一方又は双方と接するものをいう。

五　所有権登記名義人等　所有権の登記がある一筆の土地にあっては所有権の登記名義人、所有権の登記がない一筆の土地にあっては表題部所有者、表題登記がない土地にあっては所有者をいい、所有権の登記名義人又は表題部所

　　有者の相続人その他の一般承継人を含む。

（筆界特定の事務）

第124条　筆界特定の事務は、対象土地の所在地を管轄する法務局又は地方法務局がつかさどる。

2　第6条第2項及び第3項の規定は、筆界特定の事務について準用する。この場合において、同条第2項中「不動産」とあるのは「対象土地」と、「登記所」とあるのは「法務局又は地方法務局」と、「法務局若しくは地方法務局」とあるのは「法務局」と、同条第3項中「登記所」とあるのは「法務局又は地方法務局」と読み替えるものとする。

（筆界特定登記官）

第125条　筆界特定は、筆界特定登記官（登記官のうちから、法務局又は地方法務局の長が指定する者をいう。以下同じ。）が行う。

（筆界特定登記官の除斥）

第126条　筆界特定登記官が次の各号のいずれかに該当する者であるときは、当該筆界特定登記官は、対象土地について筆界特定を行うことができない。

　一　対象土地又は関係土地のうちいずれかの土地の所有権の登記名義人（仮登記の登記名義人を含む。以下この号において同じ。）、表題部所有者若しくは所有者又は所有権以外の権利の登記名義人若しくは当該権利を有する者

　二　前号に掲げる者の配偶者又は四親等内の親族（配偶者又は四親等内の親族であった者を含む。次号において同じ。）

　三　第1号に掲げる者の代理人若しくは代表者（代理人又は代表者であった者を含む。）又はその配偶者若しくは四親等内の親族

（筆界調査委員）

第127条　法務局及び地方法務局に、筆界特定について必要な事実の調査を行い、筆界特定登記官に意見を提出させるため、筆界調査委員若干人を置く。

2　筆界調査委員は、前項の職務を行うのに必要な専門的知識及び経験を有する者のうちから、法務局又は地方法務局の長が任命する。

3　筆界調査委員の任期は、2年とする。

4　筆界調査委員は、再任されることができる。

5　筆界調査委員は、非常勤とする。

（筆界調査委員の欠格事由）

第128条　次の各号のいずれかに該当する者は、筆界調査委員となることができない。

　一　禁錮以上の刑に処せられ、その執行を終わり、又はその執行を受けることがなくなった日から5年を経過しない者

二　弁護士法（昭和24年法律第205号）、司法書士法（昭和25年法律第197号）又は土地家屋調査士法（昭和25年法律第228号）の規定による懲戒処分により、弁護士会からの除名又は司法書士若しくは土地家屋調査士の業務の禁止の処分を受けた者でこれらの処分を受けた日から3年を経過しないもの

三　公務員で懲戒免職の処分を受け、その処分の日から3年を経過しない者

2　筆界調査委員が前項各号のいずれかに該当するに至ったときは、当然失職する。

（筆界調査委員の解任）

第129条　法務局又は地方法務局の長は、筆界調査委員が次の各号のいずれかに該当するときは、その筆界調査委員を解任することができる。

一　心身の故障のため職務の執行に堪えないと認められるとき。

二　職務上の義務違反その他筆界調査委員たるに適しない非行があると認められるとき。

（標準処理期間）

第130条　法務局又は地方法務局の長は、筆界特定の申請がされてから筆界特定登記官が筆界特定をするまでに通常要すべき標準的な期間を定め、法務局又は地方法務局における備付けその他の適当な方法により公にしておかなければならない。

（筆界特定の申請）

第131条　土地の所有権登記名義人等は、筆界特定登記官に対し、当該土地とこれに隣接する他の土地との筆界について、筆界特定の申請をすることができる。

2　筆界特定の申請は、次に掲げる事項を明らかにしてしなければならない。

一　申請の趣旨

二　筆界特定の申請人の氏名又は名称及び住所

三　対象土地に係る第34条第1項第1号及び第2号に掲げる事項（表題登記がない土地にあっては、同項第1号に掲げる事項）

四　対象土地について筆界特定を必要とする理由

五　前各号に掲げるもののほか、法務省令で定める事項

3　筆界特定の申請人は、政令で定めるところにより、手数料を納付しなければならない。

4　第18条の規定は、筆界特定の申請について準用する。この場合において、同条中「不動産を識別するために必要な事項、申請人の氏名又は名称、登記の目的その他の登記の申請に必要な事項として政令で定める情報（以下「申請情報」という。）」とあるのは「第131条第2項各号に掲げる事項に係る情報（第2号、第132条第1項第4号及び第150条において「筆界特定申請情報」という。）」と、「登

記所」とあるのは「法務局又は地方法務局」と、同条第2号中「申請情報」とあるのは「筆界特定申請情報」と読み替えるものとする。

（申請の却下）

第132条　筆界特定登記官は、次に掲げる場合には、理由を付した決定で、筆界特定の申請を却下しなければならない。ただし、当該申請の不備が補正することができるものである場合において、筆界特定登記官が定めた相当の期間内に、筆界特定の申請人がこれを補正したときは、この限りでない。

一　対象土地の所在地が当該申請を受けた法務局又は地方法務局の管轄に属しないとき。

二　申請の権限を有しない者の申請によるとき。

三　申請が前条第2項の規定に違反するとき。

四　筆界特定申請情報の提供の方法がこの法律に基づく命令の規定により定められた方式に適合しないとき。

五　申請が対象土地の所有権の境界の特定その他筆界特定以外の事項を目的とするものと認められるとき。

六　対象土地の筆界について、既に民事訴訟の手続により筆界の確定を求める訴えに係る判決（訴えを不適法として却下したものを除く。第148条において同じ。）が確定しているとき。

七　対象土地の筆界について、既に筆界特定登記官による筆界特定がされているとき。ただし、対象土地について更に筆界特定をする特段の必要があると認められる場合を除く。

八　手数料を納付しないとき。

九　第146条第5項の規定により予納を命じた場合においてその予納がないとき。

2　前項の規定による筆界特定の申請の却下は、登記官の処分とみなす。

（筆界特定の申請の通知）

第133条　筆界特定の申請があったときは、筆界特定登記官は、遅滞なく、法務省令で定めるところにより、その旨を公告し、かつ、その旨を次に掲げる者（以下「関係人」という。）に通知しなければならない。ただし、前条第1項の規定により当該申請を却下すべき場合は、この限りでない。

一　対象土地の所有権登記名義人等であって筆界特定の申請人以外のもの

二　関係土地の所有権登記名義人等

2　前項本文の場合において、関係人の所在が判明しないときは、同項本文の規定による通知を、関係人の氏名又は名称、通知をすべき事項及び当該事項を記載した書面をいつでも関係人に交付する旨を対象土地の所在地を管轄する法務

局又は地方法務局の掲示場に掲示することによって行うことができる。この場合においては、掲示を始めた日から2週間を経過したときに、当該通知が関係人に到達したものとみなす。

（筆界調査委員の指定等）

第134条　法務局又は地方法務局の長は、前条第1項本文の規定による公告及び通知がされたときは、対象土地の筆界特定のために必要な事実の調査を行うべき筆界調査委員を指定しなければならない。

2　次の各号のいずれかに該当する者は、前項の筆界調査委員に指定することができない。

一　対象土地又は関係土地のうちいずれかの土地の所有権の登記名義人（仮登記の登記名義人を含む。以下この号において同じ。）、表題部所有者若しくは所有者又は所有権以外の権利の登記名義人若しくは当該権利を有する者

二　前号に掲げる者の配偶者又は四親等内の親族（配偶者又は四親等内の親族であった者を含む。次号において同じ。）

三　第1号に掲げる者の代理人若しくは代表者（代理人又は代表者であった者を含む。）又はその配偶者若しくは四親等内の親族

3　第1項の規定による指定を受けた筆界調査委員が数人あるときは、共同してその職務を行う。ただし、筆界特定登記官の許可を得て、それぞれ単独にその職務を行い、又は職務を分掌することができる。

4　法務局又は地方法務局の長は、その職員に、筆界調査委員による事実の調査を補助させることができる。

（筆界調査委員による事実の調査）

第135条　筆界調査委員は、前条第1項の規定による指定を受けたときは、対象土地又は関係土地その他の土地の測量又は実地調査をすること、筆界特定の申請人若しくは関係人又はその他の者からその知っている事実を聴取し又は資料の提出を求めることその他対象土地の筆界特定のために必要な事実の調査をすることができる。

2　筆界調査委員は、前項の事実の調査に当たっては、筆界特定が対象土地の所有権の境界の特定を目的とするものでないことに留意しなければならない。

（測量及び実地調査）

第136条　筆界調査委員は、対象土地の測量又は実地調査を行うときは、あらかじめ、その旨並びにその日時及び場所を筆界特定の申請人及び関係人に通知して、これに立ち会う機会を与えなければならない。

2　第133条第2項の規定は、前項の規定による通知について準用する。

（立入調査）

第137条　法務局又は地方法務局の長は、筆界調査委員が対象土地又は関係土地その他の土地の測量又は実地調査を行う場合において、必要があると認めるときは、その必要の限度において、筆界調査委員又は第134条第4項の職員（以下この条において「筆界調査委員等」という。）に、他人の土地に立ち入らせることができる。

2　法務局又は地方法務局の長は、前項の規定により筆界調査委員等を他人の土地に立ち入らせようとするときは、あらかじめ、その旨並びにその日時及び場所を当該土地の占有者に通知しなければならない。

3　第1項の規定により宅地又は垣、さく等で囲まれた他人の占有する土地に立ち入ろうとする場合には、その立ち入ろうとする者は、立入りの際、あらかじめ、その旨を当該土地の占有者に告げなければならない。

4　日出前及び日没後においては、土地の占有者の承諾があった場合を除き、前項に規定する土地に立ち入ってはならない。

5　土地の占有者は、正当な理由がない限り、第1項の規定による立入りを拒み、又は妨げてはならない。

6　第1項の規定による立入りをする場合には、筆界調査委員等は、その身分を示す証明書を携帯し、関係者の請求があったときは、これを提示しなければならない。

7　国は、第1項の規定による立入りによって損失を受けた者があるときは、その損失を受けた者に対して、通常生ずべき損失を補償しなければならない。

（関係行政機関等に対する協力依頼）

第138条　法務局又は地方法務局の長は、筆界特定のため必要があると認めるときは、関係行政機関の長、関係地方公共団体の長又は関係のある公私の団体に対し、資料の提出その他必要な協力を求めることができる。

（意見又は資料の提出）

第139条　筆界特定の申請があったときは、筆界特定の申請人及び関係人は、筆界特定登記官に対し、対象土地の筆界について、意見又は資料を提出することができる。この場合において、筆界特定登記官が意見又は資料を提出すべき相当の期間を定めたときは、その期間内にこれを提出しなければならない。

2　前項の規定による意見又は資料の提出は、電磁的方法（電子情報処理組織を使用する方法その他の情報通信の技術を利用する方法であって法務省令で定めるものをいう。）により行うことができる。

（意見聴取等の期日）

第140条　筆界特定の申請があったときは、筆界特定登記官は、第133条第1項本文

の規定による公告をした時から筆界特定をするまでの間に、筆界特定の申請人及び関係人に対し、あらかじめ期日及び場所を通知して、対象土地の筆界について、意見を述べ、又は資料（電磁的記録を含む。）を提出する機会を与えなければならない。

2　筆界特定登記官は、前項の期日において、適当と認める者に、参考人としてその知っている事実を陳述させることができる。

3　筆界調査委員は、第1項の期日に立ち会うものとする。この場合において、筆界調査委員は、筆界特定登記官の許可を得て、筆界特定の申請人若しくは関係人又は参考人に対し質問を発することができる。

4　筆界特定登記官は、第1項の期日の経過を記載した調書を作成し、当該調書において当該期日における筆界特定の申請人若しくは関係人又は参考人の陳述の要旨を明らかにしておかなければならない。

5　前項の調書は、電磁的記録をもって作成することができる。

6　第133条第2項の規定は、第1項の規定による通知について準用する。

（調書等の閲覧）

第141条　筆界特定の申請人及び関係人は、第133条第1項本文の規定による公告があった時から第144条第1項の規定により筆界特定の申請人に対する通知がされるまでの間、筆界特定登記官に対し、当該筆界特定の手続において作成された調書及び提出された資料（電磁的記録にあっては、記録された情報の内容を法務省令で定める方法により表示したもの）の閲覧を請求することができる。この場合において、筆界特定登記官は、第三者の利益を害するおそれがあるときその他正当な理由があるときでなければ、その閲覧を拒むことができない。

2　筆界特定登記官は、前項の閲覧について、日時及び場所を指定することができる。

（筆界調査委員の意見の提出）

第142条　筆界調査委員は、第140条第1項の期日の後、対象土地の筆界特定のために必要な事実の調査を終了したときは、遅滞なく、筆界特定登記官に対し、対象土地の筆界特定についての意見を提出しなければならない。

（筆界特定）

第143条　筆界特定登記官は、前条の規定により筆界調査委員の意見が提出されたときは、その意見を踏まえ、登記記録、地図又は地図に準ずる図面及び登記簿の附属書類の内容、対象土地及び関係土地の地形、地目、面積及び形状並びに工作物、囲障又は境界標の有無その他の状況及びこれらの設置の経緯その他の事情を総合的に考慮して、対象土地の筆界特定をし、その結論及び理由の要旨を記載した筆界特定書を作成しなければならない。

2　筆界特定書においては、図面及び図面上の点の現地における位置を示す方法
として法務省令で定めるものにより、筆界特定の内容を表示しなければならな
い。

3　筆界特定書は、電磁的記録をもって作成することができる。

（筆界特定の通知等）

第144条　筆界特定登記官は、筆界特定をしたときは、遅滞なく、筆界特定の申請
人に対し、筆界特定書の写しを交付する方法（筆界特定書が電磁的記録をもっ
て作成されているときは、法務省令で定める方法）により当該筆界特定書の内
容を通知するとともに、法務省令で定めるところにより、筆界特定をした旨を
公告し、かつ、関係人に通知しなければならない。

2　第133条第2項の規定は、前項の規定による通知について準用する。

（筆界特定手続記録の保管）

第145条　前条第1項の規定により筆界特定の申請人に対する通知がされた場合に
おける筆界特定の手続の記録（以下「筆界特定手続記録」という。）は、対象土
地の所在地を管轄する登記所において保管する。

（手続費用の負担等）

第146条　筆界特定の手続における測量に要する費用その他の法務省令で定める
費用（以下この条において「手続費用」という。）は、筆界特定の申請人の負担
とする。

2　筆界特定の申請人が二人ある場合において、その一人が対象土地の一方の土
地の所有権登記名義人等であり、他の一人が他方の土地の所有権登記名義人等
であるときは、各筆界特定の申請人は、等しい割合で手続費用を負担する。

3　筆界特定の申請人が二人以上ある場合において、その全員が対象土地の一方
の土地の所有権登記名義人等であるときは、各筆界特定の申請人は、その持分
（所有権の登記がある一筆の土地にあっては第59条第4号の持分、所有権の登
記がない一筆の土地にあっては第27条第3号の持分。次項において同じ。）の割
合に応じて手続費用を負担する。

4　筆界特定の申請人が三人以上ある場合において、その一人又は二人以上が対
象土地の一方の土地の所有権登記名義人等であり、他の一人又は二人以上が他
方の土地の所有権登記名義人等であるときは、対象土地のいずれかの土地の一
人の所有権登記名義人等である筆界特定の申請人は、手続費用の二分の一に相
当する額を負担し、対象土地のいずれかの土地の二人以上の所有権登記名義人
等である各筆界特定の申請人は、手続費用の二分の一に相当する額についてそ
の持分の割合に応じてこれを負担する。

5　筆界特定登記官は、筆界特定の申請人に手続費用の概算額を予納させなけれ

ばならない。

（筆界確定訴訟における釈明処分の特則）

第147条　筆界特定がされた場合において、当該筆界特定に係る筆界について民事訴訟の手続により筆界の確定を求める訴えが提起されたときは、裁判所は、当該訴えに係る訴訟において、訴訟関係を明瞭にするため、登記官に対し、当該筆界特定に係る筆界特定手続記録の送付を嘱託することができる。民事訴訟の手続により筆界の確定を求める訴えが提起された後、当該訴えに係る筆界について筆界特定がされたときも、同様とする。

（筆界確定訴訟の判決との関係）

第148条　筆界特定がされた場合において、当該筆界特定に係る筆界について民事訴訟の手続により筆界の確定を求める訴えに係る判決が確定したときは、当該筆界特定は、当該判決と抵触する範囲において、その効力を失う。

（筆界特定書等の写しの交付等）

第149条　何人も、登記官に対し、手数料を納付して、筆界特定手続記録のうち筆界特定書又は政令で定める図面の全部又は一部（以下この条及び第153条において「筆界特定書等」という。）の写し（筆界特定書等が電磁的記録をもって作成されているときは、当該記録された情報の内容を証明した書面）の交付を請求することができる。

2　何人も、登記官に対し、手数料を納付して、筆界特定手続記録（電磁的記録にあっては、記録された情報の内容を法務省令で定める方法により表示したもの）の閲覧を請求することができる。ただし、筆界特定書等以外のものについては、請求人が利害関係を有する部分に限る。

3　第119条第3項及び第4項の規定は、前2項の手数料について準用する。

（法務省令への委任）

第150条　この章に定めるもののほか、筆界特定申請情報の提供の方法、筆界特定手続記録の公開その他の筆界特定の手続に関し必要な事項は、法務省令で定める。

○不動産登記規則（抄）

$$\left(\begin{array}{l}\text{平成17年2月18日}\\\text{法務省令第18号}\end{array}\right)$$

最終改正　令和元年11月22日法務省令第41号

（定義）

第206条　この章において、次の各号に掲げる用語の意義は、それぞれ当該各号に定めるところによる。

一　筆界特定電子申請　法第131条第4項において準用する法第18条第1号の規定による電子情報処理組織を使用する方法による筆界特定の申請をいう。

二　筆界特定書面申請　法第131条第4項において準用する法第18条第2号の規定により次号の筆界特定申請書を法務局又は地方法務局に提出する方法による筆界特定の申請をいう。

三　筆界特定申請書　筆界特定申請情報を記載した書面をいい、法第131条第4項において準用する法第18条第2号の磁気ディスクを含む。

四　筆界特定添付情報　第209条第1項各号に掲げる情報をいう。

五　筆界特定添付書面　筆界特定添付情報を記載した書面をいい、筆界特定添付情報を記録した磁気ディスクを含む。

（筆界特定申請情報）

第207条　法第131条第2項第4号に掲げる事項として明らかにすべきものは、筆界特定の申請に至る経緯その他の具体的な事情とする。

2　法第131条第2項第5号の法務省令で定める事項は、次に掲げる事項とする。

一　筆界特定の申請人（以下この章において単に「申請人」という。）が法人であるときは、その代表者の氏名

二　代理人によって筆界特定の申請をするときは、当該代理人の氏名又は名称及び住所並びに代理人が法人であるときはその代表者の氏名

三　申請人が所有権の登記名義人又は表題部所有者の相続人その他の一般承継人であるときは、その旨及び所有権の登記名義人又は表題部所有者の氏名又は名称及び住所

四　申請人が一筆の土地の一部の所有権を取得した者であるときは、その旨

五　対象土地が表題登記がない土地であるときは、当該土地を特定するに足りる事項

六　工作物、囲障又は境界標の有無その他の対象土地の状況

3　筆界特定の申請においては、法第131条第2項第1号から第4号まで及び前項各号に掲げる事項のほか、次に掲げる事項を筆界特定申請情報の内容とするもの

とする。

一　申請人又は代理人の電話番号その他の連絡先

二　関係土地に係る不動産所在事項又は不動産番号（表題登記がない土地にあっては、法第34条第1項第1号に掲げる事項及び当該土地を特定するに足りる事項）

三　関係人の氏名又は名称及び住所その他の連絡先

四　工作物、囲障又は境界標の有無その他の関係土地の状況

五　申請人が対象土地の筆界として特定の線を主張するときは、その線及びその根拠

六　対象土地の所有権登記名義人等であって申請人以外のものが対象土地の筆界として特定の線を主張しているときは、その線

七　申請に係る筆界について民事訴訟の手続により筆界の確定を求める訴えに係る訴訟（以下「筆界確定訴訟」という。）が係属しているときは、その旨及び事件の表示その他これを特定するに足りる事項

八　筆界特定添付情報の表示

九　法第139条第1項の規定により提出する意見又は資料があるときは、その表示

十　筆界特定の申請の年月日

十一　法務局又は地方法務局の表示

4　第2項第5号及び第6号並びに前項第2号（表題登記がない土地を特定するに足りる事項に係る部分に限る。）及び第4号から第6号までに掲げる事項を筆界特定申請情報の内容とするに当たっては、図面を利用する等の方法により、現地の状況及び筆界として主張されている線の位置を具体的に明示するものとする。

（一の申請情報による複数の申請）

第208条　対象土地の一を共通にする複数の筆界特定の申請は、一の筆界特定申請情報によってすることができる。

（筆界特定添付情報）

第209条　筆界特定の申請をする場合には、次に掲げる情報を法務局又は地方法務局に提供しなければならない。

一　申請人が法人であるときは、次に掲げる情報

イ　会社法人等番号を有する法人にあっては、当該法人の会社法人等番号

ロ　イに規定する法人以外の法人にあっては、当該法人の代表者の資格を証する情報

二　代理人によって筆界特定の申請をするとき（申請人が前号イに規定する法

人であって、支配人等が当該法人を代理して筆界特定の申請をする場合を除く。）は、当該代理人の権限を証する情報

三　申請人が所有権の登記名義人又は表題部所有者の相続人その他の一般承継人であるときは、相続その他の一般承継があったことを証する市町村長、登記官その他の公務員が職務上作成した情報（公務員が職務上作成した情報がない場合にあっては、これに代わるべき情報）

四　申請人が表題登記がない土地の所有者であるときは、当該申請人が当該土地の所有権を有することを証する情報

五　申請人が一筆の土地の一部の所有権を取得した者であるときは、当該申請人が当該一筆の土地の一部について所有権を取得したことを証する情報

六　申請人が所有権の登記名義人若しくは表題部所有者又はその相続人その他の一般承継人である場合において、筆界特定申請情報の内容である所有権の登記名義人又は表題部所有者の氏名若しくは名称又は住所が登記記録と合致しないときは、当該所有権の登記名義人又は表題部所有者の氏名若しくは名称又は住所についての変更又は錯誤若しくは遺漏があったことを証する市町村長、登記官その他の公務員が職務上作成した情報（公務員が職務上作成した情報がない場合にあっては、これに代わるべき情報）

2　前項第1号及び第2号の規定は、国の機関の所管に属する土地について命令又は規則により指定された官庁又は公署の職員が筆界特定の申請をする場合には、適用しない。

3　第1項第1号の規定は、申請人が同号イに規定する法人であって、次に掲げる登記事項証明書を提供して筆界特定の申請をする場合には、適用しない。

一　次号に規定する場合以外の場合にあっては、当該法人の代表者の資格を証する登記事項証明書

二　支配人等によって筆界特定の申請をする場合にあっては、当該支配人等の権限を証する登記事項証明書

4　前項各号の登記事項証明書は、その作成後一月以内のものでなければならない。

5　法人である代理人によって筆界特定の申請をする場合において、当該代理人の会社法人等番号を提供したときは、当該会社法人等番号の提供をもって、当該代理人の代表者の資格を証する情報の提供に代えることができる。

（筆界特定電子申請の方法）

第210条　筆界特定電子申請における筆界特定申請情報及び筆界特定添付情報は、法務大臣の定めるところにより送信しなければならない。ただし、筆界特定添付情報の送信に代えて、法務局又は地方法務局に筆界特定添付書面を提出する

　ことを妨げない。

2　前項ただし書の場合には、筆界特定添付書面を法務局又は地方法務局に提出する旨を筆界特定申請情報の内容とする。

3　令第12条第1項の規定は筆界特定電子申請において筆界特定申請情報を送信する場合について、同条第2項の規定は筆界特定電子申請において送信する場合における筆界特定添付情報について、令第14条の規定は筆界特定電子申請において電子署名が行われている情報を送信する場合について、それぞれ準用する。

4　第42条の規定は前項において準用する令第12条第1項及び第2項の電子署名について、第43条第2項の規定は前項において準用する令第14条の法務省令で定める電子証明書について、第44条第2項及び第3項の規定は筆界特定電子申請をする場合について、それぞれ準用する。

（筆界特定書面申請の方法等）

第211条　筆界特定書面申請をするときは、筆界特定申請書に筆界特定添付書面を添付して提出しなければならない。

2　申請人又はその代表者若しくは代理人は、筆界特定申請書（筆界特定申請情報の全部を記録した磁気ディスクを除く。）に署名し、又は記名押印しなければならない。

3　第209条第1項第1号ロ及び第2号に掲げる情報を記載した書面であって、市町村長、登記官その他の公務員が職務上作成したものは、作成後三月以内のものでなければならない。ただし、官庁又は公署が筆界特定の申請をする場合は、この限りでない。

4　委任による代理人によって筆界特定の申請をする場合には、申請人又はその代表者は、委任状に署名し、又は記名押印しなければならない。復代理人によって申請する場合における代理人についても、同様とする。

5　令第12条第1項の規定は筆界特定申請情報の全部を記録した磁気ディスクを提出する方法により筆界特定の申請をする場合について、同条第2項の規定は磁気ディスクに記録された筆界特定添付情報について、令第14条の規定は筆界特定申請情報の全部又は筆界特定添付情報を記録した磁気ディスクを提出する場合について、それぞれ準用する。

6　第45条並びに第46条第1項及び第2項の規定は筆界特定申請書（筆界特定申請情報の全部を記録した磁気ディスクを除く。）について、第51条の規定は筆界特定申請情報を記録した磁気ディスクを提出する方法による筆界特定の申請について、第52条の規定は筆界特定添付情報を記録した磁気ディスクについて、それぞれ準用する。この場合において、第51条第7項及び第8項中「令第16条第5項」

とあるのは「第211条第5項」と、第52条第1項中「令第15条の添付情報を記録した磁気ディスク」とあるのは「筆界特定添付情報を記録した磁気ディスク」と、同条第2項中「令第15条後段において準用する令第14条の電子証明書」とあるのは「筆界特定添付情報を記録した磁気ディスクに記録すべき電子証明書」と読み替えるものとする。

7　筆界特定書面申請は、対象土地の所在地を管轄する登記所を経由してすることができる。

（筆界特定申請書等の送付方法）

第212条　筆界特定の申請をしようとする者が筆界特定申請書又は筆界特定添付書面を送付するときは、書留郵便又は信書便事業者による信書便の役務であって当該信書便事業者において引受け及び配達の記録を行うものによるものとする。

2　前項の場合には、筆界特定申請書又は筆界特定添付書面を入れた封筒の表面に筆界特定申請書又は筆界特定添付書面が在中する旨を明記するものとする。

（筆界特定添付書面の原本の還付請求）

第213条　申請人は、筆界特定添付書面（磁気ディスクを除く。）の原本の還付を請求することができる。ただし、当該筆界特定の申請のためにのみ作成された委任状その他の書面については、この限りでない。

2　前項本文の規定により原本の還付を請求する申請人は、原本と相違ない旨を記載した謄本を提出しなければならない。

3　筆界特定登記官は、第1項本文の規定による請求があった場合には、却下事由の有無についての調査完了後、当該請求に係る書面の原本を還付しなければならない。この場合には、前項の謄本と当該請求に係る書面の原本を照合し、これらの内容が同一であることを確認した上、同項の謄本に原本還付の旨を記載し、これに登記官印を押印しなければならない。

4　前項前段の規定にかかわらず、筆界特定登記官は、偽造された書面その他の不正な筆界特定の申請のために用いられた疑いがある書面については、これを還付することができない。

（筆界特定の申請の受付）

第214条　筆界特定登記官は、法第131条第4項において読み替えて準用する法第18条の規定により筆界特定申請情報が提供されたときは、当該筆界特定申請情報に係る筆界特定の申請の受付をしなければならない。

2　筆界特定登記官は、筆界特定の申請の受付をしたときは、当該筆界特定の申請に手続番号を付さなければならない。

（管轄区域がまたがる場合の移送等）

第215条　第40条第1項及び第2項の規定は、法第124条第2項において読み替えて準用する法第6条第3項の規定に従って筆界特定の申請がされた場合について準用する。

（補正）

第216条　筆界特定登記官は、筆界特定の申請の補正をすることができる期間を定めたときは、当該期間内は、当該補正すべき事項に係る不備を理由に当該申請を却下することができない。

（公告及び通知の方法）

第217条　法第133条第1項の規定による公告は、法務局若しくは地方法務局の掲示場その他法務局若しくは地方法務局内の公衆の見やすい場所に掲示して行う方法又は法務局若しくは地方法務局の使用に係る電子計算機に備えられたファイルに記録された情報の内容を電気通信回線を通じて情報の提供を受ける者の閲覧に供し、当該情報の提供を受ける者の使用に係る電子計算機に備えられたファイルに当該情報を記録する方法であってインターネットに接続された自動公衆送信装置を使用する方法により2週間行うものとする。

2　法第133条第1項の規定による通知は、郵便、信書便その他適宜の方法によりするものとする。

3　前項の通知は、関係人が法第139条の定めるところにより筆界特定に関し意見又は図面その他の資料を提出することができる旨を明らかにしてしなければならない。

（意見又は資料の提出）

第218条　法第139条第1項の規定による意見又は資料の提出は、次に掲げる事項を明らかにしてしなければならない。

　一　手続番号

　二　意見又は資料を提出する者の氏名又は名称

　三　意見又は資料を提出する者が法人であるときは、その代表者の氏名

　四　代理人によって意見又は資料を提出するときは、当該代理人の氏名又は名称及び代理人が法人であるときはその代表者の氏名

　五　提出の年月日

　六　法務局又は地方法務局の表示

2　法第139条第1項の規定による資料の提出は、前項各号に掲げる事項のほか、次に掲げる事項を明らかにしてしなければならない。

　一　資料の表示

　二　作成者及びその作成年月日

　三　写真又はビデオテープ（これらに準ずる方法により一定の事項を記録する
　　ことができる物を含む。）にあっては、撮影、録画等の対象並びに日時及び場
　　所
　四　当該資料の提出の趣旨
（情報通信の技術を利用する方法）
第219条　法第139条第2項の法務省令で定める方法は、次に掲げる方法とする。
　一　法務大臣の定めるところにより電子情報処理組織を使用して情報を送信す
　　る方法
　二　法務大臣の定めるところにより情報を記録した磁気ディスクその他の電磁
　　的記録を提出する方法
　三　前2号に掲げるもののほか、筆界特定登記官が相当と認める方法
（書面の提出方法）
第220条　申請人又は関係人は、法第139条第1項の規定による意見又は資料の提
　　出を書面でするときは、当該書面の写し3部を提出しなければならない。
2　筆界特定登記官は、必要と認めるときは、前項の規定により書面の写しを提
　　出した申請人又は関係人に対し、その原本の提示を求めることができる。
（資料の還付請求）
第221条　法第139条第1項の規定により資料（第219条各号に掲げる方法によって
　　提出したものを除く。以下この条において同じ。）を提出した申請人又は関係
　　人は、当該資料の還付を請求することができる。
2　筆界特定登記官は、前項の規定による請求があった場合において、当該請求
　　に係る資料を筆界特定をするために留め置く必要がなくなったと認めるとき
　　は、速やかに、これを還付するものとする。
（意見聴取等の期日の場所）
第222条　法第140条第1項の期日（以下「意見聴取等の期日」という。）は、法務
　　局又は地方法務局、対象土地の所在地を管轄する登記所その他筆界特定登記官
　　が適当と認める場所において開く。
（意見聴取等の期日の通知）
第223条　法第140条第1項の規定による通知は、申請人及び関係人が同項の定め
　　るところにより対象土地の筆界について意見を述べ、又は資料を提出すること
　　ができる旨を明らかにしてしなければならない。
2　第217条第2項の規定は、前項の通知について準用する。
（意見聴取等の期日における筆界特定登記官の権限）
第224条　筆界特定登記官は、意見聴取等の期日において、発言を許し、又はその
　　指示に従わない者の発言を禁ずることができる。

2 　筆界特定登記官は、意見聴取等の期日の秩序を維持するため必要があるとき
　は、その秩序を妨げ、又は不穏な言動をする者を退去させることができる。

3 　筆界特定登記官は、適当と認める者に意見聴取等の期日の傍聴を許すことが
　できる。

（意見聴取等の期日における資料の提出）

第225条 　第218条、第220条及び第221条の規定は、意見聴取等の期日において申
　請人又は関係人が資料を提出する場合について準用する。

（意見聴取等の期日の調書）

第226条 　法第140条第4項の調書には、次に掲げる事項を記録するものとする。

一 　手続番号

二 　筆界特定登記官及び筆界調査委員の氏名

三 　出頭した申請人、関係人、参考人及び代理人の氏名

四 　意見聴取等の期日の日時及び場所

五 　意見聴取等の期日において行われた手続の要領（陳述の要旨を含む。）

六 　その他筆界特定登記官が必要と認める事項

2 　筆界特定登記官は、前項の規定にかかわらず、申請人、関係人又は参考人の
　陳述をビデオテープその他の適当と認める記録用の媒体に記録し、これをもっ
　て調書の記録に代えることができる。

3 　意見聴取等の期日の調書には、書面、写真、ビデオテープその他筆界特定登
　記官において適当と認めるものを引用し、筆界特定手続記録に添付して調書の
　一部とすることができる。

（調書等の閲覧）

第227条 　申請人又は関係人は、法第141条第1項の規定により調書又は資料の閲
　覧の請求をするときは、次に掲げる事項に係る情報を提供しなければならない。

一 　手続番号

二 　請求人の氏名又は名称及び住所並びに申請人又は関係人の別

三 　請求人が法人であるときは、その代表者の氏名

四 　代理人によって請求するときは、当該代理人の氏名又は名称及び住所並び
　　に代理人が法人であるときはその代表者の氏名

2 　前項の閲覧の請求をするときは、請求人が請求権限を有することを証する書
　面を提示しなければならない。

3 　第1項の閲覧の請求をする場合において、請求人が法人であるときは、当該法
　人の代表者の資格を証する書面を提示しなければならない。ただし、当該法人
　の会社法人等番号をも提供したときは、この限りでない。

4 　第1項の閲覧の請求を代理人によってするときは、当該代理人の権限を証す

る書面を提示しなければならない。ただし、支配人等が法人を代理して同項の閲覧の請求をする場合において、当該法人の会社法人等番号をも提供したときは、この限りでない。

5　法人である代理人によって第1項の閲覧の請求をする場合において、当該代理人の会社法人等番号をも提供したときは、当該代理人の代表者の資格を証する書面を提示することを要しない。

6　第1項の閲覧の請求は、同項の情報を記載した書面を法務局又は地方法務局に提出する方法によりしなければならない。

（調書等の閲覧の方法）

第228条　法第141条第1項の規定による調書又は資料の閲覧は、筆界特定登記官又はその指定する職員の面前でさせるものとする。

2　法第141条第1項の法務省令で定める方法は、電磁的記録に記録された情報の内容を書面に出力して表示する方法その他の筆界特定登記官が適当と認める方法とする。

（筆界調査委員の調査の報告）

第229条　筆界特定登記官は、筆界調査委員に対し、法第135条の規定による事実の調査の経過又は結果その他必要な事項について報告を求めることができる。

（筆界調査委員の意見の提出の方式）

第230条　法第142条の規定による意見の提出は、書面又は電磁的記録をもってするものとする。

（筆界特定書の記録事項等）

第231条　筆界特定書には、次に掲げる事項を記録するものとする。

　一　手続番号

　二　対象土地に係る不動産所在事項及び不動産番号（表題登記がない土地にあっては、法第34条第1項第1号に掲げる事項及び当該土地を特定するに足りる事項）

　三　結論

　四　理由の要旨

　五　申請人の氏名又は名称及び住所

　六　申請人の代理人があるときは、その氏名又は名称

　七　筆界調査委員の氏名

　八　筆界特定登記官の所属する法務局又は地方法務局の表示

2　筆界特定登記官は、書面をもって筆界特定書を作成するときは、筆界特定書に職氏名を記載し、職印を押印しなければならない。

3　筆界特定登記官は、電磁的記録をもって筆界特定書を作成するときは、筆界

特定登記官を明らかにするための措置であって法務大臣が定めるものを講じなければならない。

4　法第143条第2項の図面には、次に掲げる事項を記録するものとする。
　一　地番区域の名称
　二　方位
　三　縮尺
　四　対象土地及び関係土地の地番
　五　筆界特定の対象となる筆界又はその位置の範囲
　六　筆界特定の対象となる筆界に係る筆界点（筆界の位置の範囲を特定するときは、その範囲を構成する各点。次項において同じ。）間の距離
　七　境界標があるときは、当該境界標の表示
　八　測量の年月日

5　法第143条第2項の図面上の点の現地における位置を示す方法として法務省令で定めるものは、国土調査法施行令第2条第1項第1号に規定する平面直角座標系の番号又は記号及び基本三角点等に基づく測量の成果による筆界点の座標値とする。ただし、近傍に基本三角点等が存しない場合その他の基本三角点等に基づく測量ができない特別の事情がある場合にあっては、近傍の恒久的な地物に基づく測量の成果による筆界点の座標値とする。

6　第10条第4項並びに第77条第3項及び第4項の規定は、法第143条第2項の図面について準用する。この場合において、第77条第3項中「第1項第9号」とあるのは「第231条第4項第7号」と読み替えるものとする。

（筆界特定の公告及び通知）
第232条　筆界特定登記官は、法第144条第1項の筆界特定書の写しを作成するときは、筆界特定書の写しである旨の認証文を付した上で、作成の年月日及び職氏名を記載し、職印を押印しなければならない。

2　法第144条第1項の法務省令で定める方法は、電磁的記録をもって作成された筆界特定書の内容を証明した書面を交付する方法とする。

3　筆界特定登記官は、前項の書面を作成するときは、電磁的記録をもって作成された筆界特定書を書面に出力し、これに筆界特定書に記録されている内容を証明した書面である旨の認証文を付した上で、作成の年月日及び職氏名を記載し、職印を押印しなければならない。

4　法第144条第1項の規定による筆界特定書の写し（第2項の書面を含む。）の交付は、送付の方法によりすることができる。

5　第217条第1項の規定は法第144条第1項の規定による公告について、第217条第2項の規定は法第144条第1項の規定による関係人に対する通知について、そ

れぞれ準用する。

（筆界特定手続記録の送付）

第233条　筆界特定登記官は、筆界特定の手続が終了したときは、遅滞なく、対象土地の所在地を管轄する登記所に筆界特定手続記録を送付しなければならない。

2　対象土地が2以上の法務局又は地方法務局の管轄区域にまたがる場合には、前項の規定による送付は、法第124条第2項において読み替えて準用する法第6条第2項の規定により法務大臣又は法務局の長が指定した法務局又は地方法務局の管轄区域内にある登記所であって対象土地の所在地を管轄するものに対してするものとする。この場合には、筆界特定登記官は、当該2以上の法務局又は地方法務局のうち法務大臣又は法務局の長が指定した法務局又は地方法務局以外の法務局又は地方法務局の管轄区域内にある登記所であって対象土地の所在地を管轄するものに筆界特定書等の写し（筆界特定書等が電磁的記録をもって作成されているときは、その内容を書面に出力したもの。次項及び次条において同じ。）を送付しなければならない。

3　対象土地が2以上の登記所の管轄区域にまたがる場合（前項に規定する場合を除く。）には、第1項の規定による送付は、法務局又は地方法務局の長が指定する登記所に対してするものとする。この場合には、筆界特定登記官は、当該2以上の登記所のうち法務局又は地方法務局の長が指定した登記所以外の登記所に筆界特定書等の写しを送付しなければならない。

（登記記録への記録）

第234条　筆界特定がされた筆界特定手続記録又は筆界特定書等の写しの送付を受けた登記所の登記官は、対象土地の登記記録に、筆界特定がされた旨を記録しなければならない。

（筆界特定手続記録の保存期間等）

第235条　次の各号に掲げる情報の保存期間は、当該各号に定めるとおりとする。

一　筆界特定書に記載され、又は記録された情報　永久

二　筆界特定書以外の筆界特定手続記録に記載され、又は記録された情報　対象土地の所在地を管轄する登記所が第233条の規定により筆界特定手続記録の送付を受けた年の翌年から30年間

2　筆界特定手続記録の全部又は一部が電磁的記録をもって作成されているときは、当該電磁的記録に記録された情報の保存は、当該情報の内容を書面に出力したものを保存する方法によってすることができる。

3　筆界特定手続記録の全部又は一部が書面をもって作成されているときは、当該書面に記録された情報の保存は、当該情報の内容を記録した電磁的記録を保

存する方法によってすることができる。

第235条の2　次の各号に掲げる帳簿の保存期間は、当該各号に定めるとおりとする。

一　筆界特定受付等記録簿及び筆界特定関係簿　作成の年の翌年から30年間

二　筆界特定事務日記帳及び筆界特定関係事務日記帳　作成の年の翌年から3年間

（準用）

第236条　第29条から第32条までの規定（同条第2項を除く。）は、筆界特定手続記録について準用する。この場合において、第29条中「登記に関する電磁的記録、帳簿又は書類」とあり、第30条第1項中「登記記録又は地図等」とあり、同条第3項中「登記記録、地図等又は登記簿の附属書類」とあり、第31条第1項中「登記簿、地図等及び登記簿の附属書類」とあり、同条第2項中「登記簿の附属書類」とあり、及び同条第3項中「登記簿、地図等又は登記簿の附属書類」とあるのは「筆界特定手続記録」と、第32条第1項中「当該不動産の登記記録（共同担保目録及び信託目録を含む。次項において同じ。）並びに地図等及び登記簿の附属書類（電磁的記録に記録されている地図等及び登記簿の附属書類を含む。）」とあるのは「当該不動産に係る筆界特定手続記録」と読み替えるものとする。

（筆界確定訴訟の確定判決があった場合の取扱い）

第237条　登記官は、その保管する筆界特定手続記録に係る筆界特定がされた筆界について、筆界確定訴訟の判決（訴えを不適法として却下したものを除く。以下本条において同じ。）が確定したときは、当該筆界確定訴訟の判決が確定した旨及び当該筆界確定訴訟に係る事件を特定するに足りる事項を当該筆界特定に係る筆界特定書に明らかにすることができる。

（筆界特定書等の写しの交付の請求情報等）

第238条　法第149条第1項の規定により筆界特定書等の写し（筆界特定書等が電磁的記録をもって作成されている場合における当該記録された情報の内容を証明した書面を含む。以下同じ。）の交付の請求をするときは、次に掲げる事項を内容とする情報（以下この節において「請求情報」という。）を提供しなければならない。筆界特定手続記録の閲覧の請求をするときも、同様とする。

一　請求人の氏名又は名称

二　手続番号

三　交付の請求をするときは、請求に係る書面の通数

四　筆界特定書等の一部の写しの交付の請求をするときは、請求する部分

五　送付の方法により筆界特定書等の写しの交付の請求をするときは、その旨及び送付先の住所

2　法第149条第2項の規定により筆界特定書等以外の筆界特定手続記録の閲覧の請求をするときは、前項第1号及び第2号に掲げる事項のほか、次に掲げる事項を請求情報の内容とする。

一　請求人の住所

二　請求人が法人であるときは、その代表者の氏名

三　代理人によって請求するときは、当該代理人の氏名又は名称及び住所並びに代理人が法人であるときはその代表者の氏名

四　法第149条第2項ただし書の利害関係を有する理由及び閲覧する部分

3　前項の閲覧の請求をするときは、同項第4号の利害関係がある理由を証する書面を提示しなければならない。

4　第2項の閲覧の請求をする場合において、請求人が法人であるときは、当該法人の代表者の資格を証する書面を提示しなければならない。ただし、当該法人の会社法人等番号をも請求情報の内容としたときは、この限りでない。

5　第2項の閲覧の請求を代理人によってするときは、当該代理人の権限を証する書面を提示しなければならない。ただし、支配人等が法人を代理して同項の閲覧の請求をする場合において、当該法人の会社法人等番号をも請求情報の内容としたときは、この限りでない。

6　法人である代理人によって第2項の閲覧の請求をする場合において、当該代理人の会社法人等番号をも請求情報の内容としたときは、当該代理人の代表者の資格を証する書面を提示することを要しない。

（筆界特定書等の写しの交付の請求方法等）

第239条　前条第1項の交付の請求又は同項若しくは同条第2項の閲覧の請求は、請求情報を記載した書面を登記所に提出する方法によりしなければならない。

2　送付の方法による筆界特定書等の写しの交付の請求は、前項の方法のほか、法務大臣の定めるところにより、請求情報を電子情報処理組織を使用して登記所に提供する方法によりすることができる。この場合には、送付先の住所をも請求情報の内容とする。

3　法第149条第3項において準用する法第119条第4項ただし書の法務省令で定める方法は、前項に規定する方法とする。

（筆界特定書等の写しの作成及び交付）

第240条　登記官は、筆界特定書等の写しを作成するとき（次項に規定する場合を除く。）は、筆界特定書等の全部又は一部の写しである旨の認証文を付した上で、作成の年月日及び職氏名を記載し、職印を押印しなければならない。

2　登記官は、筆界特定書等が電磁的記録をもって作成されている場合において、筆界特定書等の写しを作成するときは、電磁的記録に記録された筆界特定書等

を書面に出力し、これに筆界特定書等に記録されている内容を証明した書面である旨の認証文を付した上で、作成の年月日及び職氏名を記載し、職印を押印しなければならない。

3　筆界特定書等の写しの交付は、請求人の申出により、送付の方法によりすることができる。

（準用）

第241条　第202条の規定は筆界特定手続記録の閲覧について、第203条第1項の規定は法第149条第1項及び第2項の手数料を収入印紙をもって納付するときについて、第204条の規定は請求情報を記載した書面を登記所に提出する方法により第238条第1項の交付の請求をする場合において前条第3項の規定による申出をするときについて、第205条第2項の規定は第239条第2項に規定する方法により筆界特定書等の写しの交付の請求をする場合において手数料を納付するときについて、それぞれ準用する。この場合において、第202条第2項中「法第120条第2項及び第121条第2項」とあるのは「法第149条第2項」と、第203条第1項中「法第119条第1項及び第2項、第120条第1項及び第2項並びに第121条第1項及び第2項」とあるのは「法第149条第1項及び第2項」と、第204条第1項中「第193条第1項」とあるのは「第238条第1項」と、「第197条第6項（第200条第3項及び第201条第3項において準用する場合を含む。）」とあるのは「第240条第3項」と読み替えるものとする。

○土地家屋調査士倫理規程

$$\begin{pmatrix}平成21年6月\\日調連決議\end{pmatrix}$$

前　文

　土地家屋調査士は、不動産の表示に関する登記に必要な調査・測量及び申請手続等並びに筆界特定の手続及び土地の筆界が現地において明らかでないことを原因とする民事に関する紛争に係る民間紛争解決手続の専門家として、これらの業務を適正に行い、不動産に係る国民の権利の明確化に寄与することを使命とする。その使命を達成するため、土地家屋調査士は、常に品位を保持し、業務に関する法令及び実務に精通し、公正かつ誠実にその業務を行うとともに、自らの行動を規律する社会的責任を負う。ここに、土地家屋調査士の業務及び行動に関する倫理を制定する。

　土地家屋調査士はこれを実践し、社会の信頼に応えることをここに宣言する。

第1章　綱　領

（使　命）

第1条　土地家屋調査士（以下「調査士」という。）は、不動産の表示に関する登記に必要な調査・測量及び申請手続等並びに筆界特定の手続及び民間紛争解決手続の専門家として、これらの業務を適正に行うことにより、不動産に係る国民の権利の明確化に寄与することを使命とする。

（公正誠実）

第2条　調査士は、その使命にかんがみ、業務を公正かつ誠実に行う。

（品位の保持）

第3条　調査士は、その使命にかんがみ、常に人格の陶冶を図り、教養を高め品位の保持に努める。

（法令等の精通、遵守）

第4条　調査士は、法令を遵守し、実務に精通するとともに、自ら研鑽し、資質の向上を図るように努める。

（司法制度への寄与）

第5条　調査士は、その使命を自覚し、国民が利用しやすい司法制度の発展に寄与する。

（公益的活動）

第6条　調査士は、その使命にふさわしい公益的な活動に参加、実践し、公共の利益の実現に努める。

第2章　一般規律

（虚偽の調査、測量の禁止）

第7条　調査士は、その業務に関して虚偽の調査又は測量をしてはならない。

（秘密保持の義務）

第8条　調査士又は調査士であった者は、正当な事由がある場合でなければ、業務上取り扱った事件について知り得た秘密を他に漏らし、又は利用してはならない。

2　調査士は、その業務に従事する者又は従事した者に対し、その者が業務上知り得た秘密を保持させなければならず、又は利用させてはならない。

（業務上の権限濫用の禁止）

第9条　調査士は、業務上行うことのできる権限を濫用してはならない。

（品位公正を損なう事業への関与）

第10条　調査士は、品位又は業務の公正を損なうおそれのある事業を営み、若しくはこれに参加し、又はこれに自己の名義を利用させてはならない。

（不当誘致行為の禁止）

第11条　調査士は、不当な手段により事件の依頼を誘致し、又は事件を誘発してはならない。

2　調査士は、依頼者の紹介をしたことについてその対価を受け取ってはならない。

3　調査士は、依頼者の紹介を受けたことについてその対価を支払ってはならない。

（広告及び宣伝）

第12条　調査士は、その広告又は宣伝をするときは、虚偽若しくは誇大な広告、品位を欠く広告を行ってはならない。

（非調査士との提携の禁止）

第13条　調査士は、調査士でない者にその名義を貸与し、又はその業務を取り扱わせ若しくはその者に協力、又は援助してはならない

2　調査士は、調査士でない者から事件のあっせんを受けてはならない。

（他人による業務取扱いの禁止）

第14条　調査士は、他人をしてその業務を取り扱わせてはならない。

（他資格者との連携）

第15条　調査士は、他の士業資格者と連携して業務を行う場合は、調査士の使命にかんがみ、独立して業務を行うとともに、それぞれの士業資格者の役割を尊重しなければならない。

（違法行為の助長、利用）

第16条　調査士は、違法若しくは不正な行為を助長し、又はこれらの行為を利用してはならない。

（従事者に対する指導監督）

第17条　調査士は、常に、補助者その他業務に従事する者の業務について指導監督を行わなければならない。

2　調査士は、補助者その他業務に従事する者に、その業務を包括的に行わせてはならない。

（私的関係の利用）

第18条　調査士は、その業務の遂行に当たり、公務員との私的な関係を不当に利用してはならない。

　　　第3章　依頼者との関係

（依頼に応ずる義務）

第19条　調査士は、正当な事由がある場合でなければ、不動産の表示に関する登記に必要な調査・測量及び申請手続等に係る業務の依頼を拒んではならない。

（受任の内容の明確化）

第20条　調査士は、依頼の趣旨、内容及び範囲を明確にして受任しなければならない。

2　調査士は、依頼の趣旨を実現するため、その専門的判断に基づき必要な業務の内容等について、あらかじめ説明しなければならない。

（報酬の明示）

第21条　調査士は、事件の受任に際して、依頼者に対し、あらかじめ、報酬、費用の基準及び報酬額等の算定の方法を明示し、かつ、十分に説明しなければならない。

（事件の処理）

第22条　調査士は、事件を受任した場合には、速やかに着手し、遅滞なく処理しなければならない。

2　調査士は、依頼者に対し、業務処理の経過等を説明し、依頼者との間の意思の疎通を図らなければならない。

3　調査士は、依頼者に対し、業務が終了したときは、その経過及び結果を遅滞なく報告しなければならない。

（事件記録の保管等）

第23条　調査士は、事件の内容、受領した金員、書類その他特に留意すべき事項について、記録を作成し、保存しなければならない。

2　事件の記録を保管又は廃棄するに際しては、関係法令並びに個人情報の保護

に関する法律（平成15年法律第57号）並びに個人情報の保護に関する法律につ
いてのガイドライン（通則編）（平成28年個人情報保護委員会告示第6号）、個人
情報の保護に関する法律についてのガイドライン（外国にある第三者への提供
編）（平成28年個人情報保護委員会告示第7号）、個人情報の保護に関する法律に
ついてのガイドライン（第三者提供時の確認・記録義務編）（平成28年個人情報
保護委員会告示第8号）及び個人情報の保護に関する法律についてのガイドラ
イン（匿名加工情報編）（平成28年個人情報保護委員会告示第9号）を遵守し、
依頼者及び関係者の秘密事項及び個人情報が保護されるように注意しなければ
ならない。

（業務を行い得ない事件　その1）

第24条　調査士は、公務員として職務上取り扱った事件及び仲裁手続により仲裁
人として取り扱った事件については、その業務を行ってはならない。

（業務を行い得ない事件　その2）

第25条　調査士は、筆界特定手続代理関係業務における次に掲げる事件について
は、その業務を行ってはならない。

一　筆界特定手続代理関係業務又は民間紛争解決手続代理関係業務に関するも
のとして、相手方の協議を受けて賛助し、又はその依頼を承諾した事件

二　筆界特定手続代理関係業務又は民間紛争解決手続代理関係業務に関するも
のとして相手方の協議を受けた事件で、その協議の程度及び方法が信頼関係
に基づくと認められるもの

三　筆界特定手続代理関係業務又は民間紛争解決手続代理関係業務に関するも
のとして受任している事件（土地家屋調査士法（以下「調査士法」という。）
第3条第1項第5号に規定する業務に関するものとして受任しているものを除
く。第7号において同じ。）の相手方からの依頼による他の事件（ただし、受
任している事件の依頼者が同意した場合を除く。）

四　土地家屋調査士法人（以下「調査士法人」という。）（調査士法第26条に規
定する調査士法人をいう。以下この条において同じ。）の社員又は使用人で
ある調査士としてその業務に従事していた期間内に、当該調査士法人が、筆
界特定手続代理関係業務又は民間紛争解決手続代理関係業務に関するものと
して、相手方の協議を受けて賛助し、又はその依頼を承諾した事件であって、
自らこれに関与したもの

五　調査士法人の社員又は使用人である調査士としてその業務に従事していた
期間内に、当該調査士法人が筆界特定手続代理関係業務又は民間紛争解決手
続代理関係業務に関するものとして相手方の協議を受けた事件で、その協議
の程度及び方法が信頼関係に基づくと認められるものであって、自らこれに

　関与したもの

六　調査士法人の使用人である場合に、当該調査士法人が相手方から筆界特定
　手続代理関係業務又は民間紛争解決手続代理関係業務に関するものとして受
　任している事件

七　調査士法人の使用人である場合に、当該調査士法人が筆界特定手続代理関
　係業務又は民間紛争解決手続代理関係業務に関するものとして受任している
　事件（当該調査士が自ら関与しているものに限る。）の相手方からの依頼によ
　る他の事件（ただし、受任している事件の依頼者が同意した場合を除く。）

（業務を行い得ない事件　その3）

第26条　民間紛争解決手続代理関係業務を行うことができる調査士（以下「ＡＤ
　Ｒ認定調査士」という。）は、民間紛争解決手続代理関係業務における前条各号
　に掲げる事件及び次に掲げる事件については、その業務を行ってはならない。

一　調査士法人（民間紛争解決手続代理関係業務を行うことを目的とする調査
　士法人を除く。次号において同じ。）の社員である場合に、当該調査士法人が
　相手方から筆界特定手続代理関係業務に関するものとして受任している事件

二　調査士法人の社員である場合に、当該調査士法人が筆界特定手続代理関係
　業務に関するものとして受任している事件（当該調査士が自ら関与している
　ものに限り、調査士法第3条第1項第5号に規定する業務に関するものとして
　受任しているものを除く。）の相手方からの依頼による他の事件（ただし、受
　任している事件の依頼者が同意した場合を除く。）

（見込みがない事件の受任）

第27条　調査士は、依頼者の期待するような結果を得る見込みがないことが明ら
　かであるのに、あたかもその見込みがあるかのように装って事件を受任しては
　ならない。

（有利な結果の請け合い等）

第28条　調査士は、事件について、依頼者に有利な結果を請け合い、又は保証し
　てはならない。

（不正の疑いがある事件）

第29条　調査士は、依頼の趣旨が、その目的又は手段若しくは方法において、不
　正の疑いがある場合には、その事件の業務を行ってはならない。

2　調査士は、業務を開始した後に不正の疑いがあることが判明した場合には、
　依頼者にその理由を告げた上で、業務を中止しなければならない。

（公正を保ち得ない事件）

第30条　調査士は、業務の公正を保ち得ない事由のある事件については、依頼者
　にその理由を告げた上で、依頼を拒むことができる。

2　調査士は、事件の受任に際して、次の各号に該当する場合は、業務を中止する場合があることをあらかじめ依頼者に対し、説明しなければならない。

一　業務の公正を保ち得ない事由が発生するおそれがある場合

二　現にその事由が発生した場合

（特別関係の告知）

第31条　調査士は、事件の受任に際して、業務に関連する者と特別の関係があるために、依頼者との信頼関係に影響を及ぼすおそれがあるときは、依頼者に対しその事情を告げなければならない。

（受任の諾否の通知）

第32条　調査士は、依頼を拒否し、又は依頼を受任しない場合は、速やかに、その旨を依頼者に通知しなければならない。

（預り書類等の保管）

第33条　調査士は、業務に関して依頼者その他利害関係人から書類その他の物品を預かったときは、善良な管理者の注意をもって保管しなければならない。

2　調査士は、依頼者から又は依頼者のために預り金を受領したときは、自己の金員と区別して管理しなければならない。

（依頼者相互の認識の相違）

第34条　調査士は、不動産の表示に関する登記に必要な調査・測量及び申請手続等に係る業務において、依頼者が複数の場合に関し、依頼者相互の間に認識の相違が生じたときは、各依頼者にその事情を聴くなど適切な処置をとらなければならない。

（信頼関係の喪失）

第35条　調査士は、受任した事件について依頼者との間の信頼関係が失われ、かつ、その回復が困難な場合には、辞任その他の処置をとらなければならない。

　　　第4章　調査士会等との関係

（規律の遵守）

第36条　調査士は、所属する土地家屋調査士会及び日本土地家屋調査士会連合会（以下「調査士会等」という。）の会則その他の規律を遵守しなければならない。

（事業への参加）

第37条　調査士は、調査士会等の組織運営に協力し、調査士会等が行う事業に積極的に参加しなければならない。

（資質の向上）

第38条　調査士は、自ら研鑽するとともに、調査士会等が実施する研修を受け、資質の向上を図るように努めなければならない。

（名誉の尊重）
第39条　調査士は、調査士及び調査士法人（以下「調査士等」という。）の名誉を尊重し、相互に信義を重んじるものとする。
2　調査士は、他の士業資格者の名誉を尊重し、相互に信義を重んじるものとする。
（相互協力）
第40条　調査士は、その業務遂行によって得られた成果物等に関して、他の調査士から照会があった場合は、互いにその内容及び経緯を説明し、業務の適正な処理について可能な限り協力するように努める。なお、成果物等の取扱いに当たっては、依頼者との関係、秘密事項、個人情報等に配慮しなければならない。
（他の事件への介入）
第41条　調査士は、他の調査士が受任している事件の依頼の誘致その他不当な介入をしてはならない。
（紛議の処理）
第42条　調査士は、依頼者と紛議が生じた場合は、依頼者との信義に従い誠実に話し合い、解決するよう努めなければならない。
2　前項による解決が困難な場合は、土地家屋調査士会の紛議調停委員会等で解決するよう努めなければならない。
（調査士間の紛議）
第43条　調査士は、他の調査士と紛議が生じた場合は、互いの信義に従い誠実に協議し、解決するよう努めなければならない。
2　前項による解決が困難な場合は、土地家屋調査士会の紛議の調停等により、円満に解決するよう努めなければならない。

　　第5章　調査・測量関係
（収集資料の取扱い）
第44条　調査士は、業務の遂行上収集した資料は、成果物として依頼者に交付するものを除き、関係法令並びに個人情報の保護に関する法律（平成15年法律第57号）並びに個人情報の保護に関する法律についてのガイドライン（通則編）（平成28年個人情報保護委員会告示第6号）、個人情報の保護に関する法律についてのガイドライン（外国にある第三者への提供編）（平成28年個人情報保護委員会告示第7号）、個人情報の保護に関する法律についてのガイドライン（第三者提供時の確認・記録義務編）（平成28年個人情報保護委員会告示第8号）及び個人情報の保護に関する法律についてのガイドライン（匿名加工情報編）（平成28年個人情報保護委員会告示第9号）等を遵守し、個人情報の保護に留意して、

管理しなければならない。

（他人の土地への立入）

第45条　調査士は、調査・測量のため依頼者以外の者が所有又は占有する土地・建物に立ち入る場合には、その所有者、占有者その他の関係者に許諾を求めるとともに、その権利を侵害しないようにしなければならない。

（安全管理）

第46条　調査士は、調査又は測量に当たり、関係者の安全に十分配慮しなければならない。

第6章　筆界特定・民間紛争解決手続

（紛争解決における役割）

第47条　調査士は、土地の筆界（境界）の専門家として、筆界（境界）に関する地域の慣習等の知識を深め、誠実に業務を行うことにより、土地の筆界（境界）に関する紛争を適正かつ公正に解決することに努める。

（制度の説明）

第48条　調査士は、依頼者に対し、土地の筆界（境界）の特定、紛争解決に関する法制度について十分説明するよう努めるものとする。

（偽証のそそのかし等）

第49条　調査士は、筆界特定手続又は民間紛争解決手続において、偽証若しくは虚偽の陳述をそそのかし、又は虚偽の証拠を提出し、若しくは提出させてはならない。

（相手方本人との直接交渉等）

第50条　調査士は、受任した筆界特定手続又は民間紛争解決手続に関し、相手方に代理人があるときは、特別の事情がない限り、その代理人の了承を得ないで相手方本人と直接交渉してはならない。

2　調査士は、前項の場合において、相手方に代理人がないときは、その無知又は誤解に乗じて相手方を不当に不利益に陥れてはならない。

（相手方からの利益の供与）

第51条　調査士は、受任した筆界特定手続又は民間紛争解決手続の業務に関し、相手方から利益の供与若しくは供応を受け、又はこれを要求し、若しくは約束をしてはならない。

（相手方に対する利益の供与）

第52条　調査士は、受任した筆界特定手続又は民間紛争解決手続の業務に関し、相手方に対し、利益の供与若しくは供応をし、又は申込をしてはならない。

（民間紛争解決手続の代理関係業務の遂行）

第53条　調査士は、受任した民間紛争解決手続の代理関係業務は、共同で受任し

た弁護士と十分な意見交換等を行い、事件の管理に十分な注意を払い、業務を行わなければならない。

（共同受任弁護士との意見不一致）

第54条　調査士は、民間紛争解決手続の事件において、共同で受任した弁護士との間に事件の処理について意見が一致しない等により辞任を申し出るときは、あらかじめ依頼者に対し、その事情を説明しなければならない。

第7章　土地家屋調査士法人等

（遵守のための措置）

第55条　調査士法人の社員は、その社員又は使用人である調査士（以下「社員等」という。）がこの規程を遵守するため、必要な措置をとるように努めなければならない。

（秘密の保持）

第56条　調査士法人の社員等は、他の調査士等の依頼者について執務上知り得た秘密を正当な理由なく他に漏らし、又は利用してはならない。その調査士法人の社員等でなくなった後も同様とする。

（特定の事件についての業務の制限　その1）

第57条　調査士法人は、次に掲げる事件については、筆界特定手続代理関係業務を行ってはならない。

　一　筆界特定手続代理関係業務又は民間紛争解決手続代理関係業務に関するものとして、相手方の協議を受けて賛助し、又はその依頼を承諾した事件

　二　筆界特定手続代理関係業務又は民間紛争解決手続代理関係業務に関するものとして相手方の協議を受けた事件で、その協議の程度及び方法が信頼関係に基づくと認められるもの

　三　筆界特定手続代理関係業務又は民間紛争解決手続代理関係業務に関するものとして受任している事件（調査士法第3条第1項第5号に規定する業務として受任している事件を除く。）の相手方からの依頼による他の事件（ただし、受任している事件の依頼者が同意した場合を除く。）

　四　使用人が相手方から筆界特定手続代理関係業務又は民間紛争解決手続代理関係業務に関するものとして受任している事件

　五　調査士法第22条の2第1項に規定する事件、同条第2項第1号から第5号までに掲げる事件又は同条第3項に規定する同条第2項第1号から第5号までに掲げる事件として社員の半数以上の者が筆界特定手続代理関係業務又は民間紛争解決手続代理関係業務を行ってはならないこととされる事件

六　民間紛争解決手続代理関係業務を行うことを目的とする調査士法人以外の調査士法人にあっては、調査士法第3条第2項に規定する調査士である社員が相手方から民間紛争解決手続代理関係業務に関するものとして受任している事件

（特定の事件についての業務の制限　その2）

第58条　民間紛争解決手続代理関係業務を行うことを目的とする調査士法人は、次に掲げる事件については、民間紛争解決手続代理関係業務を行ってはならない。

一　前条第1号から第4号までに掲げる事件

二　調査士法第22条の2第1項に規定する事件、同条第2項第1号から第5号までに掲げる事件又は同条第3項に規定する同条第2項第1号から第5号までに掲げる事件として特定社員の半数以上の者が筆界特定手続代理関係業務又は民間紛争解決手続代理関係業務を行ってはならないこととされる事件

（民間紛争解決手続代理関係業務の取扱い）

第59条　民間紛争解決手続代理関係業務を行うことを目的とする調査士法人は、特定社員が常駐していない事務所においては、民間紛争解決手続代理関係業務を取り扱うことができない。

（事件情報の記録等）

第60条　調査士法人は、業務を行い得ない事件の受任を防止するため、取扱事件の依頼者、相手方及び事件名等の情報を記録し、当該調査士法人の社員等が閲覧できるようにしなければならない。

（調査士法人の使用人調査士）

第61条　調査士法人が、調査士を使用人とする場合には、平成20年12月19日付け日調連発第317号日本土地家屋調査士会連合会長見解（調査士法人の使用人調査士に関する見解及び運用に関する見解）を踏まえなければならない。

第8章　筆界調査委員等

（筆界調査委員）

第62条　調査士は、筆界調査委員に任命されたときは、その職責にかんがみ、調査士としての使命を果たすため、公正かつ誠実に業務を遂行し、筆界特定手続制度の発展に努めるものとする。

（筆界調査委員等としての取扱事件）

第63条　調査士は、筆界調査委員として職務上取り扱った事件については、法令等に定めがある場合を除き、当該物件に関する業務を行ってはならない。

（民間紛争解決手続調停員）

第64条　調査士は、民間紛争解決手続において調停する者に任命されたときは、

その職務上取り扱った事件については、法令等に定めがある場合を除き、当該物件に関する業務を行ってはならない。

（裁判における鑑定）

第65条　調査士は、裁判手続における境界（筆界）等の鑑定等の嘱託等があったときは、原則として受任し、紛争の解決及び権利の明確化に寄与するものとする。

（制定・改廃）

第66条　この規程の制定及び改廃は総会の決議による。

　附　　則

（施行期日）

1　この規程は、連合会会則の一部改正の法務大臣認可の日（平成22年10月7日）から施行する。

　附　　則（第23条）

（施行期日）

　この規程は、平成30年6月20日から施行する。

○土地家屋調査士法の一部を改正する法律（令和元年6月12日法律第29号）による改正の新旧対照表

（注）　改正後の条文を左欄に、改正前の条文を右欄に登載して新旧対照表とし、改正部分にアンダーラインを付した。なお、改正法の施行は、公布の日（令和元年6月12日）から起算して1年6月を超えない範囲内において政令で定める日とされている。

改　　正　　後	改　　正　　前
目次 　第1章～第9章　　（略） 　第10章　雑則（第66条の2ー第68条） 　第11章　（略） 　附則	目次 　第1章～第9章　　（同左） 　第10章　雑則（第67条・第68条） 　第11章　（同左） 　附則
（土地家屋調査士の使命） 第1条　土地家屋調査士（以下「調査士」という。）は、不動産の表示に関する登記及び土地の筆界（不動産登記法（平成16年法律第123号）第123条第1号に規定する筆界をいう。第3条第1項第7号及び第25条第2項において同じ。）を明らかにする業務の専門家として、不動産に関する権利の明確化に寄与し、もつて国民生活の安定と向上に資することを使命とする。	（目的） 第1条　この法律は、土地家屋調査士の制度を定め、その業務の適正を図ることにより、不動産の表示に関する登記手続の円滑な実施に資し、もつて不動産に係る国民の権利の明確化に寄与することを目的とする。
（職責） 第2条　調査士は、常に品位を保持し、業務に関する法令及び実務に精通して、公正かつ誠実にその業務を行わなければならない。	（職責） 第2条　土地家屋調査士（以下「調査士」という。）は、常に品位を保持し、業務に関する法令及び実務に精通して、公正かつ誠実にその業務を行わなければならない。
（業務） 第3条　（略） 　一～三　（略） 　四　筆界特定の手続（不動産登記法	（業務） 第3条　（同左） 　一～三　（同左） 　四　筆界特定の手続（不動産登記法

改　　正　　後	改　　正　　前
第6章第2節の規定による筆界特定の手続又は筆界特定の申請の却下に関する審査請求の手続をいう。次号において同じ。）についての代理	（平成16年法律第123号）第6章第2節の規定による筆界特定の手続又は筆界特定の申請の却下に関する審査請求の手続をいう。次号において同じ。）についての代理
五・六　（略）	五・六　（同左）
七　土地の筆界が現地において明らかでないことを原因とする民事に関する紛争に係る民間紛争解決手続（民間事業者が、紛争の当事者が和解をすることができる民事上の紛争について、紛争の当事者双方からの依頼を受け、当該紛争の当事者との間の契約に基づき、和解の仲介を行う裁判外紛争解決手続（訴訟手続によらずに民事上の紛争の解決をしようとする紛争の当事者のため、公正な第三者が関与して、その解決を図る手続をいう。）をいう。）であつて当該紛争の解決の業務を公正かつ適確に行うことができると認められる団体として法務大臣が指定するものが行うものについての代理	七　土地の筆界（不動産登記法第123条第1号に規定する筆界をいう。第25条第2項において同じ。）が現地において明らかでないことを原因とする民事に関する紛争に係る民間紛争解決手続（民間事業者が、紛争の当事者が和解をすることができる民事上の紛争について、紛争の当事者双方からの依頼を受け、当該紛争の当事者との間の契約に基づき、和解の仲介を行う裁判外紛争解決手続（訴訟手続によらずに民事上の紛争の解決をしようとする紛争の当事者のため、公正な第三者が関与して、その解決を図る手続をいう。）をいう。）であつて当該紛争の解決の業務を公正かつ適確に行うことができると認められる団体として法務大臣が指定するものが行うものについての代理
八　（略）	八　（同左）
2〜5　（略）	2〜5　（同左）
（設立）	（設立）
第26条　調査士は、この章の定めるところにより、土地家屋調査士法人（調査士の業務を行うことを目的として、調査士が設立した法人をいう。以下「調査士法人」という。）を設立することができる。	第26条　調査士は、この章の定めるところにより、土地家屋調査士法人（調査士の業務を行うことを目的として、調査士が共同して設立した法人をいう。以下「調査士法人」という。）を設立することができる。

改　正　後	改　正　前
（設立の手続） 第31条　調査士法人を設立するには、その社員となろうとする調査士が、定款を定めなければならない。 2・3　（略） （解散） 第39条　（略） 　一～六　（略） 　七　社員の欠亡 （削る） 2　調査士法人は、前項第3号の事由以外の事由により解散したときは、解散の日から2週間以内に、その旨を、主たる事務所の所在地の調査士会及び調査士会連合会に届け出なければならない。 3　（略） （調査士法人の継続） 第39条の2　調査士法人の清算人は、社員の死亡により前条第1項第7号に該当するに至つた場合に限り、当該社員の相続人（第41条第3項において準用する会社法第675条において準用する同法第608条第5項の規定により社員の権利を行使する者が定められている場合にはその者）の同意を得て、新たに社員を加入させて調査士法人を継続することができる。 （裁判所による監督） 第39条の3　（略）	（設立の手続） 第31条　調査士法人を設立するには、その社員となろうとする調査士が、共同して定款を定めなければならない。 2・3　（同左） （解散） 第39条　（同左） 　一～六　（同左） （新設） 2　調査士法人は、前項の規定による場合のほか、社員が1人になり、そのなつた日から引き続き6月間その社員が2人以上にならなかつた場合においても、その6月を経過した時に解散する。 3　調査士法人は、第1項第3号の事由以外の事由により解散したときは、解散の日から2週間以内に、その旨を、主たる事務所の所在地の調査士会及び調査士会連合会に届け出なければならない。 4　（同左） （新設） （裁判所による監督） 第39条の2　（同左）

改　正　後	改　正　前
（解散及び清算の監督に関する事件の管轄） **第39条の4**　（略） （検査役の選任） **第39条の5**　（略） （調査士に関する規定等の準用） **第41条**　第1条、第2条、第20条から第22条まで及び第24条の規定は、調査士法人について準用する。 2　（略） 3　会社法第644条（第3号を除く。）、第645条から第649条まで、第650条第1項及び第2項、第651条第1項及び第2項（同法第594条の準用に係る部分を除く。）、第652条、第653条、第655条から第659条まで、第662条から第664条まで、第666条から第673条まで、第675条、第863条、第864条、第868条第1項、第869条、第870条第1項（第1号及び第2号に係る部分に限る。）、第871条、第872条（第4号に係る部分に限る。）、第874条（第1号及び第4号に係る部分に限る。）、第875条並びに第876条の規定は、調査士法人の解散及び清算について準用する。この場合において、同法第644条第1号中「第641条第5号」とあるのは「土地家屋調査士法第39条第1項第3号」と、同法第647条第3項中「第641条第4号又は第7号」とあるのは「土地家屋調査士法第39条第1項第5号から第7号まで」と、同法第668条第1項及び第669条中「第641条第1号から第3号まで」とあるのは「土地家屋調査士法第39条第1項第1号又	（解散及び清算の監督に関する事件の管轄） **第39条の3**　（同左） （検査役の選任） **第39条の4**　（同左） （一般社団法人及び一般財団法人に関する法律及び会社法の準用等） **第41条**　第2条、第20条から第22条まで及び第24条の規定は、調査士法人について準用する。 2　（同左） 3　会社法第644条（第3号を除く。）、第645条から第649条まで、第650条第1項及び第2項、第651条第1項及び第2項（同法第594条の準用に係る部分を除く。）、第652条、第653条、第655条から第659条まで、第662条から第664条まで、第666条から第673条まで、第675条、第863条、第864条、第868条第1項、第869条、第870条第1項（第1号及び第2号に係る部分に限る。）、第871条、第872条（第4号に係る部分に限る。）、第874条（第1号及び第4号に係る部分に限る。）、第875条並びに第876条の規定は、調査士法人の解散及び清算について準用する。この場合において、同法第644条第1号中「第641条第5号」とあるのは「土地家屋調査士法第39条第1項第3号」と、同法第647条第3項中「第641条第4号又は第7号」とあるのは「土地家屋調査士法第39条第1項第5号若しくは第6号又は第2項」と、同法第668条第1項及び第669条中「第641条第1号から第3号まで」とあるのは「土地家屋調査士法第39条

改　正　後	改　正　前
は第2号」と、同法第670条第3項中「第939条第1項」とあるのは「土地家屋調査士法第40条の2第6項において準用する第939条第1項」と、同法第673条第1項中「第580条」とあるのは「土地家屋調査士法第35条の3」と読み替えるものとする。 4～7　（略） （調査士に対する懲戒） 第42条　調査士がこの法律又はこの法律に基づく命令に違反したときは、<u>法務大臣</u>は、当該調査士に対し、次に掲げる処分をすることができる。 一～三　（略） （調査士法人に対する懲戒） 第43条　調査士法人がこの法律又はこの法律に基づく命令に違反したときは、<u>法務大臣</u>は、当該調査士法人に対し、次に掲げる処分をすることができる。 一～三　（略） <u>2　前項の規定による処分の手続に付された調査士法人は、清算が結了した後においても、この章の規定の適用については、当該手続が結了するまで、なお存続するものとみなす。</u>	第1項第1号又は第2号」と、同法第670条第3項中「第939条第1項」とあるのは「土地家屋調査士法第40条の2第6項において準用する第939条第1項」と、同法第673条第1項中「第580条」とあるのは「土地家屋調査士法第35条の3」と読み替えるものとする。 4～7　（同左） （調査士に対する懲戒） 第42条　調査士がこの法律又はこの法律に基づく命令に違反したときは、<u>その事務所の所在地を管轄する法務局又は地方法務局の長</u>は、当該調査士に対し、次に掲げる処分をすることができる。 一～三　（同左） （調査士法人に対する懲戒） 第43条　調査士法人がこの法律又はこの法律に基づく命令に違反したときは、<u>その主たる事務所の所在地を管轄する法務局又は地方法務局の長</u>は、当該調査士法人に対し、次に掲げる処分をすることができる。 一～三　（同左） <u>2　調査士法人がこの法律又はこの法律に基づく命令に違反したときは、その従たる事務所の所在地を管轄する法務局又は地方法務局の長（前項に規定するものを除く。）は、当該調査士法人に対し、次に掲げる処分をすることができる。ただし、当該違反が当該従たる事務所に関するものであるときに限る。</u> <u>一　戒告</u> <u>二　当該法務局又は地方法務局の管</u>

改　正　後	改　正　前
	轄区域内にある当該調査士法人の事務所についての2年以内の業務の全部又は一部の停止
（懲戒の手続）	（懲戒の手続）
第44条　何人も、調査士又は調査士法人にこの法律又はこの法律に基づく命令に違反する事実があると思料するときは、法務大臣に対し、当該事実を通知し、適当な措置をとることを求めることができる。	第44条　何人も、調査士又は調査士法人にこの法律又はこの法律に基づく命令に違反する事実があると思料するときは、当該調査士又は当該調査士法人の事務所の所在地を管轄する法務局又は地方法務局の長に対し、当該事実を通知し、適当な措置をとることを求めることができる。
2　前項の規定による通知があつたときは、法務大臣は、通知された事実について必要な調査をしなければならない。	2　前項の規定による通知があつたときは、同項の法務局又は地方法務局の長は、通知された事実について必要な調査をしなければならない。
3　法務大臣は、第42条第1号若しくは第2号又は前条第1項第1号若しくは第2号に掲げる処分をしようとするときは、行政手続法（平成5年法律第88号）第13条第1項の規定による意見陳述のための手続の区分にかかわらず、聴聞を行わなければならない。	3　法務局又は地方法務局の長は、第42条第2号又は前条第1項第2号若しくは第2項第2号の処分をしようとするときは、行政手続法（平成5年法律第88号）第13条第1項の規定による意見陳述のための手続の区分にかかわらず、聴聞を行わなければならない。
4・5　（略）	4・5　（同左）
（登録取消しの制限等）	（登録取消しの制限等）
第45条　法務大臣は、調査士に対し第42条各号に掲げる処分をしようとする場合においては、行政手続法第15条第1項の通知を発送し、又は同条第3項前段の掲示をした後直ちに調査士会連合会にその旨を通告しなければならない。	第45条　法務局又は地方法務局の長は、調査士に対し第42条第2号又は第3号に掲げる処分をしようとする場合においては、行政手続法第15条第1項の通知を発送し、又は同条第3項前段の掲示をした後直ちに調査士会連合会にその旨を通告しなければならない。
2　調査士会連合会は、調査士について前項の通告を受けた場合においては、法務大臣から第42条各号に掲げ	2　調査士会連合会は、調査士について前項の通告を受けた場合においては、法務局又は地方法務局の長から

改　正　後	改　正　前
る処分の手続が結了した旨の通知を受けるまでは、当該調査士について、第15条第1項第1号又は第16条第1項各号の規定による登録の取消しをすることができない。	第42条第2号又は第3号に掲げる処分の手続が結了した旨の通知を受けるまでは、当該調査士について、第15条第1項第1号又は第16条第1項各号の規定による登録の取消しをすることができない。
（除斥期間） 第45条の2　懲戒の事由があつたときから7年を経過したときは、第42条又は第43条第1項の規定による処分の手続を開始することができない。	（新設）
（懲戒処分の公告） 第46条　法務大臣は、第42条又は第43条第1項の規定により処分をしたときは、遅滞なく、その旨を官報をもつて公告しなければならない。	（懲戒処分の公告） 第46条　法務局又は地方法務局の長は、第42条又は第43条の規定により処分をしたときは、遅滞なく、その旨を官報をもつて公告しなければならない。
（法務大臣に対する報告義務） 第55条　調査士会は、所属の会員が、この法律又はこの法律に基づく命令に違反すると思料するときは、その旨を、法務大臣に報告しなければならない。	（法務局等の長に対する報告義務） 第55条　調査士会は、所属の会員が、この法律又はこの法律に基づく命令に違反すると思料するときは、その旨を、その調査士会の事務所の所在地を管轄する法務局又は地方法務局の長に報告しなければならない。
（調査士及び調査士法人に関する規定の準用） 第65条　第22条の規定は協会の業務について、第43条第1項、第44条及び第46条の規定は協会に対する懲戒について、それぞれ準用する。この場合において、第43条第1項、第44条第1項から第3項まで及び第46条中「法務大臣」とあるのは、「第64条の2第1項に規定する法務局又は地方法務局の長」と読み替えるものとする。	（調査士及び調査士法人に関する規定の準用） 第65条　第22条の規定は協会の業務について、第43条、第44条及び第46条の規定は協会に対する懲戒について、それぞれ準用する。

改　　正　　後	改　　正　　前
第10章　　（略） （権限の委任） 第66条の２　この法律に規定する法務 　　大臣の権限は、法務省令で定めると 　　ころにより、法務局又は地方法務局 　　の長に委任することができる。	第10章　　（同左） （新設）

○暴力団排除条例と土地家屋調査士業務との関連について

$$\left(\begin{array}{l}平成24年11月16日\\日調連発第238号\end{array}\right)$$

各土地家屋調査士会長　　殿

日本土地家屋調査士会連合会長

暴力団排除条例と土地家屋調査士業務との関連について

　暴力団排除条例につきましては、全都道府県において制定・施行がされているところであります。同条例には、「事業者の暴力団関係者に対する利益供与の禁止」が定められており、一部の土地家屋調査士会から、同条例と土地家屋調査士業務との関連についての照会がありましたので、この度、同条例の概要と土地家屋調査士業務を行う上での留意すべき点について取りまとめ、別添の「暴力団排除条例と土地家屋調査士」を作成しました。

　つきましては、貴会会員への指導に、本資料を、ご活用いただきますようお願いします。

「暴力団排除条例と土地家屋調査士」
平成24年11月16日日調連発第238号
日本土地家屋調査士会連合会長見解

1　はじめに
　2011年10月1日に、東京都と沖縄県で暴力団との断絶を目的とした暴力団排除条例が施行され、全都道府県で同条例が施行されることになりました。
　具体的な暴力団排除条例の内容については、各都道府県の条例を確認いただきたいと思いますが、おおむね同様の内容となっているようです。
　例えば、東京都暴力団排除条例においては、事業者が暴力団関係者に利益を供与することを禁止しています（同条例第24条）。
　また、同条例に違反すると、立入調査や勧告を受けることもあり（同条例第26条、第27条）、勧告を受けたにもかかわらず同様の利益を供与することをやめない場合は、名前を公表されることもあります（同条例第29条）。
　なお、「利益供与」とは、金品その他財産上の利益を与えることをいい、例えば、事業者が商品を販売し、相手方がそれに見合った適正な料金を支払うような場合であっても該当するとされています（警視庁ホームページ　東京都暴力

団排除条例Q＆A　Q11）。

　土地家屋調査士も「事業者」であることから、暴力団関係者への利益供与禁止規定の対象となります。

　暴力団排除条例の条文には、どこまでが利益供与に当たるかなどが具体的に示されておらず、今後、土地家屋調査士が同条例の対応に苦慮することも予想されます。

　そこで、暴力団排除条例の概要と、土地家屋調査士がどのように対応するべきかについてまとめることにしました。

2　暴力団排除条例と事業者

　暴力団を排除するために、暴力団排除条例が特に事業者に課している義務について、東京都暴力団排除条例を例に列記すると、次のとおりとなります。

（1）　暴力団員、暴力団関係者等に利益供与しない義務
　　　東京都暴力団排除条例第24条第3項

（事業者の規制対象者等に対する利益供与の禁止等）

第24条　事業者は、その行う事業に関し、規制対象者が次の各号のいずれかに該当する行為を行うこと又は行ったことの対償として、当該規制対象者又は当該規制対象者が指定した者に対して、利益供与をしてはならない。

一　暴力的不法行為等

二　当該規制対象者が暴力団員である場合において、当該規制対象者の所属する暴力団の威力を示して行う法第9条各号に掲げる行為

三　暴力団員が当該暴力団員の所属する暴力団の威力を示して行う法第9条各号に掲げる行為を行っている現場に立ち会い、当該行為を助ける行為

2　規制対象者は、事業者が前項の規定に違反することとなることの情を知って、当該事業者から利益供与を受け、又は当該事業者に当該規制対象者が指定した者に対する利益供与をさせてはならない。

3　<u>事業者は、第1項に定めるもののほか、その行う事業に関し、暴力団の活動を助長し、又は暴力団の運営に資することとなることの情を知って、規制対象者又は規制対象者が指定した者に対して、利益供与をしてはならない。ただし、法令上の義務又は情を知らないでした契約に係る債務の履行としてする場合その他正当な理由がある場合には、この限りでない。</u>

4　規制対象者は、事業者が前項の規定に違反することとなることの情を知って、当該事業者から利益供与を受け、又は当該事業者に当該規制対象者が指定した者に対する利益供与をさせてはならない。

（以下は努力義務）

(2)　契約の締結が暴力団等の活動を助長するものでないことを確認する義務
　　東京都暴力団排除条例第18条第1項

(3)　暴力団員、暴力団関係者等に該当するかどうかを確認する義務
　　東京都暴力団排除条例第18条第1項

(4)　契約が暴力団等の活動を助長するものであることが判明した際に、契約
　　解除等の措置を講ずる義務
　　東京都暴力団排除条例第18条第2項

（事業者の契約時における措置）

第18条　事業者は、その行う事業に係る契約が暴力団の活動を助長し、又は暴
　　力団の運営に資することとなる疑いがあると認める場合には、当該事業に係
　　る契約の相手方、代理又は媒介をする者その他の関係者が暴力団関係者でな
　　いことを確認するよう努めるものとする。

2　事業者は、その行う事業に係る契約を書面により締結する場合には、次に
　　掲げる内容の特約を契約書その他の書面に定めるよう努めるものとする。

　一　当該事業に係る契約の相手方又は代理若しくは媒介をする者が暴力団関
　　　係者であることが判明した場合には、当該事業者は催告することなく当該
　　　事業に係る契約を解除することができること。

　二　工事における事業に係る契約の相手方と下請負人との契約等当該事業に
　　　係る契約に関連する契約（以下この条において「関連契約」という。）の当
　　　事者又は代理若しくは媒介をする者が暴力団関係者であることが判明した
　　　場合には、当該事業者は当該事業に係る契約の相手方に対し、当該関連契
　　　約の解除その他の必要な措置を講ずるよう求めることができること。

　三　前号の規定により必要な措置を講ずるよう求めたにもかかわらず、当該
　　　事業に係る契約の相手方が正当な理由なくこれを拒否した場合には、当該
　　　事業者は当該事業に係る契約を解除することができること。

3　土地家屋調査士業務における利益供与とは

　　土地家屋調査士法第3条第1項各号に規定する業務（以下「土地家屋調査士業
　務」という。）を受託することが常に暴力団排除条例の規定する「利益供与」に
　当たるとされているわけではありません。

　例えば、東京都暴力団排除条例では、「法令上の義務又は事情を知らないでした契約に係る債務の履行として利益供与する場合その他正当な理由がある場合」には利益供与には当たらない（東京都暴力団排除条例第24条第3項）とされており、「警視庁ホームページ　東京都暴力団排除条例Q＆A」にはその具体例として以下のものが例示されています。

(1)　暴力団事務所に電気やガスを供給したり、医師が診療行為を行うなど法令に基づいて行われる行為

(2)　建築物等の維持保全など、適法な状態を保つために、暴力団事務所の工事を行う行為

(3)　弁護士が民事訴訟において暴力団員の代理人になる行為

　土地家屋調査士法第22条は、土地家屋調査士業務（筆界特定手続についての代理等一部の業務を除く。）について依頼に応ずる義務を規定する一方で「正当な事由がある場合でなければ」とも規定しています。具体的な行為が利益供与違反になるかどうか判断に困った場合には、警察に相談してください（警視庁ホームページ　東京都暴力団排除条例Q＆A　Q13参照）。

土地家屋調査士法

（依頼に応ずる義務）

第22条　調査士は、正当な事由がある場合でなければ、依頼（第3条第1項第4号及び第6号（第4号に関する部分に限る。）に規定する業務並びに民間紛争解決手続代理関係業務に関するものを除く。）を拒んではならない

4　具体的指針

　例えば、東京都暴力団排除条例では、努力義務ではありますが、業務受託契約を締結する際に、「暴力団、暴力団関係者等に該当するかどうかを確認」し、「契約が暴力団等の活動を助長するものであることが判明した際に、契約解除等の措置を講じる必要」があります。

　暴力団員、暴力団関係者等に該当するかどうかを確認する方法としては、次のことが考えられます。

(1)　警察への相談

　　警察の暴力団情報の提供については、警察庁刑事局組織犯罪対策部企画分析課の平成23年12月22日「暴力団排除等のための部外への情報提供につ

いて」（警察庁丙組企分発第42号、丙組暴発第19号）の通達（別添）があり、
（都道府県）警察は、条例上の義務履行の支援という視点から、情報提供の必
要性があり、適正な情報管理がなしうるという条件の下で、可能な範囲で積
極的かつ適切な情報提供を行うように求められています。

　この通達は、「（都道府県）警察が、事業者から、暴力排除条例を遵守する
ため、契約の相手方が暴力団関係者等であるかを確認する必要があり、その
確認のために暴力団情報の提供を求めた場合には、警察は情報提供をする
ように努めなければならない」という内容で、警察庁が（都道府県）警察の長
等に通達されたものです。

(2)　インターネット等の活用

　インターネット、新聞、テレビ等を通じて、情報を収集する。

　また、契約が暴力団等の活動を助長するものであることが判明した際の措置
としては、次のことが考えられます。

(1)　契約する際に、相手方から、現在又は将来にわたって、「自分は暴力団員
　ではないこと」、「暴力団との関係がないこと」及び「暴力的な要求行為等を
　行わないこと」を表明させ、これに違背した場合や虚偽の申告をした場合に
　は、無催告で解約に応じ、これによって生じた損害を自分の責任とすること
　を確約させる文書（表明確約書）を徴するようにして、暴力団でないことを
　確約するよう求める。

(2)　さらに、この様な書面とあわせて、契約締結後に契約相手が暴力団員等で
　あることが分かった場合には、その契約を解除することができるように、契
　約書に特約条項を設けておく。

　現実には「表明確約書」を提出してもらうということは難しいと考えられ
ますが、少なくとも契約解除の特約事項を設けておく必要はあります。

　これらは必ず行わなければならないものではありませんが、自らのトラ
ブル回避のためにもこのような予防措置を講じ、慎重に対処することが望
ましいと考えます。

　仮に、これらの暴力団排除活動を行ったことにより、暴力団から危害を受
けるおそれがある場合には、例えば、東京都暴力団排除条例第14条には警察
官による警戒活動を行うなどの保護措置を講ずることも規定されています。
さらに、同条例第21条においては、暴力団排除活動を行う者に対して、つき
まとい等のいやがらせ行為をすることが禁止されており、このような行為
が行われた場合には、警察署長が迅速にその行為を中止するように命令し、
これに違反した場合には、罰則を科すなど、徹底した取締りができるように
なっています。

　暴力団から何らかの危害を加えられるおそれがある場合には、最寄の警察署に直接ご相談ください。なお、緊急の場合には躊躇することなく110番通報してください。

（保護措置）

第14条　警視総監は、暴力団排除活動に取り組んだこと等により暴力団又は暴力団員から危害を受けるおそれがあると認められる者（以下「保護対象者」という。）に対し、警察官による警戒活動その他の保護対象者の安全で平穏な生活を確保するために必要な措置を講ずるものとする。

（妨害行為の禁止）

第21条　何人も、次の各号のいずれかに該当する行為を、当該行為を行い、若しくは行おうとする者（当該行為に係る事務を行う者を含む。以下この条において「行為者」という。）又はその配偶者、直系若しくは同居の親族その他当該行為者と社会生活において密接な関係を有する者（以下「行為者等」という。）を威迫し、行為者等につきまとい、その他行為者等に不安を覚えさせるような方法で、妨害してはならない。

一　暴力団から離脱する意思を有する者又は離脱した者に対し、その離脱を援助するため、雇用機会を提供し、就労をあっせんし、又は住居若しくは資金の提供を行う行為

二　都民等が所有し、占有し、又は管理する施設のうち、不特定又は多数の者の利用に供するものであって、暴力団員による利用を制限しているものについて、暴力団員による利用を拒絶する行為

三　青少年が暴力団に加入すること又は青少年が暴力団員による犯罪の被害を受けることを防止するために指導、助言その他の必要な措置を行う行為

四　祭礼等行事について、暴力団又は暴力団員が当該行事の運営に関与すること又は当該行事に参加することを拒絶する行為

五　事業者が、その事業に係る契約において定められた第18条第2項各号に掲げる内容の特約により、当該事業に係る契約を解除し、又は当該契約の相手方に対して必要な措置を講ずるよう求める行為

六　不動産の譲渡等をした者が、当該譲渡等に係る契約において定められた第19条第2項第2号に掲げる内容の特約により、当該不動産の譲渡等に係る

契約を解除し、又は当該不動産を買い戻す行為

七　不動産の譲渡等の代理又は媒介をする者が、当該不動産が暴力団事務所の用に供されることとなることの情を知った場合において、当該不動産の譲渡等の代理又は媒介をすることを拒絶する行為

八　第24条第1項又は第3項の規定により禁止されている利益供与を拒絶する行為

九　第25条第2項の規定により禁止されている自己の名義を利用させることを拒絶する行為

○土地家屋調査士法22条の２一覧表

第3条1項（業務）	第22条の2（業務を行い得ない事件）							
	第1項（調査士）	第2項（調査士）筆界特定手続代理関係業務						
		1号	2号	3号	4号	5号	6号	7号
表の見方 横列：法22条の２の定め 縦列：対象となる業務 ×：禁止される業務 ○：可能な業務 ー：条文の対象外	公務員として職務上取り扱った事件及び仲裁人として取り扱った事件についての業務	筆界特定手続代理関係業務又は民間紛争解決手続代理関係業務に関するもの／相手方の協議を受けて賛助し、又はその依頼を承諾した事件	相手方の協議を受けた事件で、その協議の程度及び方法が信頼関係に基づくと認められるもの	受任している事件（第3条第1項第5号に規定する業務に関するものを除く。第7号において同じ。）の相手方からの依頼による他の事件	調査士法人の社員又は使用人である調査士として、その業務に従事していた期間内に、当該調査士法人が、筆界特定手続代理関係業務又は民間紛争解決手続代理関係業務に関するもの／相手方の協議を受けて賛助し、又はその依頼を承諾した事件であって、自らこれに関与したもの	相手方の協議を受けた事件で、その協議の程度及び方法が信頼関係に認められるものであって、自らこれに関与したもの	調査士法人の使用人である場合に、当該調査士法人が／相手方から筆界特定手続代理関係業務又は民間紛争解決手続代理関係業務に関するものとしている事件	筆界特定手続代理関係業務又は民間紛争解決手続代理関係業務として受任している事件（当該調査士が自ら関与しているものに限る。）の相手方からの依頼による他の事件
1号　調査・測量	×	ー	ー	ー	ー	ー	ー	ー
2号　登記の申請手続又は審査請求の手続についての代理	×	ー	ー	ー	ー	ー	ー	ー
3号　登記の申請手続又は審査請求の手続について法務局・地方法務局に提出し、又は提供する書類又は電磁的記録の作成	×	ー	ー	ー	ー	ー	ー	ー
4号　筆界特定の手続についての代理	×	×	×	×（受任している事件の依頼者が同意した場合は○）	×	×	×	×（受任している事件の依頼者が同意した場合は○）
5号　筆界特定の手続について法務局・地方法務局に提出し、又は提供する書類又は電磁的記録の作成	×	×	×	○	×	×	×	○
6号　前各号に掲げる事務についての相談	×	×（法3条1項4号、5号に関する部分）	×（法3条1項4号、5号に関する部分）	×（受任している事件の依頼者が同意した場合は○）	×（法3条1項4号、5号に関する部分）	×（法3条1項4号、5号に関する部分）	×（法3条1項4号、5号に関する部分）	×（受任している事件の依頼者が同意した場合は○）
7号　土地の筆界が現地において明らかでないことを原因とする民事に関する紛争に係る民間紛争解決手続であって当該紛争の解決の業務を公正かつ適確に行うことができると認められる団体として法務大臣が指定するものが行うものについての代理	×	ー	ー	ー	ー	ー	ー	ー
8号　前号に掲げる事務についての相談	×	ー	ー	ー	ー	ー	ー	ー

第3項（認定調査士）　民間紛争解決手続代理関係業務								
前項1号	前項2号	前項3号	前項4号	前項5号	前項6号	前項7号	第1号	第2号
							調査士法人（民間紛争解決手続代理関係業務を行うことを目的とする調査士法人を除く。）の社員である場合	
							当該調査士法人が相手方から筆界特定手続代理関係業務に関するものとして受任している事件	当該調査士法人が筆界特定手続代理関係業務に関するものとして受任している事件（当該調査士が自ら関与しているものに限り、第3条第1項第5号に規定する業務に関するものとして受任しているものを除く。）の相手方からの依頼による他の事件
−	−	−	−	−	−	−	−	−
−	−	−	−	−	−	−	−	−
−	−	−	−	−	−	−	−	−
−	−	−	−	−	−	−	−	−
−	−	−	−	−	−	−	−	−
×	×	×（受任している事件の依頼者が同意した場合は○）	×	×	×	×（受任している事件の依頼者が同意した場合は○）	×	×（受任している事件の依頼者が同意した場合は○）
×	×	×（受任している事件の依頼者が同意した場合は○）	×	×	×	×（受任している事件の依頼者が同意した場合は○）		×（受任している事件の依頼者が同意した場合は○）

これからの土地家屋調査士の実務と課題
－境界紛争ゼロ宣言の実現を目指して－

令和2年1月8日　初版発行

著　者　相　場　中　行

発行者　新日本法規出版株式会社
代表者　星　　謙一郎

発行所　新日本法規出版株式会社

本　　社　（460-8455）　名古屋市中区栄1－23－20
総轄本部　　　　　　　　　電話　代表　052(211)1525

東京本社　（162-8407）　東京都新宿区市谷砂土原町2－6
　　　　　　　　　　　　　電話　代表　03(3269)2220

支　　社　札幌・仙台・東京・関東・名古屋・大阪・広島
　　　　　　高松・福岡

ホームページ　https://www.sn-hoki.co.jp/